2018年度深圳市宣传文化事业发展专项基金资助项目

主　　编：尹昌龙
副 主 编：曹　宇
统　　筹：朱德明　杨　红
编　　辑：关　婷　陈宏强　金　卉

深圳全民阅读发展报告 2019

SHENZHEN QUANMIN YUEDU
FAZHAN BAOGAO 2019

深圳市全民阅读研究与推广中心

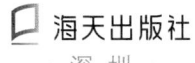

· 深 圳 ·

图书在版编目（CIP）数据

深圳全民阅读发展报告. 2019 / 尹昌龙主编. — 深圳：海天出版社，2019.4
ISBN 978-7-5507-2617-8

Ⅰ. ①深… Ⅱ. ①尹… Ⅲ. ①读书活动－研究报告－深圳－2019 Ⅳ. ①G252.17

中国版本图书馆CIP数据核字(2019)第053498号

深圳全民阅读发展报告2019
SHENZHEN QUANMIN YUEDU FAZHAN BAOGAO 2019

出 品 人	聂雄前	
责任编辑	朱丽伟	熊　星
责任校对	万妮霞	叶　果
责任技编	郑　欢	
装帧设计	知行格致	

出版发行	海天出版社	
地　　址	深圳市彩田南路海天综合大厦　（518033）	
网　　址	www.htph.com.cn	
订购电话	0755-83460397（批发）　83460239（邮购）	
设计制作	深圳市知行格致文化传播有限公司　Tel：0755-83464427	
印　　刷	深圳市华信图文印务有限公司	
开　　本	787mm×1092mm　1/16	
印　　张	19.75	
字　　数	300千	
版　　次	2019年4月第1版	
印　　次	2019年4月第1次	
定　　价	86.00元	

海天版图书版权所有，侵权必究。
海天版图书凡有印装质量问题，请随时向承印厂调换。

目 录

特 稿

阅读与创新
——论阅读能力培养与城市竞争力的关系…………… 王京生　3
深圳："创新创意之都"背后的全民阅读力量 …………… 李小甘　17
叙述阅读历史，建设书香中国………………………… 王余光　26

总报告

2018年深圳全民阅读发展报告 ………………… 总报告课题组　35

阅读综合研究

2018年深圳阅读指数研究报告 ………………… 深圳大学课题组　67
深圳阅读指数：城市阅读状况的量化探索……………… 曹宇　81

趣阅童年 守望成长
——以深圳书城亲子阅读中心为例⋯⋯⋯⋯⋯⋯⋯⋯⋯ 张霞　92

"深圳读书月"研究

东方风来　书香满城
——第十九届深圳读书月总结⋯⋯⋯⋯⋯ 朱德明　陈宏强　103
创新一脉相承　诵读成就经典
——深圳读书月经典诗文朗诵会侧记⋯⋯⋯⋯⋯⋯ 许荣斌　114

数字阅读研究

2017—2018年度深圳数字阅读报告⋯⋯⋯⋯⋯⋯⋯⋯ 王文涛　127
全民阅读背景下，有声阅读的价值思考⋯⋯⋯⋯⋯ 宋斌　杨柳　147

图书馆研究

2019年深圳"图书馆之城"阅读报告
⋯⋯⋯⋯⋯⋯⋯⋯⋯⋯⋯ 深圳图书情报学会　深圳图书馆　159

面向私人定制，探索开展个性化阅读规划服务……………王冬阳 173
公共图书馆全民阅读活动实践与思考
　　——以深圳图书馆为例………………………………戴晓颖 181

阅读平台研究

新时代　新作为　新篇章
　　——2018上海书展总结 ……………………………… 徐炯 199
第二十八届全国图书交易博览会总结报告……深圳书博会组委会 206
爱阅公益：高品质儿童阅读推动美好未来………………… 李哲 212
从单一曲调到众声合奏
　　——领读者大奖对阅读类奖项的创新性发展
　　……………………………………………领读者大奖组委会 220

阅读空间研究

全民阅读时代的书业转型…………………………………尹昌龙 235
认知行为视角下的全民阅读建设
　　——以智慧书城为突破口……………………………… 张晗 242

文化综合体的现代科技融合发展
　　——从第一座全方位多维度高端智能书城谈起………… 程翔　256

附　录

2018年深圳全民阅读大事记
………………………… 深圳市全民阅读研究与推广中心　267

后记……………………………………………………………… 307

特 稿

深圳全民阅读
发展报告
2019

阅读与创新
——论阅读能力培养与城市竞争力的关系

王京生

2018年10月，中国社会科学院与联合国人居署联合发布了《全球城市竞争力报告2018—2019：全球产业链：塑造群网化城市星球》（以下简称《报告》）。《报告》显示全球城市竞争力前10强为：纽约、洛杉矶、新加坡、伦敦、深圳、圣何塞、慕尼黑、旧金山、东京和休斯顿。中国城市竞争力水平整体提升，深圳位居第五，香港、上海、广州和北京进入20强。

城市竞争力是城市参与全球化竞争与发展的重要指标。2008年深圳居全球城市竞争力排行榜第20位，2015年上升至第6位，2018年再上升1位进入前5强，充分显示了深圳近十年在全球城市体系及序列中的迸发之姿和崛起之势。根据国家2019年发布的《粤港澳大湾区发展规划纲要》，深圳作为四大中心城市之一，担当区域发展核心引擎，"加快建成现代化国际化城市，努力成为具有世界影响力的创新创意之都"成为城市最新发展目标。

创新是城市竞争力的核心要素，是可持续发展的关键。2018年《中国城市竞争力报告》将"创新力"列为深圳的核心竞争力。创新驱动发展，文化驱动创新，是什么驱动文化？回溯深圳建市40年的改革开放发展历程，城市强大的学习能力、创新能力、创意能力、创造能力与阅读密切相关，无数大胆的设想和创意都来源于持续阅读与勤学善学，支撑这座城市创造了巨大的经济奇迹和文化奇迹。阅读培植文化、驱动创新、培育人才，推动城市递进式发展、螺旋式上升，是城市竞争力的关键要素。当前，"现代化、国际化""创新、创意"仍是深圳发展的关键词，如何通过加强阅读能力培养进一步提升城市竞争力，是深圳全民阅读在下一个十年需要探索的重要课题。

一、城市竞争力要素分析

城市竞争力是城市在合作、竞争和发展过程中，与其他城市相比较，所具有的吸引、争夺、拥有、控制、转化资源和争夺、占领、控制市场，更多、更快、更有效率、更可持续地创造价值，为其居民提供福利的能力。根据《报告》相关研究，城市竞争力可以形象地概括为"弓弦箭的"模型，城市资源要素和环境有软、硬件之分，分别代表人才、科技、资本、制度和文化等，硬件为"弓"，软件为"弦"，城市产业是"箭"，城市价值是"的"。① 建设城市的基础设施环境，扩大城市总体软联系，在这一基础上，着重提升城市的产业体系、人力资本、科技创新和金融服务水平，可以从根本上最快、最有效地提升亚洲城市竞争力。②

城市竞争力要素可大致分为三个类别：硬实力要素、软实力要素和发

---

① 倪鹏飞, 赵璧, 魏劭琨. 城市竞争力的指数构建与因素分析：基于全球500典型城市样本[J]. 城市发展研究, 2013, 20（6）：72-79.
② 倪鹏飞, 徐海东, 沈立, 等. 城市经济竞争力：关键因素与作用机制——基于亚洲566个城市的结构方程分析[J]. 北京工业大学学报（社会科学版）, 2019, 19（1）：50-59.

展性要素。

第一，硬实力要素体现了城市对资源要素的控制力，包括产业结构、科技水平等。 随着全球城市化进程不断加速，中国常住人口城镇化率已经达到58.52%，经济集聚、人才争夺与产业迁移是当前中国城市发展的主要特征。经济发展提升城市基础设施和城市环境，带动人才的跨地区流动，人才集聚依赖于产业结构，从而带动城市发展。据相关研究，中国城市科技创新发展指数与城市经济发展水平呈现显著的正相关关系，城市经济发展水平越高，其科技创新发展水平越高。[①] 科技创新环境、科技活动投入和产出、高新技术产业化等构成了城市综合科技创新水平，实现了城市资源要素的高效配置。

第二，软实力要素主要体现在城市的文化、制度和社会环境，决定城市的影响力、凝聚力和号召力。 全球知名的城市评级机构GAWC[②]在衡量城市综合实力时，在城市经济增长指标的"硬指标体系"基础上，将包含文化资产、文化领导力等"同理心"指标与之结合，使城市实力衡量体系更加完善，并指出"文化工作，是最能表达创意和同理心的，文化是使人类智慧得以绽放的根本""那些在文化上投入、培养情感智商，以及推动国际交流的城市，将更有能力应对严重的全球性挑战"。文化软实力是城市核心竞争力的重要组成部分，在城市竞争中发挥决定性作用。文化提供支撑国家创新战略的核心价值，是创新的根本推动力，也为创新设置边界，注入人文关怀，守住伦理底线。中心城市的文化主张同时是国家文化最有代表性、最有活力的载体，在参与国际文化交流、对话全球主流文化、加强文化话语权方面发挥着领航作用。城市发展的全球化气候已经形

---

① 来源：中国城市科技创新发展报告2017，由首都科技发展战略研究院发布。
② 全球化与世界级城市研究小组与网络（Globalization and World Cities Study Group and Network）。

成,文化则是土壤,文化的差异决定了城市生态是否健康稳定地持续焕发活力。

第三,发展性要素是耐久性的、动态的、有机的要素,是竞争力的表现结果,同时也形成有利的竞争力资产,包括人才资本、创新力等。从国际上看,创新成为经济体提升国际竞争力的重要引擎,许多创新中心城市依据其发展特色迅速崛起成为国际创新城市网络中的重要枢纽或节点。国际研究机构非常重视对新创企业及其发展的评价与测量,将其作为衡量地区经济发展水平、经济发展活力、经济发展质量以及经济发展潜力的重要指标[①]。习近平总书记指出,"在激烈的国际竞争中,惟创新者进,惟创新者强,惟创新者胜"。创新是引领发展的第一动力,建设创新型城市是推进国家创新体系建设的关键环节,城市的创新思维、创新环境、创新能力是重要的发展性要素。人才是创新活动中最为活跃、最为积极的因素,创新驱动的实质是人才驱动。城市渴求人才,尤其是青年人才,因为青年人既能提供巨大的需求动力,又是创新创业的主力军。高端人才集聚是提升竞争力的有利资产,人口争夺尤其使人才大战成为城市竞争的新形式。

二、阅读能力培养对城市竞争力的影响

(一)世界级城市的竞争力与阅读能力成正比

全球城市竞争力强劲的世界级城市通常是人们公认的爱读书的城市,比如英国伦敦、新加坡、日本东京。在伦敦,利用公交出行时间阅读已是

---

① 王京生,陶一桃.中国双创发展报告(2017—2018)[M].北京:社会科学文献出版社,2018:2.

城市居民的日常习惯，伦敦地铁"丢书大作战"活动曾经在全球引发热潮。英国出版业繁荣，伦敦书展作为国际四大书展之一，已有30多年历史，每届展会集聚40多个国家、1400多个参展商，是全球书业最重要的春季盛会。伦敦公共图书馆体系发达，全市有383个公共图书馆，每10万人平均拥有4.7个公共图书馆。

在一项"全球人才竞争力指数"①调查中，新加坡连续5年位列全球第2，也是前10名中唯一的亚太国家。据调查，新加坡每10名青少年当中，就有7名青少年每周阅读超过1次；91%的受访青少年过去1年来至少阅读1本书；未成年人阅读率高，体现了城市优秀的阅读习惯，也决定了未来国民阅读良好的发展趋势。"儿童启蒙阅读计划"也是新加坡一项全国性的运动，旨在培养和鼓励小孩，尤其是低收入家庭的孩子养成爱读书的习惯。全岛设有100多家"儿童启蒙阅读计划"俱乐部，包括学生、各界人士在内的义工达5000人。

东京是创新力首屈一指的国际都会。2018年全球创新城市指数②显示，东京排名第1（其次是伦敦和旧金山）。东京拥有226家公共图书馆，每10万人拥有2.5个图书馆，曾拥有1400多家书店，是世界上实体书店与人口数比例最高的城市之一。

（二）深圳在城市高速发展期注入全民阅读因子

深圳是中国最年轻的城市之一，建市仅40年，却是全球城市竞争力排名前10强中唯一的中国城市，也是唯一获得"全球全民阅读典范城市"

---

① Global Talent Competitiveness Index，GTCI，由Adecco集团、欧洲工商管理学院和塔塔通信公司在达沃斯世界经济论坛联合发布。
② 澳洲2thinknow公司研究发布，指标考量涉及文化资产、人力基础设施和网络市场。

殊荣的城市。联合国教科文组织为深圳颁发证书时这样评价：深圳在全民阅读方面所做的种种努力让人印象深刻，一系列做法和经验对联合国教科文组织都很有启示。授予深圳这一称号，是为了表彰深圳坚持不懈推动国际化建设和全球文化交流合作，尤其在推广书籍和阅读方面为全球树立了典范。

当前，深圳居民人均阅读纸质书每年 7.23 本，电子书 11.21 本，日均阅读时长 64.56 分钟。深圳图书馆常年座无虚席，深圳书城人头攒动，人气极高，书香人家受到尊崇，藏书家庭及家庭藏书量不断增加。深圳人越来越普遍地认同读书的重要性，98% 的居民认为阅读比较重要或非常重要。全市拥有 150 多家民间阅读组织，公益阅读推广人近 1300 名，活跃在城市各个阶层、各个角落。① 阅读影响人，人影响城市。当阅读成为深圳人的日常生活方式，也深刻地影响了一座城市的精神气质，成为城市焕发巨大创造力的源头活水。阅读强化了深圳人对城市的归属感和身份认同感，彰显了城市的文化追求与人文价值。"深圳样本"提供了一个以全民阅读推动城市发展的典型范例。

第一，深圳大力加强阅读主阵地建设，拓展和丰富阅读空间，通过阅读改善城市风貌，营造了文明、智慧、友好的城市环境。为确保市民共享文化成果，深圳在全国率先实行美术馆、图书馆、博物馆、文化馆等公共文化场所向公众免费开放，推进文化权利均等化。深圳最早实现中国"每 1.5 万人拥有一个社区图书馆"的目标，如今全市共有 650 家公共图书馆，244 台 24 小时自助图书馆（图书机），每 10 万人拥有 7.2 个图书馆，在国际城市中遥遥领先。全市有 5 座超大型书城，42 家连锁书吧，130 多家

---

① 数据来源：2018 年深圳阅读指数研究报告。

民营书店,未来将完成"一区一书城、一街道一书吧"布局,建成10座书城、100个书吧、1000个智能书栈。城市"十分钟文化圈"基本形成,为市民提供复合式、一站式的阅读文化生活中心。超过70%的深圳居民对城市公共阅读资源和环境比较满意或非常满意,基本满意以上者超过97%。①

第二,全民阅读是国家战略,也是深圳公共文化服务的重要内容,是深圳增强文化软实力的有力抓手。2000年,深圳领风气之先首创"读书月",首次在全市范围内集中开展全民参与的阅读文化活动,从阅读出发,不断实现市民的文化权利。2016年,《深圳经济特区全民阅读促进条例》正式施行,为中国的城市阅读立法开启先河,厘清政府、社会、市民三者之间在阅读推广参与方面的关系,保护每个市民的阅读权利,为建立全民阅读长效机制进一步提供法律保障。深圳读书月现已成为城市十大文化名片之一,建设"深圳学派",打造图书馆之城、钢琴之城、设计之都的"两城一都",举办关爱行动、创意十二月等品牌活动等,让深圳成为郁郁葱葱的"文化绿洲"。2018年,深圳文化创意产业增加值超2600亿元,全市生产总值占比超过10%,成为城市支柱型产业,体现了城市强大的文化实力。

第三,阅读培育城市创意创新精神,创新给了深圳信心和力量,为城市可持续发展提供新动能。作为国家首个创新型城市,深圳培育了具有城市特色的"创新型文化",赢得创新之城、全球最佳创客中心等美誉。中央"大众创业、万众创新"号召发出后,深圳各书城、图书馆、阅览室的读者成倍增加,这里成了他们谋求"双创"良策的首选之处,求学问道蔚

---

① 数据来源:2018年深圳阅读指数研究报告。

然成风。2017年深圳引进入户人才23.37万，同比增长35.67%，人才聚集在IT信息、先进制造、金融等战略支柱产业，专业化趋势明显。尊重知识、崇尚智慧的社会风尚涵养城市的精神气质，构建了一种崇高的精神生活。"改革创新是深圳的根、深圳的魂""来了就是深圳人""让城市因热爱读书而受人尊重""鼓励创新，宽容失败"……这些观念越来越深入人心。

人才汇聚步伐加速，多元文化持续加强，深圳以移民文化为基础，以制度文化为保障，构建了优良的文化生态，为改革创新提供了一片沃土。2018年全市企业共申请专利22.8万件，授权量14.0万件，PCT国际专利申请18081件，在全国持续领先。

纵观深圳的发展史与阅读史，城市因阅读而美好、因阅读而强大、因阅读而高贵。深圳推动阅读二十载，在城市高速发展的关键期注入了全民阅读的因子，犹如城市擘画蓝图的点睛之笔。用阅读来平衡经济和文化发展，让城市居民切实分享发展的红利；用阅读来提升城市软实力，让城市建设者切身感受深圳文化的开放性和优越性；用阅读激活城市强大的创造力，成为城市发展永续不断的生命之源。

（三）阅读推动城市发展，是城市竞争力的关键要素

通过以往的城市阅读和发展经验，我们不难看出，阅读关乎城市竞争的姿态、实力和生命力，在推动城市创新发展、提升文化软实力、优化城市基础设施和社会环境等方面积极提供助力。

第一，阅读拉动创新引擎，积累人才资本，激活城市竞争力发展性要素。从全世界范围来看，阅读指数和创新指数高度重合，两者成正比。比如，世界创新能力最强的国家是以色列，它是创新成果最多，转化率最高

的国家，同时也是全世界人均读书量最高的国家，人均每年读书是64本。在2018年全球创新指数中，排名前10的国家中，瑞士连续6年名列第1，北欧占了三席[①]。欧洲国家年人均读书量约为16本，北欧国家达到24本。城市要可持续发展，要不断地迸发思想活力，就看这座城市有多少人坐在图书馆里，多少人买书和研究问题。阅读点燃城市的创新思维。拥有对阅读的巨大渴求、对知识的巨大热情，一座城市积累的丰富知识一定能转换成强大的创造力。

在可持续发展中，最重要、最根本的是人的可持续，那么，人的可持续靠什么来实现呢？阅读最为关键。通过阅读，可以传承文明、博古通今；通过阅读，可以思考问题、破解难题；通过阅读，可以提升创造力和文化品位，为人才的可持续发展注入强大的力量。一座崇尚阅读、推动阅读的城市尊重人才、吸引人才、培育人才、成就人才，必然是最好的人才孵化器。因此可以说，阅读决定每个人的可持续发展。阅读，是最好的可持续。

第二，阅读转化为城市重要的无形资产，提升文化软实力。阅读文化是时代文化的反映。无论是一个国家、一座城市，还是一个市民，都要有观念的引领，文化提供了与时俱进的观念支撑。习近平总书记多次在重大外交场合谈读书经历，推荐书单，展示的不仅是一种大国姿态，还有中华民族对阅读的态度，面向世界展示了一种文化自信。"文化自信，是更基础、更广泛、更深厚的自信，是更深沉、更基本、更持久的力量"。没有深植的文化根脉和全民受惠的文化大同，就没有更持久、

[①] 2018年全球创新指数前十名国家包括：瑞士、荷兰、瑞典、英国、新加坡、美国、芬兰、丹麦、德国和爱尔兰。数据来源：全球创新指数（GII）排行榜，由世界知识产权组织（WIPO）、美国康奈尔大学、欧洲工商管理学院联合发布。

更深层的文化信仰的力量。"实现市民文化权利"是深圳在全国率先提出的文化理念,是"深圳十大观念"之一。阅读是一个公民应该享受并受到保护的最基本的文化权利,也是重要的无形资产,积累沉淀铸就一个城市的文化实力。

城市以阅读为抓手,通过文化资源的有效调配保证市民文化权利的充分实现,建立全覆盖、普惠型的公共文化服务体系,推出实在的惠民工程、多样的利民举措、丰富的便民活动,使每个市民都拥有享受文化成果的权利、参与文化活动的权利、开展文化创造的权利和文化选择的权利。对于城市而言,阅读不仅表明一个城市的文化态度、文化追求,更表明市民面对未来的志向,不急功近利的远大抱负。阅读涵养了城市的文化根基,增强了城市的文化自信。

第三,阅读改善城市面貌,促进文化交流,扩大城市软联系。书店是城市的灵魂,阅读者是城市最美的风景。随着阅读逐渐成为城市居民的生活方式,也带动了文化消费的品位升级。精美的阅读空间、优质的阅读服务、智能化的阅读设施、高素质的阅读人群、精品化的阅读资源,构成了现代化城市的公共文化生活。城市通过阅读提升硬件设施和基础环境,阅读成为"智慧城市"生态系统必不可少的有机元素,促进城市质量的提升。

阅读是城市最好的名片,为城际交流和国际交流提供了文化媒介。近年来,深圳荣获联合国教科文组织"设计之都""全球全民阅读典范城市"称号,被国际知识界评为"杰出的发展中的知识城市",靓丽的文化名片彰显了城市的核心价值,展示城市与国际对话的开放姿态。联合国教科文组织发起国际图书年、世界图书之都、走向阅读社会、全民阅读、世界读书日等项目、倡议,意在全世界范围内搭建阅读交流的平台,推动人类阅读事业。

三、加强阅读能力培养,提升深圳城市竞争力

阅读能力培养,之于个人,是实现人生价值的立身之本;之于城市,是驱动创新发展的动力之源。一个城市的阅读能力培养,名在培养能力,实为培植观念、培育文化、蓄积实力、生成动力。

深圳因观念领先而闻名全国,其崭新的文化形态、强大的文化实力、一流的公共文化服务以及被世界所广泛接受的创新能力、创意能力、学习能力,日益清晰地展示在世人面前。随着全球化竞争日益激烈,深圳要完成国际化创新型城市的建设目标,务必要进一步加强阅读能力培养,以满足人民美好生活需求为出发点和落脚点,依法保障市民阅读文化权利,在坚持培育书香城市浓厚阅读氛围和良好阅读习惯的基础上,深入推动深圳全民阅读工作走内涵式、质量型发展道路,提升市民阅读水平,夯实城市文化底蕴,促进城市创新发展。

第一,以阅读驱动创新文化。创新观念不仅仅是风尚的演变,更是价值的流变。深圳经济特区之所以能在中国改革开放中异军突起、大放异彩,原因固然很多,但敢闯敢干、杀出一条血路等极具创新意义的价值观念无疑是其中的根本。当前,创新仍是新时代新形势下"深圳精神"的内核。深圳不断提出深圳学派、文艺深军、书法深军、深派曲艺、深圳文化菜单等概念,深耕深圳学派建设、深圳文学季、深圳读书月、第一朗读者、创意十二月等大型文化工程和文化活动,彰显城市创新思维和品牌意识,弘扬城市精神和价值观,将审美趣味和艺术品位融入市民美好生活。深圳是中国十大数字阅读城市之一,鼓励阅读载体创新,发挥高新技术先锋城市的先发优势,大力扶持、推广新阅读,运用数字技术不断生产新内容、打造新平台、推广新活动,积极营造城市创新环境。通过深圳读书

月、"图书馆之城"建设、"世界读书日"、大型书展会展以及民间读书会等阅读推广活动，重视创新意识与创新能力的培育，积极搭建形式多样的创意展示平台，鼓励广大市民发散思维、勇于创新，充分释放城市的创造力。

第二，以阅读促进人才培养。从受过高等教育的人口占城市人口比重来看，东京、洛杉矶、巴黎均高于40%，香港、伦敦、纽约均在30%左右，而深圳仅为17%。深圳作为国内移民城市，常住外籍人口总量及比例都较低，尤其知识型人才的国际化程度不高，这是城市创新文化可持续发展的短板之一。深圳人的平均年龄仅为32.02岁，是最富于求知精神和学习能力的年龄阶层，建设学习型城市，倡导终身学习是提升人才素养的重要手段。阅读要服务于学习型城市建设，深度参与全民终身学习活动，以打造"图书馆之城"、国际一流书城群和数字阅读先进城市为载体，丰富社会学习资源，形成完备便捷的学习服务体系。继续强化"以读书为荣、以读书为乐、以读书为用"的阅读理念，倡导每天阅读一小时，倡导深度阅读，让阅读作为城市居民日常生活的必需品和终身学习的有效工具。勇于求知、探索和挑战自己，是深圳人非常突出的优秀特点，也是深圳宝贵而崭新的文化传统。当越来越多的人都怀揣梦想、勇于学习，永远追求未来的价值，永远在提高自己的学习路上，这座城市将获得可持续发展的最重要动力。

第三，以阅读提升市民素养。强国自国民始，高文化素质的国民自教育始，教育自读书始。深圳为全面提升市民文明素养，为城市改革发展提供强大的人力资源支撑，开展"修心""养德""守法""尚智""崇文""健体"六大行动。修心、养德、崇文、尚智，历来为读书人所追求。庄子曰，"夫子德配天地，而犹假至言以修心"。阅读经典、博览群书能净化心灵，明理修身，提高道德修养，提升文化水平与人的思想和智慧。个人阅读能力和文明素养往往是相辅相成的，善读书必然博学、善思、卓尔不群，而一个灵魂高贵的人必然深谙阅读之道和阅读之美。阅读是教育的有益补充。未成年人是城市的未来，城市应该从战略发展高度上积极推动未成年人阅读和儿童早期阅读，坚持少儿优先，培养家庭阅读氛围，增加校园阅读课程、阅读通识教育，培养阅读习惯、培育阅读能力从未成年人抓起。此外，读书贵在持之以恒，阅读也应该是一个长期的事业。深圳全民阅读开展至今已二十年，陪伴了一代人，影响了一代人，在一代新深圳人心中埋下了阅读的种子，即是为一座城市奠定了一块文明的基石。

第四，以阅读完善公共文化体系。阅读是市民应该享受并受到保护的基本文化权利，保障市民的阅读权利是政府和全社会共同担当的文化责任。深圳市民"十分钟阅读圈"已基本建成，然而对比国际先进城市仍然存在着差距，基层图书馆利用率不高，原特区外书城人气不足，实体书店尤其是民营小书店逐渐萎缩……阅读生态是反映城市公共文化体系的晴雨表，深圳致力于构建高质量、全方位、创新型的城市公共文化服务体系，全民阅读是重中之重。深圳全民阅读应进一步优化阅读资源配置，加大基础公共设施覆盖率，健全文化市场的竞争机制，平衡原特区内与外、不同人群阅读需求，解决区域差异和群体差异问题。通过阅读关爱解决来深建设者、城市流动儿童等困难群体的阅读需求，丰富他们的文化生活，增加幸福感和获得感。

第五，以阅读促进国际交流。作为"全球全民阅读典范城市"，深圳在全民阅读中的探索可放眼全球，积极参与国内外交流，纵览更波澜壮阔的阅读图景，站在更高处看到城市的阅读发展方向，也可为中国全民阅读进一步做出贡献。未来，深圳可加强全民阅读的国际合作，探索建立全民阅读国际平台，召开国际性的阅读会议和交流活动。一方面可邀请更多国际城市、国际阅读机构与专家学者参与深圳读书月、"图书馆之城"建设、文博会及书展活动，与深圳各界就城市阅读文化活动的经验进行深度交流；另一方面，深圳也可以走出去，与阅读走在前列的国家和城市合作开展全民阅读活动，在学习借鉴与沟通交流中进一步提升自身的全民阅读水平。

深圳是较早具有文化自觉的城市，在2003年就提出"文化立市"战略，领先的文化自觉构筑起强大的文化自信，深圳的经济奇迹就必然助推文化的起飞。深圳人的移民属性为城市带来全国乃至全球的文化基因，文化的流动、碰撞和融合，产生巨大的裂变力量，推动城市创新和发展。而在这一切的背后，阅读发挥着根本性作用。深圳人带着理想、热情、智慧和担当，脚踏实地地推动全民阅读，在无声之中润化心灵，以大气压制浮躁，以优雅驱逐粗俗，让这座城市因热爱读书而赢得了尊重，也赋予了深圳未来跻身全球一流城市深厚的自信和力量。

王京生，国务院参事、深圳读书月组委会总顾问

深圳："创新创意之都"背后的全民阅读力量

李小甘

党的十八大以来，深圳市委市政府坚持以习近平新时代中国特色社会主义思想为指导，认真学习贯彻习近平总书记对广东重要讲话和对深圳重要批示指示精神，以实施"文化创新发展2020"为总抓手，建设与创新型国际化城市相匹配的文化强市，打造全球区域文化中心城市和国际文化创新创意先锋城市，努力成为具有世界影响力的创新创意之都。其中，旨在建设书香社会和高水平学习型城市的全民阅读事业，在创新思想理论载体、创新城市形象标识、创新媒体运行机制、创新文化服务方式等多层面发挥积极作用，为深圳建设"创新创意之都"贡献了重要力量，推动着深圳朝建设中国特色社会主义先行示范区的方向前行，努力创建社会主义现代化强国的城市范例。

一、以全民阅读创新思想理论载体，完善城市精神体系

阅读作为获取知识、增长智慧的重要方式，代表着创新型、智慧型、力量型城市主流文化，对城市的发展观念和市民的文化自觉起着积极引导作用。以全民阅读创新思想理论载体，有助于完善以社会主义核心价值观

为引领、与"创新创意之都"相匹配的城市精神体系。

（一）培育核心价值观念，建设书香社会和高水平学习型城市。深圳较早开展全民阅读工作，出台一系列政策法规，使全民阅读逐步内化为城市的价值观念和精神共识。2010年，深圳市委率先下发《关于深入开展全民阅读活动，加快学习型城市建设的若干意见》，首次就全民阅读进行系统部署。2016年，国内全民阅读推广领域第一部以条例形式制定的地方法规《深圳经济特区全民阅读促进条例》正式实施，对常态化推广全民阅读的政府职责、资金保障、社会参与和青少年阅读权利等内容做出了明确规定。不断深入开展的全民阅读工作，使学习进步成为城市主流思想，使社会主义核心价值观深入人心。"实现市民文化权利"和"让城市因热爱读书而受人尊重"成为广大市民票选的深圳十大观念，"书香社会"和"学习型城市"也成为深圳创新发展的永恒追求。

（二）提升市民文明素养，让城市的每扇窗户都透着阅读的灯光。阅读学习是市民提升思想道德素质和科学文化素质的重要途径。长期以来，深圳不断推广"读书为荣 读书为乐""阅读筑梦 阅读圆梦""让城市的每扇窗户都透着阅读的灯光"等阅读理念，积极引导阅读行为，使阅读成为市民实现自我提升的日常生活方式。《2018年深圳阅读指数研究报告》显示，深圳成年居民人均阅读纸质图书7.23本，阅读电子图书11.21本，远超全国平均水平，为培育与城市发展水准相适应的现代文明市民奠定了良好基础。为进一步提升市民整体文明素养，深圳重点制定实施《深圳市民文明素养提升行动纲要（2016—2020）》，进一步提出要"大力推广全民阅读"，力争2020年实现"市民图书阅读率达68.5%"，以"呈现出引领现代文明潮流、彰显国际文明水准的良好风范"为城市创新发展提供强大的人力资源支撑。

（三）推动社科研究发展，突出理论建设与学术创新特色。全民阅读是深圳理论建设和学术创新的特色领域，研究水平位居全国前列。2015 年，深圳成立了首个专事于全民阅读理论研究及成果推广的事业性机构"深圳市全民阅读研究与推广中心"，积极组织全民阅读重大课题研究，推动全民阅读学术交流与示范推广。自此，深圳连续 4 年开展全民阅读评价指标体系和全民阅读指数工作，全面考察城市全民阅读基本建设和市民阅读行为，基于指数模型和客观数据发布阅读指数研究报告。2016 年起，又连续 3 年编印国内首部城市阅读发展报告，围绕阅读综合研究、图书馆之城研究、阅读空间研究、阅读推广研究等课题总结深圳经验，学习先进理念，借鉴优秀做法，打造理论与实践相结合的全民阅读城市范本。2018 年，正式组建全民阅读研究与推广中心"专家智库"，聘请 25 名市内外专家学者对深圳全民阅读工作进行有针对性的指导，进一步充实研究力量、提升理论水平，使深圳社科研究焕发出繁荣发展的勃勃生机。

二、以全民阅读创新城市形象标识，完善文化品牌体系

深圳是受联合国教科文组织表彰的"全球全民阅读典范城市"，全民阅读是深圳一张闪亮的城市文化名片。从 2000 年首创大型综合性群众读书文化活动，到 2017 年全市全年开展阅读活动 18876 场，深圳在全民阅读领域建立了丰富多彩的品牌活动矩阵，为形成"月月有主题，全年都精彩"的"城市文化菜单"奠定了扎实基础。以全民阅读创新城市形象标识，有助于深圳进一步打造精彩纷呈的文化品牌、凸显城市文

化魅力，完善以国际先进城市为标杆、与"创新创意之都"相匹配的文化品牌体系。

（一）打造全城阅读品牌活动"深圳读书月"，集中彰显深圳阅读文化风采。深圳读书月是深圳最负盛名的代表活动与文化品牌，由深圳市委市政府于2000年创办。迄今，深圳读书月已成功举办19届，开展活动8083项，吸引约1.5亿人次参与，邀请到金庸、莫言、饶宗颐、周国平、白岩松等百余位名家大师开坛设讲，开创出"温馨阅读夜""地铁阅读季""深圳读书论坛""年度十大好书""经典诗文朗诵会"等一系列具有全国乃至国际影响力的经典阅读品牌。"深圳读书月"被市民读者高票选为"深圳十大文化名片"，被中央媒体誉为"深圳的又一创举"，被国家相关部委评价是"推进全民阅读活动的成功典范"，被时任联合国教科文组织总干事伊琳娜·博科娃盛赞"极富改革创新精神"，在文化领域率先构建起深圳的品牌形象与示范效应。近年来，深圳读书月不断深化城际阅读交流，尤其注重加强与联合国教科文组织的合作，积极开展"阅读双城记""图书和知识产权深圳会议""全球图书会议：数字图书与未来科技"等国际会议，在全国乃至世界城市版图中彰显了深圳风采。

（二）成立阅读联合会，聚合民间阅读力量打造文化品牌。深圳在打造全民阅读品牌活动的过程中，较早培育并聚合民间阅读力量，率先成立国内第一家阅读联合组织"深圳市阅读联合会"，目前已聚集会员单位106家。联合会整合全市阅读网点、阅读组织、阅读资源，着力打造"全民阅读典范城市推广计划"和"阅读推广人下基层"两大阅读文化品牌。其中"全民阅读典范城市推广计划"每年组织会员单位开展阅读活动约2000场，"阅读推广人下基层"每年组织公益阅读推广人深入基层阅读点开展公益活动250余场，对促进全民阅读活动的制度化、常态化、普及化起到了积极作用,成为与深圳读书月交相辉映的品牌载体,形成了深圳在培育壮大阅读力量、整合共享阅读资源、丰富深化阅读活动方面的品牌示范效应。

(三)布局贯穿全年、遍布全市的阅读品牌菜单,促成文化生活新局面。依托日趋完善的阅读设施建设,深圳积极调动图书馆和实体书店的主观能动性,打造出"书立方""深圳晚八点""深圳讲书会""全民品读会""沙沙讲故事""南书房夜话""简阅生活家""小桔灯童书会"等贯穿全年、遍布全市的阅读公益品牌活动,让阅读成为每位市民读者自得其乐、自得其所的生活方式,以丰富多元的阅读文化菜单形成凸显城市文化魅力的阅读文化生活新局面。

三、以全民阅读创新媒体运行机制,完善现代文化传播体系

"阅读永恒,载体创新"是深圳全民阅读在移动互联时代的发展理念,旨在适应新理念、新技术、新载体影响下人们阅读方式和习惯的改变。从 2016 年起,深圳连续三年获评"中国十大数字阅读城市",并在 2018 年位列城市数字阅读指数排行榜榜首。以全民阅读创新媒体运行机制,有助于拓展新兴传播平台、增强文化辐射能力,完善以媒体融合为标志、与"创新创意之都"相匹配的现代文化传播体系。

(一)建设"互联网+读书"平台,推进媒体融合。以"互联网+读书"为主要特征的数字阅读平台是全民阅读领域推进媒体融合的重点项目,具有很强的资源聚合与信息分发能力。深圳创新研发的"数字出版分众平台"项目以听书、影像、图文三重线上媒介高度整合线下阅读文

化资源，被列为中央文资办资助的国家级重点项目。其中的核心端口全民阅读APP聚合近50万册电子图书与200余个文化活动数字影音，搭配有定制书库、定制计划、定制社区等个性化数字阅读服务功能，目前已吸引120余万市民加入"全民阅读计划"，实现了广泛的文化传播。掌上书城APP立足线下书城与线上空间两种媒介的融合发展，打造集图书查询、智能导购、书单定制、文化活动、会员服务、线上销售、兴趣社交等功能于一体的互联网阅读文化生活空间，并在创新开设的"童书堡"平台进一步融合发展儿童图书杂志、儿童益智文创、儿童演出课程等细分功能。此外，深圳越来越多高新技术企业开始以全民阅读为触角打造融媒体产品。互联网领军企业腾讯率先整合资源组建引领行业的正版数字阅读平台和文学IP培育平台阅文集团，打造出QQ阅读、懒人听书、起点中文网等占据大量市场份额的数字阅读矩阵，拓展了以全民阅读为核心的新兴传播平台。

（二）开展数字阅读活动，推广普及数字阅读融媒体。数字阅读活动是连接融媒体平台与全民受众的重要桥梁，是驱动数字时代媒体融合发展的重要一步。2010年，深圳率先在读书月期间开展品牌活动"手机阅读季"，免费向市民读者派发电子图书与书券，开启了城市书香与数字浪潮交织相融的新阶段。2015年，"互联网+"成为读书月重点主题活动固定板块，移动阅读、有声阅读等数字阅读活动不断壮大，"地铁阅读季"等传统阅读活动的数字化程度日益提升，"扫码读书""扫码听书"等活动形式逐渐风行，有效促进了深圳居民数字阅读习惯的养成。《2018年深圳阅读指数研究报告》显示，深圳居民平均每日数字化阅读时长为88.54分钟，其中成年居民平均每周数字化阅读率达96%，位居全国前列。

（三）组织行业研讨和理论研究，引路媒体融合发展。深圳充分利用国家、省、市三级政府的政策倾斜和资金支持组织行业研讨和理论研究，引路媒体融合发展。2010年起，每年依托文博会平台举办国家级数字出版高端论坛，集中展示我国数字出版业的最新理论和实践成果。深圳市全民阅读研究与推广中心组织编印的《深圳全民阅读发展报告》常设"数字阅读研究"板块，篇幅占比超1/3，成为深圳对外交流媒体融合发展理念与实践经验的重要纽带。2017年、2018年，连续两年发布全国第一份基于用户细分的全民数字阅读报告城市样本《年度深圳数字阅读用户行为报告》，对深圳各区数字阅读用户行为进行深度挖掘，对数字阅读现状与数字产业发展进行深入研究，为制定相关融合发展政策提供依据，在全国数字阅读界逐渐产生影响。

四、以全民阅读创新文化服务方式，完善公共文化服务体系

全民阅读是公共文化服务的一项重要内容。以全民阅读创新文化服务方式，有助于建成"十分钟文化圈"、打通公共文化服务"最后一公里"、缩小原特区内外公共文化服务差距，完善以市民精神文化需求为导向、与"创新创意之都"相匹配的公共文化服务体系。

（一）完善"图书馆之城"建设，构建覆盖全城的服务网络。2003年，深圳首次在全国提出建设"图书馆之城"的新思路，逐步构建了一个理念超前、资源丰富、设施先进、服务便利、互通互联的覆盖全城的图书馆服务体系和数字化服务网络。"图书馆之城"以市图书馆为龙头，区图书馆为骨干，街道图书馆、社区图书馆、城市街区24小时自助图书馆等为

网点,极大提升了公共图书馆的数量规模、体系结构、服务效益,并在深化图书馆总分馆制、开发"图书馆之城"统一服务平台等方面较早起步。目前,全市建成公共图书馆650座,投放24小时自助图书馆244台,共307个公共图书馆加入统一服务平台,营造了浓厚的阅读氛围,创造了便捷的阅读条件,在实现市民文化权利的同时促成了广泛的阅读参与,为开展公共阅读服务提供了全方位、多元化的创新支持。

(二)推进"一区一书城,一街道一书吧"布局,打造辐射全市的阅读文化创新创意服务平台。1996年,深圳率先实现从"书店"到"书城"的跨越式发展,开创了引领全国书业历次转型升级的"深圳书城"模式。自此,深圳实体书店走上"尚书不唯书"的融合发展之路,成为业态多元、活动丰富、创意集聚的复合式城市文化生活空间。尤其是近年来不断涌现的创意特色书吧和社区阅读创新创业平台,更成为培育"大众创业,万众创新"的公共文化服务土壤。在此基础上,深圳探索推进"一区一书城,一街道一书吧"的城市文化生活网格化布局,以大书城为主力军、以小书吧为轻骑兵搭建兼具规模效应和渗透作用的阅读文化创新创意服务平台,使服务空间辐射全市、深入基层。目前,全市共建有5座超万平方米的大型书城和170余家实体书店书吧,每年推出多项创新创意项目,开展数千场公共文化活动,吸引超过1亿人次市民读者参与。以出版物阅读空间为核心,以积极休闲、能动生活和创意集聚为特征的书城书吧建设,在落实文化惠民的同时营造了热烈的阅读创新生态,为激发城市读书热情、提升社会创新意识做出了重要贡献。

(三)推动公共服务数字化建设,运用信息技术手段提升服务体验。立足全民阅读全面持续深入发展的新需求,深圳创新推进以数字图书馆、数字书城为代表的公共服务数字化建设,进一步优化市民的服务体验。

"数字图书馆"工程依托"图书馆之城"搭建以各级数字图书馆为节点的数字图书馆虚拟网,联合全市各类型图书馆创新创建"深圳文献港",为广大市民读者打造了深圳科技、教育、情报及参考咨询的数字文献中心和网络资源平台。"数字书城"已开发云书城、微商城、掌上书城APP等线上服务平台及深圳书城优化打造的智慧书城线上项目,并持续不断向互联网全场景阅读文化生活服务平台拓展。其中,2018年正式开业的深圳书城龙岗城成功打造全国首座高端智能化书城,广泛应用24小时无人书店、智能机器人、实时大数据等最新智能技术,展现出深圳在公共服务数字化方面的全国领先水平。

百尺竿头,更进一步。2019年是中华人民共和国成立70周年,是全面推进粤港澳大湾区建设的关键之年,是深圳建市40周年。我们将抓住机遇、乘势而上,以文化创新为动力,进一步发挥全民阅读的驱动作用和品牌效应,不断激发全社会文化创造活力,增强城市文化综合实力,促进文化大发展、大繁荣,加快建设具有世界影响力的创新创意之都,为深圳建设"中国特色社会主义先行示范区、社会主义现代化强国的城市范例"提供更加有力的文化支撑。

李小甘,中共深圳市委常委、宣传部部长

叙述阅读历史，建设书香中国

王余光

中国有几千年的读书史，几千年来，书籍的制作方式几经革新，但人们藏书与读书的方式并没有发生根本的变化。近十几年来，值此世纪之交，随着电视、网络与智能手机的普及，人们的藏书与读书方式发生了根本的变化。数据库、电子书的出现，颠覆了人们的藏书理念，而网络阅读、手机阅读也改变着传统的阅读习惯。这是读书人生活的一场真正的革命，不能不让人迷惑与反思。对中国阅读通史的研究，或许正是基于现实的一种历史反思。

中国是一个史学发达的国度。传统史学如正史、编年史高度发展，而专门史、专题史"发育不良"。近百年间，受西方学术思想的影响，专门史得到很快的发展，大多齐备。二十世纪后期，图书文化史的研究受到学界的重视。图书文化史中的三大支柱：出版史、藏书史、阅读史，其研究成果逐步增多。在二十一世纪初，中国出版史与藏书史，均有通史出版，但阅读史的研究相对薄弱。二十世纪八十年代，在欧美的一些大学中，已开设阅读史的课程，并开展相关研究。有几千年阅读历史的中国，却还没有一部著作加以系统的叙述与总结，这不能不说是一个缺憾。

正是以上原因，《中国阅读通史》的编撰被提上议事日程。

相对于出版史、藏书史关注图书的制作过程、收藏与传承，阅读，它是一个思想与认知的过程。从这个意义上说，阅读史，如英国学者柯林武德在《历史的观念》一书中所说的，是真正的"作为心灵的知识的历史学"。这样，阅读史的资料、描述、解释等一系列问题，对研究者来说，就构成了相当大的挑战。然而，通过近三十年的认知与探索，我们这个研究团体，不仅积累了相当丰富的中国阅读史的资料，在研究方法与研究实践上也具备了一定的经验，同时也完成了与中国阅读史相关的一些学术成果。

自我读大学本科以来，中国图书出版、收藏的历史，既是图书馆学长期关注的话题，也是我感兴趣的领域。对中国阅读史的兴趣，则源于我在二十世纪八十年代中期主编的《影响中国历史的三十本书》[①]。一本书的影响，来源于读者对这本书的阅读与阐释。而《影响中国历史的三十本书》正是选择中国历史上一些重要著作，着力讨论历代读者对这些重要著作的阅读、解释与评论，以及这些重要著作对中国历史的进程是如何产生影响的。

1990年，我与徐雁合作主编的《中国读书大辞典》[②]编撰工作启动。这部工具书近两百万字，我们搜集了相当丰富的古今中外阅读领域的相关资料，其中也包括了大量的中国阅读史资料。虽然这是一部辞书，但在编撰过程中，我们的视野更加开阔了，我们对细节也有了更多的关注。《中国读书大辞典》在1993年出版后，得到了社会的好评，1994年获第八届"中国图书奖"，此后多次重印。

1997年，我与几位同道将几种中国古代读书史的资料加以汇集，《读

[①] 该书由王余光主编，武汉大学出版社于1990年首次出版，2007年出版新版。韩国知永社于1993年出版韩文版，台北洪叶文化事业有限公司于1994年在台湾出版。
[②] 该书由王余光和徐雁主编，南京大学出版社于1993年出版。

书四观》①一书出版，这本书所选《读书训》《读书止观录》《读书纪事》及《先正读书诀》，均为明清时期著名藏书家、学者辑集的先秦以来的读书古训和读书掌故，思想深刻，事迹生动，内容丰富，文笔流畅。我们为之作了简明的注释，并加以翻译，既可为研究作参考，又便于一般读者阅读。同年，吴永贵等人编译的《把卷心醉》一书出版，该书辑录中国古代关于读书、藏书方面的资料，并加以翻译。也是在这一年，由我主编的对中国现代名人的阅读活动进行总结的《中国名人读书生涯》丛书十种，相继在长江文艺出版社出版。

此后数年，由我主编的《中国读者理想藏书》②《读好书文库》③《书海导航》④《世纪阅读文库》⑤等系列读物相继出版。这些编撰工作在社会上引起了一定的反响，让越来越多的人开始把目光投注在阅读问题上。以上这些著作和丛书的编撰，为我们下一阶段转入对阅读文化与阅读史的全面研究做好了资料方面的准备，同时也奠定了一定的实践基础。

2000年，我与北京大学信息管理系的部分师生，举行了以阅读史和阅读文化为研究对象的专题讨论会，对阅读史与阅读文化、国外阅读史的研究状况及如何建设中国阅读史等问题进行了热烈讨论。通过这次讨论，大家对中国阅读史的构建提出了一些初步的设想。此后，我结合研究生课程的教学，召集硕、博士生，以阅读史与阅读文化为题展开了多次讨论，并发表了一系列论文。我在2001年发表的《关于阅读史研究的几个问题》⑥一文，对中国阅读史资料、阅读的内涵、阅读的时代变迁、中国阅

---

① 该书由王余光等人编译，湖北辞书出版社于1997年首次出版。2004年由崇文书局出版新版。
② 该书由王余光主编，光明日报出版社于1999年出版。
③ 该书的第一辑12种，由王余光等人主编，云南人民出版社于1999年出版。
④ 该书共3册，由王余光主编，宁波出版社于2000年出版。
⑤ 该书共4册，由王余光等人主编，陕西师范大学出版社于2001年出版。
⑥ 该文发表于杂志《图书情报知识》2001年第3期。

读的传统、书籍的力量与象征意义等问题展开初步讨论，但对中国阅读史的具体内容缺少必要的探讨。

2003年，我承担了教育部人文社会科学研究（博士点基金）项目："中国阅读史研究"。这个项目试图从理论上解决中国阅读史研究中的一些问题。同年9月，安徽教育出版社曹露明社长与编辑刘洪权博士来北京大学参加《胡适全集》首发式。其间，曹社约我在北京大学勺园餐叙，我在席间提出编撰多卷本《中国阅读通史》的构想，得到曹社的支持。

经过一年多的准备，2004年11月13日，在安徽教育出版社的支持下，由北京大学、南京大学、武汉大学、苏州大学等院校的相关研究者共同参与的《中国阅读通史》编撰会议在北京大学召开。安徽教育出版社刘洪权，南京大学徐雁，武汉大学王三山、黄鹏、吴永贵，苏州大学黄镇伟，包头师范学院王龙，北京大学张积等诸位先生，以及我与我指导的硕博士生、在站博士后共20余人参加了会议。会议就《中国阅读通史》撰写的意义、内容、分卷大纲以及编撰过程中的学术规范和研究进程等内容进行了讨论，经过充分研讨，与会代表对中国阅读通史内容、体系、架构等问题达成了共识，明确了撰写的主旨[1]。

在会上，我提出了中国阅读通史应按历史时期分卷撰写，全书分十卷，首卷为理论卷，阐释阅读史研究的基本框架和一般问题；末卷为图录与索引；其余八卷，按历史时期划分，叙述各时期阅读的历史过程。我们认为，一个读者的阅读行为受外在与内在两个方面的影响。外在因素包括社会环境与教育，社会意识与宗教，学术、知识体系，书籍出版、流传与收藏，文本变迁等。这些因素对阅读行为产生重要影响。内在因素包括谁

---

[1] 关于这次会议的内容详见许欢的《〈中国阅读通史〉编撰工程启动》，该文发表于《图书馆杂志》2005年第3期。

阅读、如何阅读、读什么、在何处读等因素，这些因素构成了个人的阅读史。我们将上述两方面，结合阅读史研究资料与理论，分解为八个问题，以纲目的形式分述如下：

中国阅读史研究纲要

一、阅读史研究的基础
1. 中国阅读史资料的集结
2. 历代学人论读书、论读书方法、论读书的价值等

二、理论研究
1. 国外阅读史研究进展
2. 国内阅读史研究进展
3. 阅读史研究内容
4. 阅读文化发展的阶段性
5. 阅读文化发展的区域性

三、文本变迁与阅读
1. 文字统一与阅读
2. 载体变迁与阅读
3. 制作方式与阅读

四、社会环境、教育与阅读
1. 经济条件对阅读的影响
2. 出版对阅读的影响
3. 书籍流传、收藏与阅读的关系
4. 教育对阅读的影响
5. 推荐书目

五、社会意识、宗教与阅读
1. 政治意识、国家的文化政策对阅读的影响

2. 禁书
3. 群体意识与阅读的关系
4. 宗教信仰与阅读

六、学术、知识体系与阅读
1. 从书目看历代知识体系的构成、变迁，与阅读的变化
2. 注释与翻译问题
3. 工具书与阅读
4. 推荐书目与阅读

七、中国阅读传统
1. 思想层面
2. 学而优则仕
3. 勤学苦读
4. 对文本的尊重、对知识的崇敬、对书籍的爱护
5. 书籍的力量与象征意义

八、个人阅读史
1. 书香世家
2. 藏书楼、书房与读书处
3. 阅读习惯
4. 读书经历与思想
5. 生活、时尚与阅读
6. 书呆子、被读书所误

这个纲要汇集了与会众多学者的智慧，并成为我们论述中国每个时期阅读史的主要框架。

2007年，我与课题组成员完成了"中国阅读史研究"项目研究工作，并将项目成果结集出版了《中国阅读文化史论》①一书。在这本书中，我们就阅读文化与阅读史研究的相关问题展开讨论。这些研究成果为《中国阅读通史》的撰写提供了较好的理论基础。

经过十余年的努力，至2015年，十卷本《中国阅读通史》从初稿到修改工作基本完成。同年10月，我组织硕博士生对全部书稿的引文注释等作了一次校对。2016年7月，安徽教育出版社在合肥召开了一次作者与责任编辑参加的统稿会。至此，全书基本完成了定稿工作。全书十卷确定如下：

第一卷　理论卷

第二卷　先秦秦汉卷

第三卷　魏晋南北朝卷

第四卷　隋唐五代两宋卷

第五卷　辽西夏金元卷

第六卷　明代卷

第七卷　清代卷（上）

第八卷　清代卷（下）

第九卷　民国卷

第十卷　图录与索引

现今的中国，有很多工程、项目或战略。我以为，推广阅读，鼓励国人读书，或许是这个民族最重要的战略之一。十余年来，《中国阅读通

---

① 该书由王余光等人著，北京图书馆出版社于2007年出版。

史》的作者一直没有申请研究项目，该书的撰写，是我们的一种自觉行为。我不能肯定，这种行为是否是来自现实的反映。意大利史学家克罗齐认为：我们只能以我们今天的心灵去思考过去，从这个意义上说，一切历史都是当代史。中国曾经是世界上图书文化最发达的国家，且极具民族特色。中国图书从载体、用墨、印装到文字，均系自身发明，形成了非常有民族特色的图书文化，并对世界的图书文化产生了重大影响。而阅读文化正是图书文化的重要一环。我们带着敬畏的心灵去思考那些辉煌的过去，这正是我们的动力所在。

司马迁云：述往事，思来者。通过我们的努力，我们期盼未来阅读史的研究更加辉煌。通过对中国阅读历史的叙述，我们希望未来的中国，是一个充满书香的中国。

（本文摘自《〈中国阅读通史〉序》。）

王余光，北京大学信息管理系教授

总报告

深圳全民阅读
发展报告
2019

2018年深圳全民阅读发展报告

总报告课题组

2018年，深圳以庆祝改革开放40周年为契机，以满足市民日益增长的阅读需求为目标，加快推进全民阅读阵地建设，成功举办系列重大全民阅读活动，不断完善全民阅读推广和服务体系，持续推动全民阅读事业向精品化、数字化、科学化、国际化方向发展，积极营造全民阅读和书香城市氛围，进一步扩大了全民阅读典范城市的影响，为建设全球区域文化中心城市和国际创新创意先锋城市作出了积极贡献。本报告对此进行了全面的回顾总结，并对2019年全民阅读的重点领域和主要工作进行了展望。

一、2018年全民阅读开展情况

作为中国改革开放的一面旗帜，深圳在经济发展和城市建设等方面都取得了巨大的成就，而作为城市文化建设的重要组成部分，深圳的全民阅读在2018年也实现了新突破，迈上了新台阶，其主要成绩或进展体现在如下方面：

（一）突出庆祝改革开放 40 周年的主题，引领全民阅读迈向新时代

2018 年是中国改革开放 40 周年。深圳作为中国改革开放的窗口和前沿，经济社会发展取得了令人瞩目的成就，全民阅读事业也随着改革开放的深化而不断发展壮大。可以说，深圳全民阅读的持续推进是文化改革发展和对外开放的结果，也为深圳改革开放提供了精神动力和智力支持。改革开放为全民阅读创造了物质条件，也是全民阅读发展的不竭动力。一年来，深圳围绕改革开放的主题，精心策划系列全民阅读主题活动，引领社会各界以阅读的视角瞩目改革开放，回顾全民阅读发展的历程，展望新时代全民阅读发展的方向。

深圳读书月组委会重点组织"40 年·我们一起走过"主题图书展和"40 年·书影深圳"系列活动。主题图书展聚焦改革开放，精选 300 余种相关专题图书以展现改革开放的伟大历程和辉煌成就，同时推出三联书店精品书展、人教社历届中小学教材联展，以丰富多彩的图文素材展现中国的发展变迁，吸引了约 10 万人次读者参观浏览。深圳图书馆"40 年·书影深圳"组织开展"一本图书""两个展览"以及图书评选、故事征集、知识竞赛、朗诵分享等 8 项精彩活动，其中依托"且停亭"，启动实施"深圳市民口述历史"活动，发掘有代表性的深圳人，以口述的形式，讲述其与深圳的故事，"我与深圳：说出你的故事"入选央视纪录片《深圳故事》。开展"40 年·40 本记录深圳"书目评选活动，从专家评选、图书馆行业评选和市民评选三个维度，评选出 40 种优秀文献，集中展示深圳的城市变革、经济发展与文化民生的成就与风采；策划举办"40 年·40 本记录深圳入选图书展""40 年·中国改革开放主题图书展""2018 年外来青工知识竞赛（改革开放 40 周年专场）""'阅读·深圳'经典诗文朗

诵会（改革开放40周年专场）"等主题活动，从阅读视角见证深圳和祖国的历史巨变。

各区各街道积极开展纪念改革开放40周年主题征文、演讲、朗诵等活动，营造了浓郁的社会文化氛围。福田区第五届广场换书大会首发画册《华强北40年影像记忆》，通过一张张老照片再现华强北创业史，致敬改革开放40年。"发现龙华之美"征文比赛围绕"改革开放40周年之于龙华"主题，面向全国征集稿件400余篇，引领市民分享改革开放进程中的亲身经历和感想感受。

（二）成功举办第二十八届全国图书交易博览会，掀起深圳人阅读新热潮

深圳与全国图书交易博览会（以下简称书博会，原名全国书市，从第十七届开始更名为全国图书交易博览会）早在1996年就开始结缘。当年11月，第七届全国书市在刚刚建成的深圳书城罗湖城举行，受到广大读者的热烈追捧，创造了销售量最多、订货总额最大等7项全国纪录，为深圳人留下许多美好而温馨的阅读记忆。正是全国书市在深圳的举办以及深圳书城的建设，激发了深圳整座城市的读书热潮。可以说，书博会（全国书市）成为深圳创办读书月活动，激发全民阅读热情的重要触媒，对深圳全民阅读乃至文化建设都发生了重要影响。

时隔22年，在庆祝改革开放40周年之际，书博会再度牵手深圳，使深圳成为继北京、成都之后全国第三个两次举办书博会的城市。第二十八届书博会由国家新闻出版总署、广东省人民政府和深圳市人民政府共同主办，不仅集中呈现了改革开放以来我国出版业所取得的巨大成就，也为深圳展现全民阅读成果、交流文化建设经验、在更高水平上推进与现代化国

际化创新型城市相匹配的文化强市建设搭建了广阔平台。本届书博会主会场设于深圳会展中心1、2、5号馆,展览面积超过5万平方米,682家出版单位共组织23万余种、近100万册精品图书参展,其中大部分为近一年内出版的好书佳著,首发新书多达105种。其中,国家新闻出版总署主办的"全国图书精品展"集中展示了1200多种近2000册精品图书,重点推荐了《习近平新时代中国特色社会主义思想三十讲》《习近平改革开放思想研究》等总书记最新著作及相关出版物。以色列历史学家尤瓦尔·赫拉利"简史三部曲"的收官之作《今日简史》也在书博会期间全球首发。各展团重点展示主题出版物逾一万种,被央视新闻称赞"有思想,有温度,有品质"。

本届书博会秉承"阅读永恒,载体创新"理念,积极发挥深圳高新技术优势,集中展示了"24小时无人智能书栈""24小时城市街区自助图书馆""数字博物馆"等创新成果,体现了全民阅读与高新技术的完美融合。全国首座智能化书城——深圳书城龙岗城在展会中精彩亮相,集中展现了大数据、移动支付、人脸识别等最新科技手段在实体书业中的应用成果。"AI赋能出版——探索与创新""对话大数据中的城市阅读""想象力的表达:科幻创作与出版对话"等系列活动为展会植入了丰富的创新内涵。展会各个组织环节都积极采用科技手段,凸显创新元素,多达11.4万人次的市民通过全民阅读APP、全民阅读网微信公众号和深圳书城微信公众号申领电子票券入场,占主会场客流量的近四成;通过扫码自助购结算的图书销售额达73万元。

本届书博会按国家新闻出版总署"展销结合,双效统一"的创新要求,大幅提高出版物销售比例,成为近年来首个实现全展期间均面向公众进行销售的展会,被中国书刊发行业协会评价为"接地气,办实事"。展场制定了统一的进货、销售、结算方案，为参展商解决了运输、上架、退货、结算等后顾之忧，并在主会场8折销售，为广大读者提供实实在在的文化福利，促成交易额达9134万元，打造了馨香共享的全民阅读文化盛宴。

本届书博会共策划举办了427项阅读主题文化活动。其中，国家新闻出版总署牵头组织的18项重点活动权威性强、影响广泛，"读者大会""十大读书人物""红沙发访谈"等经典品牌带来了高规格、高品位的文化体验。围绕粤港澳大湾区战略，举办"粤港澳大湾区规划和全球定位主题演讲""首届大湾区劳动者文学发展高峰论坛"等活动，推动湾区经济文化交流、促进区域合作共建。举办"实体书店融合发展经验分享会""智能化与书业融合发展创新论坛""对话书与非书：书城平台生活美学的构建与探索"等书业论坛，展望实体书业与商业、科技、美学融合发展的趋势。各会场邀请了曹文轩、刘心武、于丹等150余位知名作家学者开展读书交流活动，吸引了50多万名市民尤其是亲子家庭、中小学生参加，部分名家见面会创下单场读者破千人的盛况，彰显了书香城市的全民阅读风度。本届书博会还积极扩大在港澳及周边城市的宣传推广力度，适逢香港书展同期举办，开设深港穿梭巴士，方便两地读者交流互鉴，提升了书博会对港澳等地区的辐射力、影响力，并借助书博会的平台向全国展示深圳全民阅读的成就。

（三）全民阅读阵地建设加快推进，城市阅读空间更加丰富

改革开放40年来，特别是近年来，深圳文化设施建设取得了突出进展，为全民阅读事业奠定了坚实基础。2018年，深圳以印发实施《加快推进重大文体设施建设规划》为契机，加快推进图书馆、书城、书吧等全民阅读设施建设。深圳第二图书馆、宝安公共文化艺术中心、坪山文化综

合体等文化设施建设加快推进。街道和社区综合性文化服务中心建设任务全面完成，基层全民阅读服务的设施体系不断完善。

全国第一座全方位多维度的高端智能书城——深圳书城龙岗城建成运营，开创性地提出文化综合体智能化建设的发展方向，即打造智能楼宇、智能书业、智能书店（"无人书店"）、智能书吧、智能生活、智能教育及智能办公七大智能生态，重点打造智能导购、智能营销、智能展示、智能收银结算四个核心系统。中宣部出版局局长郭义强在参观深圳书城龙岗城时称赞"这是我见过的最震撼的书城。大书城的建设为深圳文化发展树立了一座座地标和丰碑"。该书城"阿布@书吧"（大运店）荣获全国"2018 年致敬书店·最美社区书店"称号。龙岗城建成后，全市书城数量已达 5 家。

书吧建设不断提速，自从 2014 年第一家简阅书吧在龙华开业迄今，简阅书吧快速发展，全市投入运营书吧总数达 42 家，仅 2018 年就新增书吧 10 家。党建书吧全面开花。党建书吧是市委组织部、中组部党建读物出版社和深圳出版发行集团联合打造的党建阅读文化阵地，也是深圳市区级党群服务中心推出的以阅读为主题的创新服务，全年建成"1（市党群中心）+5（区党群中心）+801（社区、园区党群中心）"个党建书吧，拓展了全民阅读服务的领域，"公共书吧＋党建书吧＋公园书吧"的特色化运营体系初步形成。几年来，深圳书吧开疆拓土，进医院、进社区、进公园、进产业园区、进高校、进企事业单位、进商业综合体、进写字楼等，融入了大街小巷，融进了市民生活。目前，书城、书吧和公共图书馆高密度布局，共同构成深圳的阅读主阵地，拓展和丰富了深圳人的公共阅读空间。

在书吧运营中，深圳书吧探索出 4 种公益文化服务和全民阅读的模式。

一是"书吧+图书馆",引入图书馆借阅功能,实现"购书、借书、免费看书"三位一体的阅读服务。二是"书吧+活动",2018年全年共提供上千场次公益性文化活动,将健康讲座、艺文策划、名家讲堂等带到市民身边。三是"书吧+课堂",引进四点半课堂等公益教程,为中小学生提供免费文化服务。四是"书吧+展演",举办书画展、电影展、话剧等,免费提供各类文化展演。此外,书吧还提供文化资讯、便民服务等,成为市民的"第三空间"和社区文化生活中心。开进医院的简阅书吧,让患者边看书边等叫号,候诊读书两不误。进入写字楼的书吧,则精选经典、畅销的经管类、人文社科类书籍,同时设置休闲阅读、户外沙龙、茶艺等功能区,打造集阅读休闲、文化艺术、办公会议为一体的公共文化服务平台,为白领营造良好书香环境。在纸质图书、传统阅读日渐式微的当下,简阅书吧秉承"书店不仅仅有书"的理念,打造以阅读为核心的生活方式。

在中国书刊发行业协会主办的"新时代杯"2018时代出版·中国书店致敬活动中,简阅书吧获得"年度新华子品牌"称号;深大简阅书吧获得"年度大学书店"称号;桂花简阅书吧获得"年度社区书店"称号;宝安妇幼简阅书吧获得"年度主题书店"称号。深大简阅书吧还荣获广东省委宣传部、广东省新闻出版广电局颁发的2018年"全民阅读示范书店"称号。

(四)图书馆之城建设日益完善,共建共享的图书借阅服务格局基本形成

2018年1月1日,《中华人民共和国公共图书馆法》正式实施。作为我国首个由全国人大常委会颁布的图书馆领域的法律,该法的实施标志着公共图书馆建设进入法制化轨道。2018年,深圳以贯彻《中华人民共和

国公共图书馆法》为契机，出台《深圳市关于贯彻〈中华人民共和国公共图书馆法〉推进公共图书馆提升工程的实施意见》，加快推进公共图书馆提升工程，巩固"图书馆之城"建设成果，提升公共图书馆服务水平。加快推进公共图书馆总分馆制建设，出台《深圳市区级文化馆图书馆总分馆制建设验收标准》，全市各区（新区）于年底前全部建立图书馆总分馆机制。

各级公共图书馆加快推进阅读服务创新。深圳图书馆试行"双休日提前一小时入馆"，每周逢双休日于8:00提前开放1—5楼服务区，方便读者进馆阅览和自习；依托微信、QQ平台优势，进一步拓展移动图书馆服务领域和服务方式，读者可利用手机通过"深圳图书馆·图书馆之城"微信服务号中的"在线实名认证"或"E证通"两种认证方式申办虚拟读者证，足不出户轻松利用图书馆海量资源；逐步优化"新书直通车——你选我送、先阅为快"项目，不断完善网上选书、快速采购编目及物流配送等环节，多渠道广泛开展宣传，让读者切身体验"新书选择权""采购决策权""优先使用权"，充分激发读者的参与和阅读热情。罗湖区创建"乐读社区"运行模式，建立社区图书循环共享平台，并新增6个悠·图书馆。宝安区图书馆被中国图书馆学会公布为全国"全民阅读先进单位"。龙岗区着力优化少儿图书借阅服务，在文化中心引进爱子乐阅读馆，改建区图书馆少儿阅读区。盐田区图书馆荣获"最美粤读空间"称号，设计获得法国双面神"GPDP AWARD"国际创新奖。"盐田区智慧图书馆服务平台"正式获批第四批创建国家公共文化服务体系示范项目资格，成为市、省乃至全国智慧图书馆建设的样板。坪山区积极探索公共图书馆法人治理结构改革，经过全国公开遴选，中国当代著名哲学家、作家、学者周国平出任坪山图书馆首任馆长。谈到此番来到深圳坪山图书馆做馆长的初衷，他表示，深圳人对待阅读的热情感染了他。"我对深圳是非常喜欢的，每次到深圳做读书活动，读者都非常热情，超过任何一个城市。深圳有爱书、喜欢读书的风气，读书的基础很好，地气很足。坪山是深圳年轻的城区，充满了很多未知的可能性，可以描绘阅读、图书最美的图画。"

深圳图书馆充分发挥"图书馆之城"龙头馆和中心馆作用，全市共有285家公共图书馆、244台城市街区自助图书馆和51台光明新区24小时书香亭，实现"图书馆之城"统一服务。通过该服务平台全年新增办证读者23.2万人，处理文献外借量1269.76万册次。深圳图书馆与市中级人民法院合作建设法律分馆，其法律专业文献将可通过调阅方式服务社会读者。联合百胜集团再建深圳捐赠换书中心分中心，传播阅读分享公益理念，目前全市分中心已经达到7家，其中与企业合作建立的3家分中心均实现了联网运行、积分通兑，全年换入图书35095册，换出图书16345册；捐入图书12992册，捐出图书20324册，公益捐赠品牌"公益书屋"的影响力持续扩大。

（五）深圳读书月等重大主题阅读活动成功举办，书香城市氛围日益浓郁

深圳读书月被誉为深圳人的"文化闹钟"，每到11月就会提醒"该读书了"。一年一度的读书月也成为城市的年度文化盛事。第十九届深圳读书月以"东方风来·书香满城"为年度主题，全市26家主承办单位策划开展阅读文化活动769项，吸引约1100万人次参与，营造了弥漫全城的浓郁书香氛围，为深圳改革开放再出发和全民阅读的不断发展注入了新活力。

从本届起，深圳读书月启用了读书月全新品牌LOGO。新LOGO由读

书月英文首字母 s/r/m 拼接而成，强化了国际感。整体上形似竖立的图书，又似高楼林立的城市剪影，更象征着人类进步的阶梯，传达了"阅读·进步·圆梦"的总主题精神，展现出"书香满城"的城市阅读新风采。新LOGO 的启用，是依托深圳"设计之都"的城市气质，积极挖掘阅读的延伸价值尤其是美学价值，从而通过阅读与设计的结合进一步增强全民阅读的感染力、传播力与号召力，进一步增强全民阅读在满足美好生活需要中的积极作用。同时，本届读书月还配套设计了读书月纪念徽章在读书月启动仪式上发行，为读者打造具体可感的城市文化名片。

本届读书月设立"弘扬传统"板块，组织开展 7 项重点主题活动与多项一般主题活动，引领市民读者回溯历史、重温经典，促进中华优秀传统文化的承继与创新。经典诗文朗诵会以《诗经·小雅·鹿鸣》开篇，邀请雷恪生、雅坤等朗诵名家诠释《湖心亭看雪》《桃花源记》《爱莲说》等经典佳作，引领现场读者回溯源远流长的传统文化精髓。首届书信文化节以书信载体透视中华文化，创设简阅书吧书信文化体验区，集中展出近百封明清时代以及二十世纪五六十年代的民间书信，并依托新媒体平台组织开展"最美书信"推荐、"念家书·扬家风"书信写作、书信文化知识问答等系列活动，吸引逾 10 万人次线上参与，征集书信作品 1000 余封。"诗经原创音乐会"将《诗经》经典搬上舞台，"国学宝贝"吸引 428 名少年儿童通过武术、舞蹈、民乐、曲艺、朗诵等形式展现国学风采。罗湖区"说文解字·中华经典古诗文公益课堂"将学习中华古诗文与践行社会主义核心价值观相结合，宝安区"亲子阅读帐篷夜"关注非遗文化，吸引100 个学生家庭参与。盐田区图书馆邀请金陵图书馆馆长、东南大学教授董群讲述"向孔子学习君子之道"。

本届读书月突出发挥名家名社带动效应，积极协调名家名社资源，为深圳市民献上一道道文化大餐。北京大学教授、中国诗歌研究院院长谢冕，南京大学教授、中国阅读学研究会会长徐雁，央视主持人白岩松，文化学者周国平，茅盾文学奖得主阿来，科幻小说代表作家刘慈欣，经济学教授薛兆丰等众多名家现身各类活动，与市民读者分享交流。邀请生活·读书·新知三联书店担任第二届主宾出版社，首发历时12年打造的"新知文库"百种图书，组织开展了一系列高质量阅读主题活动。权威榜单"年度十大好书"本年度聚焦"文学与艺术"，在1000余种推荐出版物中层层遴选出10部精品佳著，受到国内阅读出版界高度关注。创办五年的"年度十大童书"新增30位"阅读小天使"，在凝结海峡两岸暨香港、澳门50位专家评委智慧的基础上注入儿童眼光。"最美小图书馆"评选活动聚焦全市600多座小图书馆，组织专家评选最美小图书馆、阅读品牌、阅享空间、阅美人物等奖项，引导市民读者票选最受喜爱的小图书馆，为基层小图书馆建设指明方向。

深入开展阅读推广人下基层活动，34位公益阅读推广人在全市38家阅读点，开展了250场公益阅读推广活动，活动形式包括亲子阅读、文学讲座、经典导读、中华传统文化讲座等，全年近2万人次参与活动。

（六）进一步加强未成年人阅读服务，着力提升中小学生阅读能力

近年来，深圳始终重视未成年人阅读服务，继《深圳经济特区全民阅读促进条例》把每年4月23日确定为深圳未成年人读书日以后，各级各部门均在深圳未成年人读书日组织开展未成年人阅读促进活动，公共图书馆、中小学校、幼儿园等也积极开展未成年人阅读及交流活动。2018年，深圳继续加大未成年人阅读服务，不断提升未成年人阅读能力。首届深圳

名师论坛组织 100 余位南山名师录制视频、分享经验，表彰 44 位南山区中小学"阅读之星"，为阅读教育、阅读学习选树标杆。福田区积极开展"童读一本书"绘本推广活动，走进 6 家小学、幼儿园组织体验式阅读。光明区重点打造"星阅光明"少儿项目，在全区 6 个街道、25 个社区开展共计 42 场少儿阅读推广活动。龙岗区提出全新的"阅读等身"概念，以"阅读等身奖"鼓励培育亲子阅读习惯，进一步提升少年儿童的阅读量和阅读能力。

深圳图书馆携手深圳实验学校高中部共建首个"深圳图书馆青少年阅读基地"，利用公共图书馆优质文献资源，联合社会力量，加强学校图书馆建设，发挥"建设书香校园，推动全民阅读"的示范效应。深圳少年儿童图书馆深入实施"常青藤"行动计划，全市 123 所学校加盟该项目，25 万余册图书和深圳少年儿童图书馆所有的电子资源可供加盟学校流通共享。深圳少年儿童图书馆全年接待进馆人次近 120 万，日均接待读者量 4000 人次，累计办理读者证 8 万多个，年外借总册次约 50 万。接待十余所幼儿园、小学来馆集体阅读，精彩、专业的阅读活动受到前来的老师和家长好评。该馆首创的青少年"快乐阅读积分计划"，改变了传统的服务模式，鼓励和引导未成年读者爱阅读、多阅读，收到良好的成效。通过该计划，该馆全年接受普通读者图书捐赠近 4000 册。继续开展"蒲公英"劳务工子女图书馆计划和"康乃馨"无差别阅读计划，加强分馆与馆外流通点的管理，深入了解服务群体阅读习惯与信息需求。

联合福建、湖南、重庆等在内的 35 个省市图书馆（少儿馆）共同主办第五届"我最喜爱的童书"阅读推广活动，活动历时 300 天，由 9 位海内外权威专家倾力打造、35 所省市图书馆全员出动、全国 310 所学校参与，总计选票 110 多万张，9 本童书分获儿童文学、图画书、知识性读物的金银铜奖。成功在深圳举办2018年广东省阅读推广人培训班，来自全省各级公共图书馆（含少儿图书馆）、中小学、民间阅读团体等各单位的170名图书馆员、阅读推广人参加了培训。

深圳捐赠换书中心（青少年中心）通过图书捐赠交换服务，和企业捐赠、学校捐赠等途径，为广东省内边远山区的贫困学校筹集书籍、文具、电脑等援助物资，结合广东省目前已经在实施的"千校扶千校"活动，与深圳相关中小学、腾讯慈善公益基金一起形成"3+1帮扶模式"，共同发起"开启梦想·万卉书香——贫困地区学校启卉书屋援建行动"。通过举办一系列的"换书节"活动，推动全民公益阅读，宣传捐赠换书中心公益、环保的理念，持续传播正能量。深圳图书馆和深圳市关爱办、宝能慈善基金共同发起主办"鹏城小书屋"流动捐书计划，募集14000余本图书捐赠给江西寻乌山区教育资源相对薄弱的中小学校。关注特殊未成年人阅读，深圳少年儿童图书馆联合深圳市儿童医院和南方都市报、深圳市阅读推广人协会开展"重症儿童陪伴阅读计划"，组织专业的阅读推广人每周到儿童医院血液肿瘤科给小患者讲故事。

深入开展阅读推广计划及活动。"亲蓓蕾"早期阅读培养计划开展了"红姐姐讲故事""智慧宝宝手工""卡通乐园""放飞梦想小舞台""Fun Party"等一系列幼儿阶段性阅读活动，着力提升儿童的认知能力，培养儿童阅读兴趣。继续开展"箹杜鹃"青少年经典阅读计划，策划举办2018年"4·23"世界读书日"我的图书馆"创作比赛（深圳青少年组）。举办2018年第九届名著新编短剧大赛，开展"名著新编工作坊"，邀请编剧、导演、表演方面的专家老师走进学校，为孩子提供名著阅读推广服务；邀请专家参与"名著新编进校园"，对入围决赛的同学做一对一指导。深入实施"红牡丹"中华文化传承计划，其中国学宝贝评选、亲子共读经典公益大讲堂、深圳市青少年"手绘深圳"创作大赛、"梅、兰、竹、菊、荷"国学社、国艺团活动等深受青少年和家长欢迎。继续实施"喜阅365亲子共读"计划,"一天一本优秀亲子共读书""一周一次喜阅读书会""全媒体时代多管齐下共推广"等均受到读者的热烈追捧。继续办好科创阅读活动、青少年成长教育讲座、"童画帮"动漫系列阅读活动。"图书馆之夜"邀请百余组亲子家庭在图书馆共聚一夜,并开展绘本阅读、艺术创作、英语互动、童话COS秀、国学竞猜、科创阅读等阅读活动,让小读者感受分组阅读的生动有趣;与家长一起搭帐篷露营,体验家庭阅读的温馨愉悦;共度次日早晨的读书会,领略集体阅读的魅力。

(七)加快推动全民阅读载体创新,数字阅读取得突出成绩

在"阅读永恒,载体创新"的理念指引下,深圳加快发展数字阅读,努力为数字阅读创造良好条件,正因为有持之以恒推动数字阅读的工作者,深圳连续3年入选"中国十大数字阅读城市",并于2018年首次在城市数字阅读指数排行上位列榜首。

积极开展全民数字阅读活动。地铁阅读季进一步拓展"扫码听书"项目,在图书漂流角及地铁书香专列上打造数字阅读书架,鼓励乘客享受线上碎片式听书的乐趣。深圳书城童书堡平台推出"阅读小达人"竞赛,通过线上竞答推广童书分级等亲子阅读理念,吸引1000余户家庭互动参与。深圳之窗"听阅读的声音"互联网诵读活动面向全市征集2000余篇音频投稿,吸引56000余人"听书"投票。深圳移动第九届手机阅读季向约5万名新用户派发手机阅读大礼包,并向阅读时长达标的用户赠送电子书券与移动流量约26万份。坪山区"听,书的声音"深入企业推广听书风尚,向100余名员工赠送了"懒人听书"APP会员卡。

进一步完善全民阅读数字服务。罗湖区图书馆顺应"互联网+"思维，创建"线上平台图书快递借""线下书城图书实地借"的新型借阅模式，开发"罗图悦借"平台，让读者足不出户就能借还书。南山区图书馆重点推广"数字南图，悦读无界"体验服务，实现"扫码听书""扫码看书""在线直购荐购电子书"等服务功能。光明区联合深圳大学城图书馆共建服务站，为区内居民提供文献查收查引、科技查新、专利检索与咨询等电子科研数据库服务。大鹏新区建设开发"翻山阅海读大鹏"微信小程序，实现了借书、还书及交流互动等网上图书馆功能。

进一步深化数字阅读理论研讨。继续发布年度数字阅读报告，对全市十区数字阅读用户行为进行深度挖掘，表彰深圳数字阅读最具创新项目、最具人气产品、最具成果区域，并提出各区产业发展的针对性建议，打造了基于用户细分的全民数字阅读报告城市样本。懒人听书创新举办的有声阅读生态大会汇聚全国200余位专家代表和咪咕阅读、喜马拉雅、科大讯飞等龙头企业代表，权威发布《2018中国有声阅读行业发展趋势分析》等研究报告，搭建了全国性有声阅读学界业界交流合作平台，为推动行业持续健康发展指明了方向。

根据《2017—2018年度深圳数字阅读报告》，2018年深圳数字阅读用户达523.74万人。报告显示，深圳市用户对于电子书的认可度较高，只看电子书的占17%，电子书和纸质书都看的占67%，仍有16%用户坚持只看纸质书。在数字阅读用户构成方面，深圳市数字阅读用户包括网络文学用户、漫画用户和有声阅读用户。数字阅读用户的付费意愿较上年同期有较大幅度的增长。数据显示，2017—2018年深圳市数字阅读用户愿意付费的比例达到68.54%，相对于2016—2017年的57.36%上升了11.18个百分点。

（八）加快提升本土出版创作力量，努力为全民阅读提供丰富多彩的内容

加快推进精品出版，出版图书获得多个奖项及多项基金支持。《"双创"何以深圳强？》获全国城市出版社优秀图书一等奖；《我们的少年时代》《草木深圳·郊野篇》《书香中国·全民阅读推广丛书》《只有香如故：宋词十三星宿背后的故事》《几乎消失的偷闲艺术》等5种图书获全国城市出版社优秀图书二等奖；《聪明的顺溜之特殊任务》（AR、VR融合版）入选新闻出版改革发展项目库。重点图书取得较好的销售业绩，《壹棉壹世界：7000年的棉与人》首印6万册，发货码洋超过300万元，短时间内创造了最佳销售业绩。《寻找中国巴菲特》首印1万册，重印1万册，实际销售近2万册，发货码洋超过120万元。

加快数字出版转型，海天出版社数字化建设取得重大突破，于2018年4月获颁网络出版许可证；11月成为首批ISLI示范单位，为实现"基于ISLI的海天出版社数字化流程改造"奠定了良好的基础。完成海天出版社的品牌建设、VI设计，打造了海天社的新口号，制作了海天社的宣传片，在第二十八届书博会上精彩亮相，得到了社会的广泛认同，开启了海天新航程。书博会期间成功举办海天出版社品牌推广及经销商大会，极大提升了海天出版社的品牌影响力。

海天出版社在深圳读书月期间首发"地名古今"丛书，讲述地名的历史变迁以及由此衍生出的方言俚语、生活习俗、人文故事，打造了一套层次丰富的人文地理丛书，得到梁晓声、白岩松等名家学者的现场支持，引发热烈反响。深圳报业集团出版社进一步充实、完善现有三条品牌产品线——自然系列、《我们深圳》丛书、"共同体文库"，全年出版80种各类图书，其中包括《艺术家怎么活》《楠溪纪事》《庄严的生活》《深圳

动物日历》《歌声起处——深圳流行音乐四十年》《华强北魔方》《深圳时间》《深商简史：1978—2018》《中英街往事》《中心区变形记》等一批精品图书。

（九）加强国内国际交流互动，全面展现全民阅读典范城市的风采

深圳是联合国教科文组织表彰的"全球全民阅读典范城市"，全民阅读是城市开展对外交流的闪亮名片。2018年，深圳坚持"引进来""走出去"相结合，抓住国家粤港澳大湾区建设的良好契机增进湾区交流，同时以各类阅读文化项目为桥梁连接国内外友城，既吸收了各地文化发展的先进经验，又进一步扩大了深圳阅读文化的影响力。

增进大湾区互动合作。策划举办第十一届深港澳中学生读书随笔大赛，共收到投稿文章6000余篇，为三地教育文化界嘉宾及师生代表搭建了交流分享平台。盐田区依托海洋文化特色开展大湾区阅读交流，策划举办"世界瞩目的大湾区——深圳香港澳门古地图展"，通过50幅精心展出的区域地图突显湾区连接中国与世界的桥梁作用，吸引1000余名读者参观，同时组织研讨"新时代粤港澳大湾区海洋文化经济"，分享大湾区文化横向联合与纵深发展的意见建议。香港商务印书馆旗下"本来书店"发挥资源优势，邀请程介南、李永铨等嘉宾来深分享香港的美食生活推荐、品牌设计案例，促进深港理念交融。

加强国内外分享交流。第四届领读者大奖放眼全国，汇聚北京阅读季、广州图书馆、六和阅读教育、银龄书院、青苑书店等全民阅读标杆项目与先进个人，打造400余人参与分享的业界盛会。"阅读双城记"对标北京，组织两地专家学者探讨阅读推广经验。海天出版社以新书《魔鬼医生的消失》开启"中法讲书团"巡讲活动，邀请法国著名作家奥利维耶·盖来深交流座谈，突显深圳法语出版优势。"霎阅杯"全国速读大赛在广东、湖南、福建等地设点海选，覆盖全国10000余名读者。盐田区"第十二届海洋文化论坛"组织来自全国十余家图书馆的80余名代表分享文献共建共享的创想与经验，新增中山市图书馆、珠海市图书馆、珠海市金湾区图书馆加入"一带一路"公共图书馆联盟。连续18年举办的弘文百米长卷少儿现场创意书画活动继续落地珠海、湛江、佛山，将深圳读书月的狂欢氛围扩散到周边地区。

全民阅读经验纷纷为外地借鉴，深圳书城模式加快在内地布局。开封深圳书城中心城于2018年7月24日建成运营，实现了深圳书城的首次异地输出。合肥书城和萍乡书城工程建设稳步推进，合肥书城正加快进行，萍乡书城已完成2/3工程量；哈尔滨书城已经完成选址和概念设计方案，正在紧密磋商土地规划指标和地价等前期核心工作。

二、2019年深圳全民阅读展望

2019年是中华人民共和国成立70周年，是高质量全面建成小康社会的关键之年，同时也是深圳建市40周年和深圳读书月即将举办20届之年。深圳的全民阅读工作必须以习近平新时代中国特色社会主义思想为指导，以"举旗帜、聚民心、育新人、兴文化、展形象"为使命，贯彻落实习近平总书记对广东重要讲话和对深圳重要批示指示精神，抓住粤港澳大湾区建设重大机遇，致力于建设全球区域文化中心城市和国际文化创意先锋城市，不断创新思路、创新方法、创新举措，"强优势、补短板"，努力打造具有借鉴意义和标杆地位的全民阅读"深圳模式",推动全民阅读工作达到一个新的水平,为将深圳建成"中国特色社会主义先行示范区"和"现代化强国城市范例"提供文化支持和精神动力。

(一)结合中华人民共和国成立 70 周年、深圳建市 40 周年等重要庆典,开展更加丰富多彩的全民阅读活动,体现高度、强化深度、突显热度、保持温度

2019 年是中华人民共和国成立 70 周年,70 年风云际会,中国从一个积贫积弱的国家,一跃成为当今世界第二大经济体,综合国力的历史性跨越为世人瞩目。2019 年同时又是深圳建市 40 周年,40 年来筚路蓝缕而又充满荣光,深圳走过了世界上许多城市用数倍时间才走完的路程,创造了世界工业化、城市化、现代化发展史上的奇迹。2019 年深圳全民阅读在做好各项常态化推广工作的同时,必须结合这两大重要庆典,开展更加丰富多彩的全民阅读活动,营造良好文化氛围和社会环境。

一是体现高度。2019 年全民阅读活动策划必须结合纪念中华人民共和国成立 70 周年,把爱国主义教育作为特别突出的主题贯穿全过程,通过不同形式的阅读推广活动,做到以理服人、以文化人、以情感人,生动传播爱国主义精神,唱响爱国主义主旋律,让爱国主义成为市民坚定信念和精神依靠,同时强调爱国主义的时代感与使命感,引领广大读者为国家发展、民族复兴献策献力,突出主旋律、传播正能量。2019 年全民阅读还要与深圳建市 40 周年活动相结合,通过举办系列阅读主题活动,弘扬改革开放精神、宣传改革开放成果,再塑深圳改革开放新形象,为深圳改革开放再出发,朝着建设中国特色社会主义先行示范区的方向前行,努力建设社会主义现代化强国的城市范例提供文化支撑。

二是强化深度。立足深圳全民阅读20多年的发展经验，固本开新，进一步推动全民阅读活动向基层单位扎根。通过组织开展评选活动，表彰为全民阅读做出重大贡献的先进单位与优秀个人，表彰全民阅读活动策划中涌现出的好品牌、好项目与基层活动，广泛发动基层参与，推动品牌项目进企业、进学校、进社区、进街道、进军营，有针对性地为儿童、学生、青工、官兵等群体提供不同主题不同类别的阅读指引，将全民阅读推广活动引向更深层。

三是突显热度。整合全市阅读资源，提早规划梳理、加强策划，力争做到"天天有重点，周周有亮点"。以深圳读书月品牌为核心，通过开展主题演讲、经典诵读、读书征文、知识竞赛等内容丰富、形式多样的主题阅读活动，并有计划、有节奏地组织宣传报道，利用各类媒体掀起深圳全民阅读活动达到新高潮。

四是保持温度。坚持以人为本，以阅读温润人心。在固化既有品牌项目的基础上，积极邀请市外专家学者与非阅读界人士献计献策，为通过阅读满足人民群众美好生活向往集思广益、打开思路。着重挖掘深圳全民阅读沉淀累积的动人故事，将深圳多年高贵坚持的阅读温度以多种形式保存和展示，进而传播温暖的阅读观念。

（二）以纪念深圳读书月举办20届为契机，对全民阅读的"深圳模式"进行系统梳理与总结，"强优势、补短板"，进一步完善深圳全民阅读推广服务体系

深圳读书月是深圳全民阅读最有影响力的品牌，自2000年创立以来，至今已成功举办19届。深圳读书月的创设，标志着深圳全民阅读推广大幕的正式拉开，与深圳读书月同步，深圳全民阅读经过20年的"高贵坚

持"，逐步形成了政府倡导、社会参与、专家指导、媒体支持的"深圳模式"，荣获包括联合国教科文组织颁发的"全球全民阅读典范城市"在内的诸多荣誉，提升了深圳全民阅读在国内、国际的影响力。今年是深圳读书月举办 20 周年庆，要以此为契机，对全民阅读的"深圳模式"进行系统梳理总结，"强优势、补短板"，进一步完善深圳全民阅读推广服务体系。

一方面，要善于总结深圳全民阅读活动的成功经验，进一步增强既有优势，确保全民阅读推广活动的活力。深圳全民阅读值得总结、借鉴、推广的经验很多，包括在全民阅读制度设计方面，在国内率先颁布实施《深圳经济特区全民阅读促进条例》，为全民阅读工作提供法律上的保障和支撑；在阅读推广机制方面，充分发挥民间阅读组织和民间阅读推广人的作用，成立了国内首个跨行业全民阅读民间组织深圳市阅读联合会，形成了政府与民间良好的文化互动，夯实了城市阅读的基石；在阅读理念引领方面，强调主题引领，通过创设主题，以主题理念引领阅读活动，并通过阅读活动深化主题理念，逐步让"营造书香社会""实现市民文化权利""提升城市品位""提高市民素质""实实在在读一本书"等全民阅读理念深入人心；在阅读活动策划方面，把创新看成生命线，如深圳读书月通过多次策划会，广泛收集社会各界的阅读需求与创意，为年度阅读增添新的创意、新的内涵，使创新成为深圳全民阅读生生不息的巨大动力和成功关键。此外，在阅读研究、阅读交流、媒体参与、数字阅读等诸多方面，深圳的全民阅读都有非常值得总结的宝贵经验。

另一方面，更要以认真负责的态度，发现、重视和解决深圳全民阅读发展中存在的问题和短板，进一步健全和完善全民阅读推广服务体系，增强发展后劲，包括要依据《公共文化服务保障法》，结合《深圳经济特区全民阅读促进条例》《深圳市基本公共文化服务实施标准》等法规、政策，着力解决深圳全民阅读设施不均衡、资源不均衡、服务不均衡等突出问题；要切实推动《深圳经济特区全民阅读促进条例》重要条款的落实，优化深圳全民阅读法规政策环境，形成全社会推动全民阅读的合力；要切实发挥深圳市全民阅读指导委员会的作用，统筹、规划、协调全市性全民阅读重大活动，加强资源整合，解决各自为政的问题，提高全民阅读推广服务效率；要着力解决深圳全民阅读的内容生产相对滞后、精品出版偏少的问题，提高本土文化出版的数量与质量；要进一步激发全民阅读社会组织的服务积极性，加大政府采购力度，出台相关政策，解决一些民间优秀阅读组织面临的生存困难；要加强对全民阅读发展中遇到的新问题、新情况的研究，并提出对策建议；要切实加强全民阅读长效机制的建设，包括推动深圳市全民阅读基金的设立，调动社会资本、资源参与全民阅读推广，优化全民阅读空间，注重培养自觉的阅读群体，在整个社会形成阅读自觉等。

（三）抓住粤港澳大湾区建设新机遇，积极开展阅读交流活动，进一步提升深圳作为"全球全民阅读典范城市"的影响力与辐射力

粤港澳大湾区是我国开放程度最高、经济活力最强的区域之一，在国家发展大局中具有重要战略地位。建设粤港澳大湾区，既是新时代推动形成全面开放新格局的新尝试，也是推动"一国两制"事业发展的新实践。2019年2月18日，中共中央、国务院印发了《粤港澳大湾区发展规划纲要》，进一步提升了粤港澳大湾区在国家经济发展和对外开放中的支撑引领作用。《粤港澳大湾区发展规划纲要》将深圳定位为与香港、澳门、广州并立的四大中心城市和区域发展的核心引擎，要求深圳发挥作为经济特

区、全国性经济中心城市和国家创新型城市的引领作用，加快建成现代化国际化城市，努力成为具有世界影响力的创新创意之都。可以说，粤港澳大湾区建设不仅为深圳的经济成长注入新的活力，也为深圳的社会和文化发展提供了新的机遇。

大湾区不仅是一个经济概念，同时也是一个文化概念，经济的紧密合作有赖于文化的高度融合，加强大湾区文化的整体融合发展，致力于打造开拓创新、开放包容、多元一体的大湾区文化。为此《粤港澳大湾区发展规划纲要》专列"共建人文湾区"一节，提出要塑造湾区人文精神，坚定文化自信，共同推进中华优秀传统文化传承发展；要共同推动文化繁荣发展，完善大湾区内公共文化服务体系和文化创意产业体系，培育文化人才，打造文化精品，繁荣文化市场，丰富居民文化生活；要加强粤港澳青少年交流，促进大湾区青少年交流合作；要推动中外文化交流互鉴，发挥大湾区中西文化长期交汇共存等综合优势，促进中华文化与其他文化的交流合作，创新人文交流方式，丰富文化交流内容，提高文化交流水平。全民阅读工作是"共建人文湾区"的重要一环，深圳要抓住粤港澳大湾区建设新机遇，积极开展阅读交流活动，进一步提升深圳作为"全球全民阅读典范城市"的影响力与辐射力。

一是强化深圳既有阅读文化活动在大湾区的品牌效应。继续办好深港澳中学生读书随笔大赛，在资源协调、资金支持等方面加大推进力度，进一步扩大活动的覆盖面和影响力；继续办好盐田海洋文化论坛，发挥"一带一路"公共图书馆联盟的组织作用，积极打造更活跃的湾区公共图书馆文化圈，进一步促进湾区各地公共图书馆的互动、交流与合作。二是策划组织促进湾区文化交流合作的创新活动。立足湾区资源，发挥深圳优势，围绕湾区全民阅读生态的完善，实现出版、发行、运营、文创等阅读领域上下游资源的合作与整合。邀请湾区出版机构担任读书月主宾出版社，组织开展反映湾区发展、体现人文特色的阅读文化活动；联动湾区书城书吧，共同推广全民阅读精选书单，以湾区共读增进文化联系；策划举办湾区读书周系列活动，推动"深圳读书论坛""经典诗文朗诵会""温馨阅读夜""地铁阅读季"等品牌活动和阅读资源走进湾区各地，以深圳读书月的"湾区行"促进各地合作交流。今年恰逢深圳建市40周年与澳门回归祖国20周年，可以此为契机策划开展"深圳·澳门阅读双城记"系列活动，联袂展现深圳建市40周年和澳门回归祖国20周年所取得的丰硕文化成果。三是实现深圳读书月与粤港澳大湾区（深圳）书展的联动效应。2019年7月首届深圳书展即将筹办，要实现书展与每年11月举办的深圳读书月的联动呼应，围绕这两个重要的全民阅读活动节点，建立健全全民阅读对外交流机制，组织策划贯穿全年的湾区阅读文化交流系列活动，打造具有全国影响力和示范性的阅读文化交流品牌。

（四）高质量办好首届"深圳书展"，加快引进国内外优秀图书读物，促进本土出版创作，让深圳全民阅读的内容更丰富、更精彩

一个好的书展是一座城市文化内涵的重要体现，是一座城市的文化品牌，国内外许多城市都有自己知名的书展，如北京国际图书博览会、香港书展、上海书展、羊城书展（南国书香节）、法兰克福书展、伦敦书展、纽约书展、波隆纳书展等。2018年深圳成功举办第二十八届全国图书交易博览会，掀起深圳人阅读新热潮。为充分发挥深圳在大湾区建设中的核心引擎作用，按照《深圳文化创新发展2020实施意见》，基于深圳全民阅读的发展实际，在深圳市委宣传部、深圳市新闻出版局指导下，2019年将举办首届深圳书展。

深圳书展总主题定为"新时代、新机遇、新发展",首届深圳书展的主题初定为"以阅读的名义向祖国致敬",将紧扣新时代的主题以及中国出版业和全民阅读的发展现状,以深圳建设全球区域文化中心城市和国际文化创新创意先锋城市为目标,以出版物交流为桥梁,以创新创意为先导,构建以深圳为中心,辐射港、澳及东南亚的居民阅读嘉年华,华语世界的阅读文化高地以及"一带一路"沿线国家文化交流合作的大舞台,努力办成有特色、可持续、高科技、高起点、高质量的专业化书展,打造具有深圳特色、国际影响的文化产业新品牌。

根据书展初步方案,主展馆将设七大区:(1)国内精品区,组织国内知名出版单位约300家参展,按出版社组团陈列,展销近两年优秀及精品出版物15万种,50万册;(2)主题展区,设中华人民共和国成立70周年专题图书展、改革开放40周年专题图书展、"一带一路"(海洋文化)主题图书展、科技与创新主题图书展、全民阅读成果展、图书馆之城专题展、智慧书城书吧主题展等主题展区;(3)进口图书区,组织港澳台地区、东南亚、"一带一路"沿线国家及其他国家出版机构50家,展销订货进口出版物5000种;(4)文创精品区,集中展销文体办公用品、学生用品、艺术设计作品、创意生活精品、文化周边产品等;(5)亲子阅读区,以线上线下联动的方式,展销儿童读物、亲子读物、画图绘本、益智产品等;(6)数字音像电子阅读区,展销各类数字阅读、内容媒体、电子阅读产品和电子音像出版物等新媒体和融媒体产品;(7)宣传活动区,开展各类出版发行界专业活动。

一个好书展当然不能止步于做一个图书大卖场,而必须是一个文化大展场,激荡、释放充足的创意能量,在书展的大平台上激起跨国界、跨文化的文化碰撞与对话。为此,首届深圳书展将规划举办100多项各类阅读文化和书业活动，将极大地丰富深圳全民阅读的内容和强化对外文化交流合作的空间。

可以预见，深圳书展的创办，将促使深圳对标国内外先进城市的新闻出版与公共阅读水平，关注和重视深圳本土出版创作的差距和短板，进而促进深圳完善本土创作出版扶持引导机制，抓好出版精品创作生产，奖励和扶持优秀的内容生产企业和创作人才，推动传统出版单位的产业升级和数字化转型，形成本土报纸、期刊、图书等出版主体创新内容生产、激励和保障机制，提高出版原创能力，为广大市民读者提供更多更好的本土原创出版内容和产品资源。

（五）深化"阅读永恒，载体创新"理念，健全数字阅读设施，完善数字阅读平台，丰富数字阅读资源，加强数字阅读研究，保持深圳在数字阅读领域的领先优势

现代高新技术特别是互联网技术的高速发展和渗透，极大地改变了人们的阅读方式和阅读习惯，阅读的新载体、新手段层出不穷。深圳作为高新技术先锋城市，在运用新载体、新手段推动全民阅读方面有先发优势。2016 年以来，深圳连续 3 年获评"中国十大数字阅读城市"，并在 2018 年位列城市数字阅读指数排行榜榜首。而《2018 年深圳阅读指数研究报告》显示，深圳居民平均每日数字化阅读时长为 88.54 分钟，其中成年居民平均每周数字化阅读率达 96%。作为国内"最互联网"的城市和受联合国教科文组织表彰的"全球全民阅读典范城市"，深圳较早地提出了"阅读永恒，载体创新"的新理念，在全面深入持续推进全民阅读的过程中积极发展数字阅读，成效显著。2019 年深圳将进一步深化"阅读永恒，载体创新"理念，健全数字阅读设施，完善数字阅读平台，丰富数字阅读资

源，加强数字阅读研究，保持深圳在数字阅读领域的领先优势。

一是健全数字阅读设施。推动免费无线宽带接入服务（Wi-Fi）公共场所全覆盖，促进移动阅读。改善公共图书馆电子阅览室环境，配置数字阅读服务平台、移动阅读终端等新媒体阅读设施。打造数字化、智慧型的书城、书吧及各类公共阅读空间，设立免费向市民开放的数字阅读体验区。建设校园数字阅读空间，推广电子阅读和移动阅读设备。

二是完善数字阅读推广服务平台。建设全市统一的数字化图书服务平台，丰富数字化图书阅读服务内容。完善公共图书馆数据平台，形成优质数据库。搭建总分馆信息资源共享网络，打造覆盖全市、布局均衡、便捷高效的"图书馆之城"数字服务平台。大力推广手机阅读、网络阅读、电子书阅读等多种载体的阅读方式，扶持数字阅读、移动阅读等新技术、新平台的开发应用。重点打造深圳"全民阅读网"，使之成为全国最具影响力的专业数字阅读推广服务平台。优化全民阅读APP和掌上书城APP，丰富平台在线阅读、在线购书等功能，满足"分众"用户需求。

三是要增加数字阅读资源供给。加强公共图书馆数字资源建设，提高数字资源的使用率。鼓励网络运营商、移动通讯运营商等通过自身平台向市民免费提供数字化图书资源。推进传统出版单位、传统新闻单位的数字化转型升级，开发优质资源，生产思想精深、艺术精湛、制作精良、深受群众喜爱的数字阅读内容。配合、支持数字出版单位出版中外经典著作和阅读推荐书目，形成手机出版、网络出版、有声阅读以及语音、影像、图文等多种新媒介、全方位的数字阅读资源，满足市民数字阅读需求。

四是加强数字阅读理论研究。深化深圳城市数字阅读指数和阅读现状研究，跟踪阅读群体数字阅读时长、方式、关注点、满意度等指标的变化，为制定相关数字阅读政策提供依据。加强对数字阅读的负面影响研究，提供针对性的政策建议。加强对数字阅读的正确引导，强调泛读与精读、功利性阅读与人文性阅读、线上阅读与线下阅读的有机结合。

（六）更加重视阅读权利公平，在未成年人和社会弱势群体阅读关爱服务方面探索与"中国特色社会主义先行示范区"相匹配的新方式、新经验

2018年10月22日至25日，在改革开放40周年、粤港澳大湾区建设全面推进的关键时刻，习近平总书记再次来到南粤大地视察指导，并赋予深圳新的使命——朝着建设中国特色社会主义先行示范区的方向前行，努力创建社会主义现代化强国的城市范例。"中国特色社会主义先行示范区"的内涵十分丰富，但核心要义可归结为"中国特色社会主义""先行""示范"三个关键词。深圳全民阅读工作要践行时代赋予"中国特色社会主义先行示范区"的新使命，就必须吃透这三个关键词。要深刻理解公平正义是中国特色社会主义的内在、本质要求，强调公民的阅读权利，保障全体市民特别是未成年人和社会弱势群体阅读权利公平；要推动在全民阅读实践中发挥敢闯敢试、敢为人先精神，闯出新路，同时善于总结先行实践中的成功经验，形成有全国示范意义的深圳样本，成为全民阅读的城市范例。因此，2019年深圳全民阅读工作要投入更大的精力，着眼于确保未成年人和社会弱势群体的阅读权利公平，积极探索与"中国特色社会主义先行示范区"建设相匹配的新方式、新经验。

一是探索未成年人阅读促进新方式。包括面向社会、学校、家庭积极开展未成年人阅读促进活动；完善未成年人阅读推荐机制；关注城市流动儿童、贫困家庭儿童等特殊未成年人群体的阅读需求，有针对性地开展帮扶服务；开展未成年人阅读能力测试等。

二是形成家庭阅读倡导新经验。包括指导父母或未成年人监护人为少年儿童创造良好的家庭阅读环境；开展各种形式的亲子阅读和家庭阅读活动，培养家庭阅读兴趣和阅读习惯；鼓励企业、社会组织和个人为新生儿家庭赠送阅读资源；打造更多儿童早期阅读特色品牌等。

三是推出书香校园建设新举措。包括完善中小学图书馆等校园阅读设施；将阅读教育纳入义务教育阶段教学计划，培养阅读兴趣，提高阅读能力；启动"教师阅读工程"，提高教师群体的阅读专业素养与指导水平，配备教师阅读推广人；面向中小学生设立阅读奖（助）学金，在非公立学校兴建公共阅读设施等。

四是形成基层阅读新路径。包括定期开展职工阅读促进工作，每年评选职工推荐书目；鼓励高校、科研机构、企业图书馆（室）等全民阅读设施向市民开放；鼓励机关及企事业单位利用自助图书馆、社区图书馆、书店书吧等各类阅读设施开展各种形式的基层读书活动；表彰优秀示范单位、示范项目、优秀推广人，完善"书香家庭""书香街道""书香企业"等推荐机制；支持社会公益阅读组织和阅读志愿服务资源向基层倾斜等。

五是出台保障来深建设者阅读需求新办法。包括大力发展"青工书屋"和劳务工图书馆；推动在大型工业园区建设专门图书馆，优化24小时街区图书馆在工业区的布局，扩大自助图书馆服务范围；针对来深建设者开展丰富多彩的阅读文化活动，倡导读书学习与提升知识素养、追求心灵和谐、实现人生价值相结合等。

六是为特殊群体阅读提供新服务。包括加强盲文出版和有声读物开发工作；定期、定向提供盲文出版物、有声读物等帮扶服务；建立和完善社会各界为特殊群体、困难群体开展志愿者助读，出版物捐赠、捐助和服务的渠道；健全各类全民阅读设施，为残障人士特殊群体参与全民阅读活动创造条件；开展"银发阅读""爱心伴读"系列活动，促进老年读书交流、出版发行老年读物等。

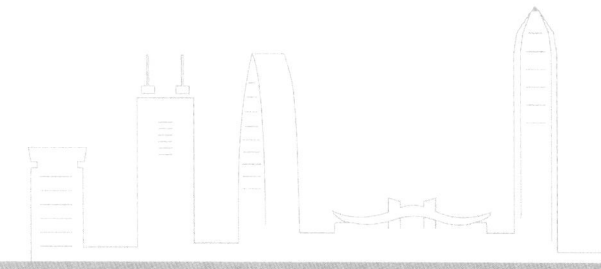

阅读综合研究

深圳全民阅读
发展报告
2019

2018 年深圳阅读指数研究报告

深圳大学课题组

为持续性观测深圳城市阅读建设与推进工作，洞察读者阅读习惯和需求的变化，深圳第五次发布年度城市阅读指数，发布《2018 年深圳阅读指数研究报告》。

2018 年深圳阅读指数为 98.14，其中全民阅读基本建设统计数据得分为 74.43，居民阅读行为调查数据得分为 23.71。

一、深圳阅读指数的指标体系

2018 年，本课题继续沿用 2017 年指标模型并进行数据对比。具体来说，深圳阅读指数由 3 个一级指标、22 个二级指标和 51 项具体测评内容组成。51 项具体测评内容是对二级指标的内涵进行逻辑分解而获得，要求其必须以可操作性作为选取条件。根据课题组对于阅读概念的界定，并充分参照国家和其他省市相关研究和测评指标的成果，将第一项和第二项一级指标界定为阅读条件，将第三项一级指标界定为阅读行为。整套指标体系如表 3-1 所示：

表 3-1 深圳阅读指数指标体系及权重

一级指标	一级指标权重值	二级指标代码	二级指标权重值	测评内容	测评内容权重值
Ⅰ-1 阅读设施与资源	24%	A1	12.0%	1）公共图书馆数量	2.0%
				2）千人阅览座位数	1.0%
				3）有效读者证数量	3.0%
				4）人均拥有公共图书馆藏书册数	3.0%
				5）馆藏电子图书（含有声图书）种类	3.0%
		A2	6.0%	1）全市实体书店、书吧数量	3.0%
				2）实体书店年购书人次	2.0%
				3）实体书店年进出人数	1.0%
		A3	1.0%	1）深圳地区报纸销售量	1.0%
		A4	1.0%	1）深圳地区期刊销售量	1.0%
		A5	4.0%	1）深圳图书销售量	4.0%
Ⅰ-2 阅读支持与保障	19%	A6	2.0%	1）阅读机构组织数量	2.0%
		A7	3.0%	1）阅读活动的形态种数	3.0%
		A8	5.0%	1）阅读活动的场次数量	5.0%
		A9	5.0%	1）财政性资金投入金额	2.0%
				2）社会资金投入金额	2.0%
				3）投入社会资金的机构数量	1.0%
		A10	2.0%	1）阅读推广人数量	2.0%
		A11	2.0%	1）报业集团阅读类宣传报道所占百分比	1.0%
				2）广播电视媒体年阅读报道时长	1.0%
Ⅰ-3 阅读行为与认知	57%	A12	8.0%	1）公共图书馆进馆人次	3.0%
				2）公共图书馆外借册次	3.0%
				3）公共图书馆网站点击数	2.0%
		A13	9.0%	1）数字图书人均月浏览量	3.0%
				2）数字阅读渗透率	3.0%
				3）数字阅读月均访问用户数	3.0%

续表

一级指标	一级指标权重值	二级指标代码	二级指标权重值	测评内容	测评内容权重值
Ⅰ-3 阅读行为与认知	57%	A14	6.5%	1）平均每天阅读各类信息时长	1.5%
				2）平均每天图书阅读时长	2.0%
				3）平均每天报纸阅读时长	0.5%
				4）平均每天期刊阅读时长	0.5%
				5）平均每天数字化阅读时长	2.0%
		A15	4.5%	1）每周图书阅读率	1.5%
				2）每周报纸阅读率	1.0%
				3）每周期刊阅读率	1.0%
				4）每周数字化阅读率	1.0%
		A16	7.0%	1）每年阅读报刊数	1.0%
				2）人均每月在读数字阅读图书本数（本）	2.0%
				3）每年阅读纸质图书数量	2.0%
				4）每年电子图书阅读量	2.0%
		A17	2.0%	1）阅读内容广度：人文、科技、技能、教育等	2.0%
		A18	2.0%	1）阅读活动参与类别	1.0%
				2）阅读活动参与率	1.0%
		A19	5.0%	1）有藏书家庭百分比	2.0%
				2）家庭平均纸质书藏书量	2.0%
				3）家庭平均电子书藏书量	1.0%
		A20	5.0%	1）平均每月的阅读消费额	2.0%
				2）年度图书购买量	2.0%
				3）数字阅读人均月消费额	1.0%
		A21	4.0%	1）阅读资源满意度	2.0%
				2）阅读设施与环境满意度	2.0%
		A22	4.0%	1）阅读重要性认知	4.0%

二、深圳阅读指数调查结果

（一）2018年深圳阅读指数

2018年深圳阅读指数（A）=98.14，其中

全民阅读基本建设统计数据（B）=74.43

居民阅读行为调查数据（C）=23.71

（二）2018年深圳成年居民阅读情况

2018年深圳居民阅读行为抽样调查结果与"第十五次国民阅读调查（2018）"[①]（以下简称2018国民阅读调查）同指标相比，在阅读量、阅读时长、数字化阅读等指标上，深圳的数据都高于全国的平均水平。

1. 阅读率

2018年深圳成年居民图书阅读率为54.0%，比2017年（73.4%）降低了19.4个百分点，略低于全国成年国民图书阅读率（59.1%）。

2018年深圳成年居民的报纸阅读率为30.4%，相比2017年的51.5%降低了21.1%，略低于全国成年国民报纸阅读率（37.6%）。

2018年深圳成年居民的期刊阅读率为26.4%，略高于全国水平（25.3%）。

2018年深圳成年居民数字化阅读方式的接触率为96.0%，远远高于全国73.0%的数字化阅读率，深圳成年居民阅读向数字化转移趋势明显。

---

① 国民阅读调查是由中国新闻出版研究院、全国国民阅读研究与促进中心开展的一项调查，已连续发布十四年，2018年公布的"第十五次国民阅读调查"数据为2017年的。

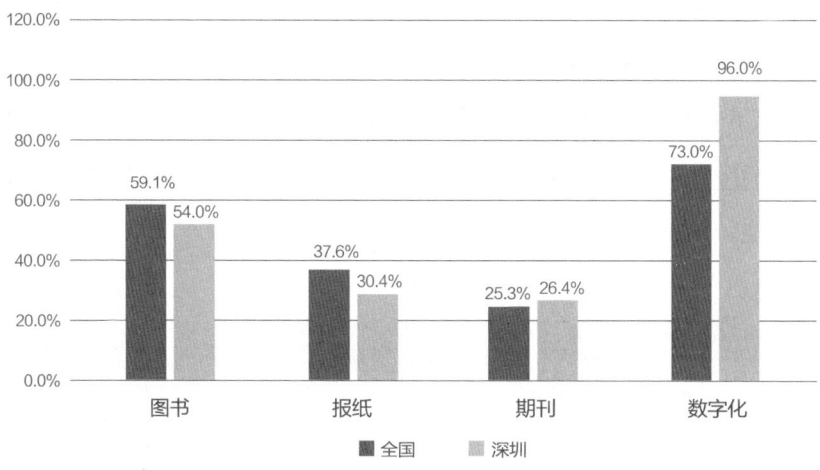

图 3-1 深圳各项阅读率与全国比较

2. 阅读量

深圳成年居民人均电子图书阅读量为 11.21 本,比 2017 年(12.42 本)略有下降,但远高于 2018 年成年国民人均电子书阅读量(3.12 本)。

深圳成年居民人均纸质图书阅读量为 7.23 本,比 2017 年的 6.89 本略有增加,高出 2018 年成年国民人均纸质图书阅读量(4.66 本)2.57 本。

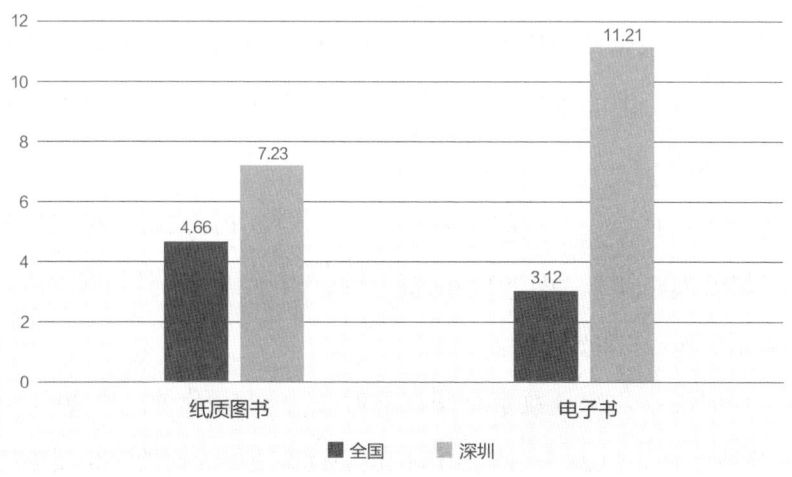

图 3-2 深圳图书阅读量与全国比较(本)

3. 阅读时长

2018年深圳居民日均读书（包括纸质图书和电子图书）64.56分钟，比2017年（87.48分钟）减少了22.92分钟，同指标在"2018国民阅读调查"的统计结果是20.38分钟，深圳居民日均读书时间比全国平均值多44.18分钟。

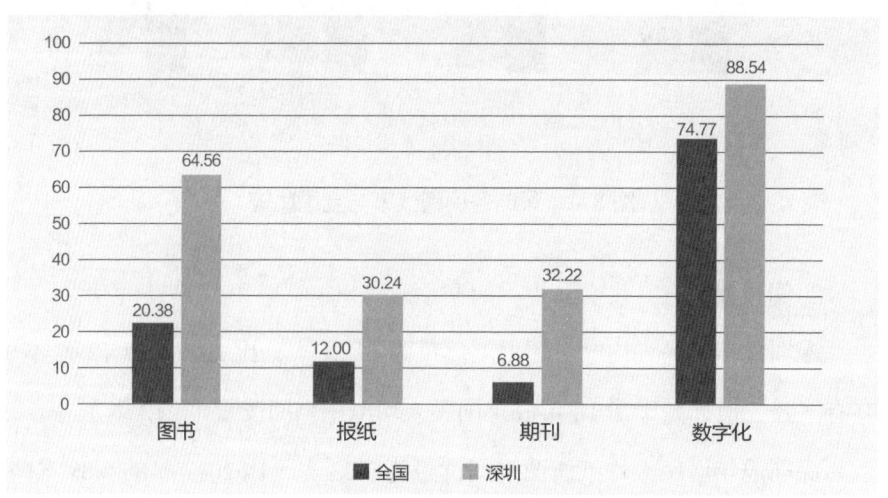

图 3-3 深圳阅读时长与全国比较（分钟）

深圳成年居民日均读报30.24分钟，相比2017年（23.76分钟）增加了6.48分钟，比2018国民阅读调查中人均每天读报时长（12.00分钟）多出18.24分钟。

2018年深圳居民日均阅读期刊32.22分钟，相比2017年（25.18分钟）增加了7.04分钟。比2018国民阅读调查中全国成人日均阅读期刊时长（6.88分钟）多25.34分钟。

深圳居民平均每日数字化阅读的时长为88.54分钟，比2017年的66.26分钟增加了22.28分钟。2018国民阅读调查中人均数字化阅读的时长（含微信、电子阅读器、平板电脑的阅读）为 74.77 分钟，深圳比全国多出 13.77 分钟。

（三）2018 年深圳全民阅读基本建设情况

与 2017 年相比，在"全民阅读基本建设统计数据"的 26 项测评内容中：有 9 项提升，2 项持平。增幅显著的是"数字图书人均月浏览量""阅读推广人数量""数字阅读渗透率""阅读活动的场次数量"；"实体书店年购书人次""实体书店年进出人数"等 8 项测评内容有轻微下滑；"有效读者证数量""馆藏电子图书（含有声图书）种类""全市实体书店、书吧数量""社会资金投入金额"等 6 项测评内容虽然略有下降但实际统计值是增加的，只是相比前四年的增幅放缓。

1. 测评数据中显著提升项目

（1）Ⅱ-13 数字阅读量

二级指标"Ⅱ-13 数字阅读量"是 2017 年为适应阅读变化而新增的指标，包含"数字图书人均月浏览量""数字阅读渗透率""数字阅读月均访问用户数"等三个测评项，所占权重为 9%。2018 年的测评值为 14.73，与 2017 年（测评值为 9.78）相比上涨 4.95。两年的统计值如表 3-2 所示：

表 3-2 "Ⅱ-13 数字阅读量"各项测评内容统计值

测评内容	测评内容权重值	2016 年	2017 年
数字图书人均月浏览量/点击次数	3.0%	82.75	183.13
数字阅读渗透率	3.0%	27.55	39.95
数字阅读月均访问用户数/万	3.0%	158.13	197.32

(2) Ⅱ-10 阅读推广人

二级指标"Ⅱ-10 阅读推广人"所占权重值为2%，测评得分为4.42，与上年相比，推广人的数量增加较多，几乎翻番。该项指标测评内容的历年调查结果如表3-3所示：

表3-3 "Ⅱ-10 阅读推广人"各项测评内容历年统计值

测评内容	测评内容权重值	2011年	2012年	2013年	2014年	2015年	2016年	2017年
阅读推广人数量/人	2%	216	328	483	526	582	648	1298

(3) Ⅱ-8 阅读活动场次

二级指标"Ⅱ-8 阅读活动场次"所占权重值为5%，测评得分为8.77。从近几年的连续数据来看，阅读活动在2014年突破1万场后，一直稳步增长。2017年的读书活动又呈现出一个小飞越，达到18876场，比2016年约增加52.78%。该项指标测评内容的历年调查结果如表3-4所示：

表3-4 "Ⅱ-8 阅读活动场次"各项测评内容历年统计值

测评内容	测评内容权重值	2011年	2012年	2013年	2014年	2015年	2016年	2017年
阅读活动的场次数量/场	5%	1565	2275	3263	10066	11587	12355	18876

(4) Ⅱ-6 阅读活动组织

二级指标"Ⅱ-6 阅读活动组织"所占权重值为2%，测评得分为2.44。2017年阅读机构数量增加至158个，比2016年增加23个。该项指标测评内容的历年调查结果如表3-5所示：

表3-5 "Ⅱ-6阅读活动组织"各项测评内容历年统计值

测评内容	测评内容权重值	2011年	2012年	2013年	2014年	2015年	2016年	2017年
阅读机构组织数量/个	2.0%	33	62	106	126	132	135	158

（5）Ⅱ-1图书馆

二级指标"Ⅱ-1图书馆"所占权重为12%，测评得分为13.40。5个测评项中，测评值表现为2升2降1持平。实际统计值则有4项较2016年有所增加，它们分别是"馆藏电子图书（含有声图书）种类""人均拥有公共图书馆藏书册数""有效读者证数量"及"公共图书馆数量"。该项指标各项测评内容的历年调查结果如表3-6所示：

表3-6 "Ⅱ-1图书馆"各项测评内容历年统计值

测评内容	测评内容权重值	2011年	2012年	2013年	2014年	2015年	2016年	2017年
公共图书馆数量/个	2.0%	643	640	633	625	620	627	638
千人阅览座位数/个	1.0%	3.21	3.57	3.41	3.99	3.38	3.2	3.05
有效读者证数量/万个	3.0%	116.14	129.24	144.99	162.95	186	208	231.22
人均拥有公共图书馆藏书册数/册	3.0%	2.06	2.2	2.32	2.34	2.35	2.31	2.37
馆藏电子图书（含有声图书）种类/万册	3.0%	386.55	453.63	488.55	583.04	576.27	743.06	781.02

2. 测评数据有所下降的项目

测评值和实际值均略有下滑的测评项主要集中在传统纸媒阅读领域。主要包括"实体书店年购书人次""实体书店年进出人数""期刊销售量""图书销售量"等。"报纸销售量"的测评值虽然上升，但实际统计值却是下降的，意味着较之 2017 年的降幅趋缓。结合数字阅读相关数据的大幅上涨，可以明显看到阅读数字化的快速发展。

（1）Ⅱ-2 实体书店

二级指标"Ⅱ-2 实体书店"所占权重为 6%，2018 年测评整体得分 6.26 分。3 项测评内容中，实体书店和书吧的数量略有增加，但实体书店的购书人次和进出人数有小幅回落。该项指标测评内容的历年调查结果如表 3-7 所示：

表 3-7 "Ⅱ-2 实体书店"各项测评内容历年统计值

测评内容	测评内容权重值	2011年	2012年	2013年	2014年	2015年	2016年	2017年
全市实体书店、书吧数量/个	3.0%	81	89	95	154	158	162	173
实体书店年购书人次/万人次	2.0%	308.24	296.15	269.60	257.05	246.70	250.88	233.31
实体书店年进出人数/万人	1.0%	1040	1085	1017	1032	1032	1170.03	1095.87

（2）Ⅱ-4 期刊销售量

二级指标"Ⅱ-4 期刊销售量"所占权重为 1%，测评得分为 0.44 分。实际销量还是保持下跌趋势。该项指标测评内容的历年调查结果如表 3-8 所示：

表 3-8 "Ⅱ-4 期刊销售量"各项测评内容历年统计值

测评内容	测评内容权重值	2011年	2012年	2013年	2014年	2015年	2016年	2017年
深圳地区期刊销售量/万册	1.0%	2453	2562	2619	2523.6	1578	1106	737

在互联网及电商冲击下,大部分综合性、行业性期刊销售量锐减,而专业性期刊销售持平,或有小幅增量。

(3) Ⅱ-5 图书销售量

二级指标"Ⅱ-5 图书销售量"所占权重为4%,测评得分为4.16。该项指标测评内容的历年调查结果如表3-9所示:

表 3-9 "Ⅱ-5 图书销售量"各项测评内容历年统计值

测评内容	测评内容权重值	2011年	2012年	2013年	2014年	2015年	2016年	2017年
深圳图书销售量/万册	4.0%	38678.69	37920.96	37357.39	43852.23	45024.05	47952.35	46970.79

深圳实体书店的图书销售量在经历了2014年、2015年和2016年连续三年的上涨以后,2017年出现小幅回落。

(4) Ⅱ-3 报纸销售量

二级指标"Ⅱ-3 报纸销售量"所占权重为1%,测评得分0.57。在全球新兴媒体崛起、纸媒下滑的大趋势下,测评值虽然比2017年略升(意味着下滑速度相比上一年度略缓),但纸媒的销量持续下滑。该项指标测评内容的历年调查结果如表3-10所示:

表 3-10 "Ⅱ-3 报纸销售量"各项测评内容历年统计值

测评内容	测评内容权重值	2011年	2012年	2013年	2014年	2015年	2016年	2017年
深圳地区报纸销售量/万份	1.0%	75200	76200	72700	68000	46726	28003	26147

三、深圳阅读指数的调查解读

深圳阅读指数连续五年发布，变化趋势如图 3-4 所示：

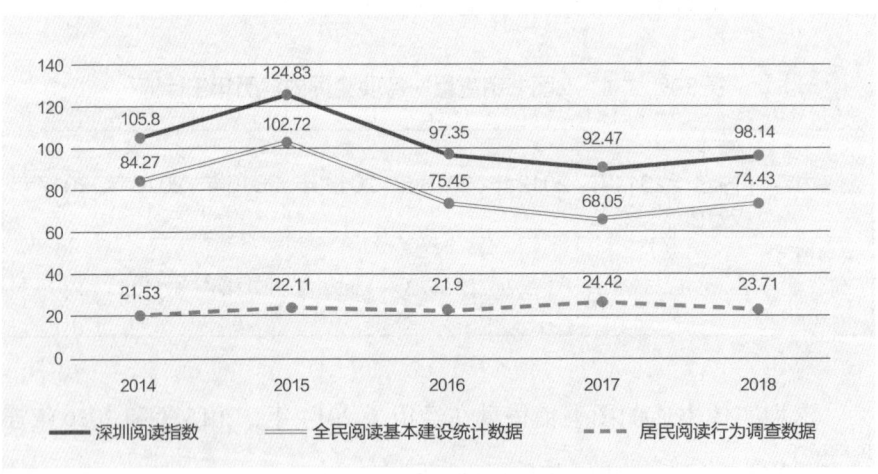

图 3-4　2014-2018 年深圳阅读指数曲线图

深圳阅读指数经历了 2015 年的猛涨之后回落并趋于平缓，主要原因在于，深圳于 2013 年获得联合国教科文组织"全球全民阅读典范城市"称号，阅读资金保障显著提高，其中财政性资金投入从 605 万元增加到 1120 万元，社会资金投入从 1045.17 万元增加至 1515.9 万元。深圳在促进市民阅读的公共文化服务及设施上的投入力度明显加大，实体书店、书吧的数量从 95 个增加到 154 个，阅读活动场次数量多达 10066 场次，比 2013 年度翻了三倍。2018 年，深圳阅读指数较 2017 年小幅回升，全民阅读基本建设相关指标提升明显。

（一）全民阅读的基本建设持续提升

根据指数模型计算方法的设置，五年来，全民阅读基本建设方面的数据统计范围覆盖 2011 年至 2017 年共 7 个年度，历年数据的波动真实地反映出深圳在阅读设施与资源、阅读支持与保障方面的不断投入和日渐完善。经过了 2014 年的快速大力推进之后，2015 年城市阅读基本建设各项指标趋于稳定发展和微调之中。在资金保障、阅读设施与环境、阅读活动的组织及阅读理念的倡导与宣传等方面已经非常成型和稳定。城市公共图书馆、实体书店书吧等公共阅读空间在市民阅读生活中发挥着越来越重要的作用。

（二）数字阅读的生态环境日臻完善

随着移动互联网的加速渗透，移动阅读进入高速发展期，很大程度上带动了数字阅读的产业升级与多元化发展。随着用户阅读习惯的逐渐养成，正版意识逐渐加强，对于版权付费意愿也逐步提高。2017 年中国数字阅读市场规模突破 150 亿元，较 2016 年增长 26.7%[1]。截至 2018 年 6 月，深圳数字阅读用户规模达到 532.74 万人，有 45.34% 的纸书用户表示未来将会选择数字阅读[2]。本次数字阅读量测评值为 14.73，与 2017 年（测

---

[1] 数据来源：《2017 年度中国数字阅读白皮书》。
[2] 数据来源：2018 年度深圳市宣传文化事业发展专项基金资助项目《2017—2018 年度深圳数字阅读报告》。

评值为 9.78）相比上涨 4.95。数字图书人均月浏览量为点击次数 183.13，较 2017 年（82.75）翻了一倍，数字阅读月均访问用户数为 197.32 万，较 2017 年（158.13）增加 24.78%，数字阅读相关指标快速上升，深圳数字阅读率为 96%，远超全国水平（73%），2017 年仍居于中国数字阅读城市指数排行榜首。

（三）民间阅读推广的助推力增强

深圳经过改革开放 40 年的文化积累与阅读能力的不断提升，民间阅读推广一直蕴藏着巨大能量。深圳市财政于 2014 年增加了"全民阅读典范城市推广计划"，投向民间阅读机构及常态化阅读项目，至 2018 年资助总额累计达到 2550 万元，促使民间阅读推广不断焕发生机。从近几年的连续数据来看，阅读活动在 2014 年突破 1 万场后，一直稳步增长。2017 年阅读活动数量又呈现出一个小飞越，达到 18876 场，比 2016 年约增加 52.78%；阅读机构数量增加至 158 个，比 2016 年增加 23 个；与 2017 年相比，阅读推广人的数量增加较多，几乎翻番。民间阅读力量的组织性和自发性持续增强，为深圳全民阅读发展注入源源不断的动力。

深圳阅读指数：城市阅读状况的量化探索

曹宇

一、引子

近年来，我国一些地方陆续开展了全民阅读调查研究，并向社会公布了一些成果。在这些研究报告中，有些地方尤其是城市，还发布了一些与阅读相关的指标和数据。这些指标和数据主要来自对读者所做的抽样问卷调查，描绘的是市民的阅读喜好和阅读行为等，而城市的阅读设施、阅读组织、阅读活动、阅读环境，政府推动阅读的资金以及城市阅读的成效等元素并未科学地量化和系统地纳入。这样的阅读数据只能反映一个城市市民的阅读状况，而非这个城市的阅读状况，是市民阅读行为的描述而非城市阅读的画像；更不能上升到指数这一更具有指导价值的数学层面——从指数的定义上看，广义地讲，任何两个数值对比形成的相对数都可以称为指数；狭义地讲，指数是用于测定多个项目在不同场合下综合变动的一种特殊相对数——因此，通俗地讲，指数是基于数据而产生的数值，含义已然大不相同。

从这个意义上说，深圳阅读指数的创设和发布，在中国全民阅读领域具有创新性。

二、溯源

深圳阅读指数源于以深圳读书月为代表的全民阅读发展的内生需求。1996年11月8日，第七届全国书市在深圳成功举行，深圳书城落成使用，引爆了深圳对读书潜藏着的巨大热情。2000年11月，经由深圳市委市政府倡导，深圳读书月正式举办，当时称"大型群众性读书文化活动"，实际上就是一个城市的全民阅读活动，是全国最早以城市为单元设立的阅读文化节庆，并在各个方面持续创新，成为我国全民阅读领域的一个品牌。中国素有"十年磨一剑"之说，十年往往是一个重要的时间节点。2009年11月深圳读书月举办十周年之际，中宣部、中央文明办和新闻出版总署联合在深圳召开"全国全民阅读活动经验交流会"，深圳市委出台文件进一步推动读书月发展和学习型城市建设，深圳读书月发布下一个十年发展规划。当2014年深圳读书月迈入第十五个年头之际，组委会领导清晰地意识到有必要依据深圳读书月的现状和规划，予以改进和提升。按现在的问题导向思维，当时确定向四个方向努力：推动民间阅读组织发展，加快阅读立法进程，加强国际阅读文化交流，以及开展阅读指数在内的阅读研究。这最后一个努力方向，就是要对城市的阅读状况进行量化，以便进一步用数据分析读书月的现状和不足之处，提高对阅读活动指导的科学性和权威性，并有针对性地加以改进。实际上，以上四点都紧扣国际惯例，反映了深圳读书月经过十五年发展后已到达了一定的高度，具有了相当的"文化自信"，敢于以国际化的视野来衡量自己，广泛吸收科学养分来提升自己。

上述工作方向随后得到了有效的落实。2013年1月，国内第一个具有法人资质的民间阅读组织深圳市阅读联合会正式成立；2013年和2014

年，联合国教科文组织旗下机构分别在深圳召开知识产权与数字阅读的国际性会议；2013年10月21日，深圳被联合国教科文组织授予"全球全民阅读典范城市"称号，是迄今为止世界上唯一获此殊荣的城市；2014年11月1日，国内第一个城市阅读指数——深圳阅读指数正式对外发布；2016年4月1日，国内第一部以条例形式颁布的地方法规《深圳经济特区全民阅读促进条例》正式施行。

三、构建

2014年3月，深圳阅读指数研究作为一个课题立项，其成果发布的同时被设计成一项活动，纳入当年第十五届深圳读书月的重点主题活动之中。作为一项学术性和指导性极强的研究项目，为确保科学客观，该课题由深圳市阅读联合会作为承办方，以国内阅读界专业人士为指导小组，将项目的基础性研究、指标的测评、模型的建立、市民问卷调查和研究成果报告等工作委托给第三方独立机构——深圳大学，由深圳大学传播学院（深圳大学传媒与文化发展研究中心）予以实施，采用这种"民间机构＋相关专家＋高等院校"的项目模式，对深圳阅读指数进行系统研究。2016年，当时新近成立的深圳市全民阅读研究与推广中心加入进来，并成为该项目的统筹机构。这些工作，为深圳阅读指数的实施搭建起了组织框构，深圳市委宣传部、市文体旅游局以及中国新闻出版研究院相关领导和专家给予了此项目大量指导和大力支持；深圳读书月组委会办公室对项目予以了有力的统筹和协调，分管领导深度介入全部过程。

相较于组织框架而言，构建一个城市阅读指数的行动框架远非易事，需要从阅读的本质和城市的发展需求出发，梳理阅读的概念以去芜存菁，寻找与阅读相关的理论作为研究的支点，选择相关的数据和指标纳入研究范畴，进行市民阅读行为的调查以获取读者的鲜活数据，以及划分板块，分配权重，建立模型，导入数据，最后才是得出结论。这些工作很难有完全适合的模式照搬照抄，在为数不多的经验之中，中国新闻出版研究院已开展的几届中国国民阅读状况调查，以及江苏张家港市"书香城市"建设的指标体系，分别对市民阅读行为的调查和与阅读相关的指标数据的选择等方面具有一定的参考价值。

四、梳理

概念是社会科学研究中最为常见的出发点。对于阅读这一如同呼吸一样自然的人类功能，学界对其内涵和外延的描述随着阅读介质和技术的发展而不断延伸和拓展。依据课题组的研究，目前中国学术界的定义是"阅读指大脑接受外界，包括文字、图表、公式等各种信息，并通过大脑进行吸收、加工以理解符号所代表的意思的过程"。这显然是一个广义的阅读概念。

在梳理阅读研究既有成果的基础上，结合阅读指数研究的需要，深圳阅读指数课题组认为阅读是指读者通过印刷或电子媒介传播的图文读物和有声读物获得意义的行为。在此，概念的内涵被界定为读者通过阅读材料获得意义，以区别于一般的娱乐游戏等行为；概念的外延则涵盖纸质、电子化的书籍、报刊、网络的文章作品。

上述定义主要基于两个层面：一是在梳理古今中外阅读学对阅读定义

的基础上，注重考察信息的本质及其变革，力图超越技术决定论的思维定势，从更为本质的层面来定义；二是在考察相关理论文献时得到了来自媒介信息理论、媒介环境理论、数字迷思理论和新新媒介理论等传播学理论中关于阅读及其与生活、政治乃至社会变迁紧密关系等相关论述的理论支持。

五、量化

量化研究的基础是数值（数据），而经过选取和计算获得的数值构成指标。指标一般由名称和数值两部分组成，体现了事物质的规定性和量的规定性。从这个意义上说，指标产生于数值并通过数值对事物的总体特征进行表达，尽可能精确地传递出事物的本质属性。那么，对于一个城市的阅读状况而言，设计一种什么样的框架来容纳这些数据，与阅读有关的众多数据中哪些可以被采用，采用后又该怎样赋予其不同的权重，最后才能被导入数学模型而形成阅读指数呢？这一过程就是数值被赋予意义而成为指标，指标被赋予目的而形成指数的过程。

在充分借鉴全民阅读研究成果的基础上，结合相关统计标准和内容要求，并尽量确保与国家已经开展的阅读研究、调查和成果发布相适应，与阅读规划及其发展建设相衔接，课题组设计了深圳全民阅读指数测评体系，成为装载这些阅读相关数据的框架。而对选择哪些数据进入这个框架，课题组提出了"真实性、可量化、可获取、可持续"四个原则。真实性，即数值不能虚假，这是任何科学研究的基本前提；可量化，即所有与阅读相关的工作和事物，都是可以量化或可转化为数值并以分值方式表达的；可获取，即这些数值能够通过已有的途径产生并得到，或者通过制度设计后能够产生并得到；可持续，即这些数值能够持续获取，不能断断续续甚至停掉。2015 年，鉴于可量化是任何数据构成的前提条件，不需要专门予以强化，课题组将其改为"同口径"，以期从这个维度上为今后的阅读研究提供更多的可比分析。

在四个原则的基础上，课题组根据前期研究和专家讨论会的意见，将可纳入阅读指数测评体系的数值导入框架内，形成设计草案，分送 13 名专家，由其按"必要"（100 分）、"可有可无"（50 分）、"不必要"（0 分）三个选项进行打分，平均值超过 50 分的纳入指标体系。同时，课题组也征求了对框架内指标进行加权计算的意见。2014 年是深圳阅读指数的元年，为保证原始数据样本足够及结构合理，降低相关指标在获取时间轴上产生的锐度，课题组尽可能上溯五年获取同样的数据，按照"远轻近重"的方法对这些数据进行加权计算，然后才作为基础数据代入测评体系。

六、建模

基于上述努力，深圳阅读指数测评体系得以建立，它由 3 个一级指标、23 个二级指标和 46 项具体测评内容构成。

3 个一级指标是：阅读设施与资源、阅读支持与保障、阅读行为与认知。第一项一级指标包括城市为市民提供的便于阅读的公共设施、可阅读的内容资源；第二项一级指标包括政府为推动全民阅读所提供的经费和组织保障以及组织开展的活动；第三项一级指标包括居民的阅读行为统计数据和调查数据，涵盖阅读的时间和空间、内容的广度和深度、认知态度和实际消费等。23个二级指标就是综合了课题组研究成果和专家意见后，根据数据的四个原则而纳入的，并分别对应于3个一级指标之下。46项具体测评内容则是对二级指标的内涵进行逻辑分解而设立，并按前述方式进行锐度处理后而获得的。在这46项测评内容中，有25项数据来自政府各相关部门、企事业单位和民间组织的年度统计数据，有21项来自年度问卷调查。随后几年，课题组为适应飞速变化的阅读环境，对测评内容进行了一些相应的调整，譬如去掉了传统的纸质报刊亭等不再反映城市阅读设施的数据，增加了数字阅读等新媒介方面的数据。在2018年度的阅读指数测评体系中，二级指标降为22个，三级指标则增加到51项。

这些数据和指标被分为城市居民阅读基本建设统计数据和居民阅读行为调查数据两个板块，前者主要反映城市阅读设施建设、阅读资源供给、阅读组织保障和财政保障等阅读条件，是城市居民阅读活动开展的物质基础、文化基础和社会制度基础，也是城市公共文化服务体系的重要组成部分；后者主要反映城市居民阅读行为的广度、深度和阅读观念，并可结合被调查者基本情况进行若干相关分析。在综合研究成果及参照专家意见的基础上，课题组设计阅读条件的指标占55%权重，阅读行为的指标占45%权重；再根据一级指标之下的二级指标各项，及横向对比所有二级指标各项，划分第一项一级指标占31%权重，第二项一级指标占24%权重，由此逻辑依次划分所有二级指标及三级测评内容各占相应的权重；最后通过计算机建模并进行计算得到各指标的计算结果，各指标的计算结果即分值之和也即为年度的阅读指数。

七、价值

2014 年 11 月 1 日，在第十五届深圳读书月启动式上，深圳大学传播学院院长吴予敏代表课题组正式发布了 2014 年度深圳阅读指数研究报告主要成果，首个深圳阅读指数为 105.8，其中，全民阅读基本建设统计数据的分值为 84.27，居民阅读行为调查数据的分值为 21.53。由于是首年度发布，这一指数无法进行自身纵向对比，而且，这一指数也无法与兄弟城市的相关阅读指标进行对比，因此深圳首个阅读指数是基础性的原数据。

深圳阅读指数旨在动态地反映政府在全民阅读基本建设方面的实际成效和居民在实际阅读方面的基本状况和变化情况，首年度的发布虽有许多遗憾，但深圳阅读指数本身仍然具有相当大的价值，体现在如下方面：

一是既能清晰地呈现地方政府在推动全民阅读方面的成效以及需要继续努力之处，也能从居民实际阅读情况的同类指标调查来判断其变化情况。二是清晰地界定了阅读指数的内涵和外延，并系统地建立了基本的监测指标体系和模型，同时完成了第一年的基础数据采集和分析工作，在阅读指数研究上完成了基础性的研究工作。三是通过对过去五年全民阅读基本建设方面资料的分析，以可靠的数据清晰地呈现出过去五年在主要指标上的变化情况，通过深圳居民阅读行为与认知调查的分析，在以全国同类调查相同指标为参照的前提下，能够横向地比较和判断深圳居民阅读的基本情况，并通过对传统的纸质阅读和新媒体载体阅读状况的分析，呈现媒介形态的变化对阅读方式的影响。四是由于目前全国缺乏统一而权威的阅读相关统计数据来源，致使深圳在一些具体指标上还无法与其他城市进行横向对比，但是本研究的指标体系和计算模型已经具备了对比研究的功能，为将来进一步开展城市之间的指标对比奠定了基础。五是在居民阅读情况的抽样调查方面，本研究在基本指标上与全国国民阅读调查保持了相同的指标设计和统计口径，其中一些重要指标已经可以开展横向对比分析。

八、解读

  2015年10月下旬，在第十六届深圳读书月新闻发布会上，组委会办公室发布了当年度深圳阅读指数报告的主要数据。这一年的深圳阅读指数为124.08，其中居民阅读行为调查的分值为21.36，与2014年度几乎相同；全民阅读基本建设统计数据的分值为102.72，比2014年增长21.9%。报告对导致这一巨大增幅的原因进行了深度分析，主要是2013年深圳获联合国教科文组织授予"全球全民阅读典范城市"称号，政府加大了对阅读的支持力度，深圳市阅读联合会获得财政经费支持，深圳出版发行集团的"大书城、小书吧"战略开始发力；与此同时，社会各界对阅读普遍重视，举办的活动大幅增加，统计的范围相应扩大，许多民间组织和企业的读书活动也纳入其中。这一年度的阅读指数是令人乐于接受的。

  接下来的情况有些复杂，考验着深圳这座城市阅读文化领域的决策者们。从2016年开始，深圳全民阅读基本建设统计数据恢复常态化，爆发式的增长后归于平静，而且统计指标中传统的阅报栏、报刊订阅数和发行量呈下降趋势，更由于在前文述及的模型设计中对相关指标转换为分值时，为避免锐度太高，而对不同年度的指标给予的权重不同，越近就越大，愈远则愈小，2015年的巨幅增长必然严重拉低随后年份的分值。这些因素最终导致2016年的阅读指数下降至97.35，2017年则为92.47。报告均对此不是回避，而是客观真实地分析其中原委，并如常向社会发布。2016年度与2017年度的深圳阅读指数研究报告，其主要内容还分别被收录进当年的《深圳全民阅读发展报告》。深圳市相关政府部门、市民和媒体均冷静地加以对待，一些学者的研究文章以及记者的新闻报道，正常地引用相关数据。

2018年度深圳阅读指数研究报告已经完成，相关内容继续在本年度《深圳全民阅读发展报告》中另文披露。该年度的深圳阅读指数为98.14，比2017年度增加了5.67分值，增长率为6.14%，呈现小幅回升的态势。至此，深圳阅读指数走过了五年历程，不仅积累起可供自身纵向对比的丰富内容，也在一些指标上具备了与国内现有阅读调查研究成果进行同口径对比的可能性。

九、结语

基于客观数据和科学方法而产生的阅读指数，作为一个常态变量，可以综合评估城市阅读发展的状况和水平，并相对精确地找到导致城市阅读发展状况波动变化的原因。科学地运用这些数据，对于党委和政府的相关部门来说能起到很好的参考作用，可以使其及时采取相应措施，发展全民阅读事业，推动社会主义文化繁荣兴盛；冷静地对待这些数据，对于包括这座城市的相关决策人士、专家、读者和全体市民来说，都具有一定的良性影响，可以培育其正确接受科学研究成果，并对变动着的客观数据予以冷静的认知。这种理性的姿态，对于深圳加快现代化、国际化城市的建设步伐，相信能起到积极的作用。

曹宇，深圳出版发行集团副总经理、深圳市阅读联合会副会长

趣阅童年 守望成长
——以深圳书城亲子阅读中心为例

张霞

少年儿童阅读不仅关系着市民素养的提升和城市的创造活力,更关系民族未来和国家的长远发展,是全民阅读工作的基础和重点。本文以深圳书城亲子阅读中心为例,阐述深圳书城如何通过空间、活动和资源建设,探索和实践少儿阅读推广事业,推进全民阅读发展。

一、深圳书城亲子阅读中心的成立背景

(一)发展少儿阅读事业成为社会共识

当前,推动全民阅读已成为国家文化战略的重要内容和全社会的共识,而少儿阅读是全民阅读的基础,《全民阅读"十三五"时期发展规划》指出,必须坚持少儿优先原则,将保障和促进少年儿童阅读作为全民阅读工作的重点。

2016年4月1日,深圳出台了《深圳经济特区全民阅读促进条例》,为了更好地保障少儿阅读,条例确定每年的4月23日为"深圳未成年人读书日",运用特区立法权将少儿阅读和相关工作责任法定化,要求

"市、区教育主管部门应当指导中小学校、中等职业学校、幼儿园等开展阅读活动，开设或者调整相关课程，传授阅读技巧，培养阅读兴趣，提高阅读能力"。公共图书馆"设置未成年人阅览室或者阅读区域，提供适合未成年人的阅读资源及服务""组织开展面向未成年人的阅读促进活动，指导未成年人开展课外阅读"，等等，从制度上为少儿阅读事业发展提供了有力保障。

在条例的推动下，发展少儿阅读事业的社会共识得到进一步加强，越来越多的资源投入其中，越来越多的社会组织和阅读推广人投身少儿阅读推广事业，发展少儿阅读事业成为全社会的共识。

（二）提供少儿阅读服务是读者的迫切需求

深圳作为一个年轻的移民城市，年轻家庭较多，而随着社会竞争压力的加剧，越来越多的家庭日益关注孩子的素质教育和智慧成长，而作为终身教育的重要开端，阅读在儿童成长中扮演着举足轻重的作用。2016年起，我国少儿类图书销售首次超过社科类，成为销售比重最大的门类，2017年图书零售市场有超过 1/3 的增长来自少儿图书，充分说明少儿阅读的活力和成长性。

随着少儿这一细分市场的不断壮大，读者逐渐不再满足于简单的买书看书，而是转而要求更加丰富、更为精准的阅读服务，例如提供个性化的阅读推荐指引、定制的阅读活动、专享的阅读空间、独有的优惠服务，等等。

（三）深圳书城中心城的少儿阅读推广基础

作为城市文化生活中心，深圳书城中心城自开业以来，就担当着青少年教育的舞台角色，是学校教育、家庭教育之外的"第三课堂"。每逢节假日，深圳书城中心城聚集大量的以儿童为核心的家庭读者，日均客流量高达数万人，深圳书城中心城已经成为深圳人假日举家出行的目的地之一。

经过十余年的孕育积累和精心打造，深圳书城中心城已经形成了一系列以阅读为核心、以亲子为受众，蔚为壮观的品牌活动，如深圳市千余家幼儿园、上万个家庭参与的全市性故事大王比赛——"沙沙讲故事"，连续十年在寒暑假举办的知名作家签售分享会——"签售名家"，绘本阅读的专业品牌——"童书帮帮堂"，针对孩子的建筑公开课——"童筑未来"，以及"家长有约""育儿讲堂""幸福书单"，等等，并形成了一整套行之有效、跨界集成的资源整合机制和运行机制，为建设亲子阅读中心奠定了坚实的基础。

2015年11月5日，"深圳书城亲子阅读中心"揭牌，旨在为深圳市民搭建一个亲子阅读的体验中心、交流中心和展示中心，为全国出版单位、民间阅读组织、儿童教育专家搭建亲子阅读活动的平台。深圳书城中心城立足现有系列儿童阅读活动品牌，继续为家庭读者营造富含文化内涵和能量的亲子阅读空间和平台，持之以恒地培养广大儿童的阅读习惯，引领全国亲子阅读活动发展方向。

二、深圳书城亲子阅读中心的空间建设

（一）特定读者群体的会员机构

亲子阅读中心是以孩子为核心的家庭群体的专属会员机构，致力于为其提供更优质的服务，满足和挖掘这一特定群体的深层次需求。

依托亲子阅读中心,深圳书城中心城为深圳亲子家庭打造更多高品质、专业性、原创性、趣味性的亲子阅读活动,整合更多专业权威性的教育资源,继续精心打造现有亲子阅读品牌活动,如"沙沙讲故事""小小建筑师""牵手名家"等面向少儿的活动,以及"育儿讲堂""童书帮帮堂""中国亲子阅读论坛"等为父母、教育工作者量身打造的交流活动。同时,为深圳亲子家庭定制"亲子阅读卡",让父母和孩子享受更多的购书优惠,畅享快乐亲子阅读时光。

此外,亲子阅读中心还将最大化利用线下资源,尝试开办亲子教育及活动网站,或在深圳书城云书城、微信平台增设专属模块。

(二)开通线上平台,打造网络社区

2016年4月23日,在首个"深圳未成年人读书日","深圳书城亲子阅读中心"服务号暨"亲子阅读卡"上线,"深圳书城亲子阅读中心"服务号是依托于"深圳书城亲子阅读中心"而建立的微信服务平台,为家庭读者提供童书指引、智能导购、在线支付、亲子活动抢"鲜"知免费玩、乐学生活一站式体验的全方位服务和时尚前沿的用户体验。同时该服务号也是"亲子阅读卡"(虚拟卡)的载体,为持卡人提供一对一的童书阅读指引、低至7.8折的出版物荐读特惠等专享服务。

"深圳书城亲子阅读中心"服务号实现了线上线下的信息交互,为家庭读者营造富含文化内涵和能量的亲子阅读空间和平台。通过微信端为亲子家庭推送各类高品质亲子阅读活动、智能导购、优惠书讯等最新信息和服务,并提供贴心的会员专享服务,实现一体化亲子阅读服务落地。

此外,"深圳书城亲子阅读中心"服务号打破服务边界,推出儿童剧票务销售、课程培训、文创产品等丰富的亲子类延伸产品,并以入会抽奖、积分兑礼、评论有奖等游戏化的互动形式，吸引入会活跃粉丝；同时微信推文注重内容组合，除了常规的亲子活动及童书推荐，还加入了科普小知识、育儿微课堂、景点推荐等主题内容，推文质量更高，在语言表达上引用热点词汇，更生动有趣，也更符合时下80后、90后父母的阅读偏好。自2016年4月上线至今，亲子阅读中心微信公众号深受广大家庭读者喜爱，拥有活跃粉丝人数超过10万人。

（三）开辟实体空间，提供专属活动场地

2016年11月，深圳书城中心城地下一层儿童青少年店两个新空间——"趣阅岛"和"榕树湾"正式亮相，为深圳书城亲子阅读中心开辟了专属空间和重要阵地，倡导通过一系列的亲子活动体验，推广亲子阅读的理念，增进亲子间的互动，关注孩子与家庭的共同成长。

"趣阅岛"占地120平方米，主要面向0—12岁的孩子及家庭，陈列生命教育、性别教育、挫折教育、情商教育、亲子共读等20个书单共400种图书，还陈列了深圳读书月年度"十大童书"的入围作品。2017年5月引进"旺豆幼教体验中心"，为幼儿家庭提供益智玩乐、美工体验等幼教设施。趣阅岛致力于为家庭与孩子提供优质童书、阅读指引、亲子活动、课程培训、父母课堂等一切与阅读、成长有关的整体服务。

"榕树湾"占地80平方米，以"大树"形状的书柜为造型，主要面向0—9岁的孩子及其家庭，陈列丰富的精装绘本约700个品种，兼有少量礼品书。绘本以系列出版物或获奖作品来呈现，比如爱心树系列、信谊系列、凯迪克奖、丰子恺奖、安徒生国际大奖书系、深圳读书月年度"十大童书"入围图画书系列。"榕树湾"提供优质绘本、阅读指引等与绘本阅读相关的服务，迄今已接待读者数万人次，图书销售额同比增长34.8%。

三、通过品牌活动引领阅读风向

（一）"小小阅读推广人"身体力行推广阅读

对深圳人来说，每年的4月23日不仅是"世界读书日"，也是"深圳未成年人读书日"。2017年，深圳书城亲子阅读中心通过线上平台和线下空间向社会招募了21名"小小阅读推广人"，对其进行了全方位的阅读服务培训，在4月23日当天予以授牌，并推出"小小阅读推广人"公众服务日活动，让青少年身体力行推广阅读，丰富阅读体验，拓展阅读空间。该活动推出后，受到多家媒体网站报道，对青少年阅读引起了广泛的影响。

（二）"年度十大童书"评选突出亲子阅读引领

2016年开始，深圳书城中心城和深圳晚报社承接了深圳读书月"年度十大童书"评选活动，在深圳市文明办、中国图书馆学会阅读推广委员会的指导和福田区人民政府的特别支持下，联合国内童书界、教育界、阅读推广界、图书馆界、出版发行界的专家学者，每年用近4个月的时间，评选出一份具有专业性、公信力、影响力的权威书单——深圳读书月"年度十大童书"，于读书月期间对外公布，并在全社会推广。

"年度十大童书"评选秉承的宗旨是"以少儿阅读为基础，以专家评选为主导，打造年度权威华文童书榜；以评带读，以榜促阅，引导少年儿童阅读行为"。评选结合专家眼光、儿童视角和市场检验三个标准，着眼适合儿童阅读的童书，起图书引领作用。

评选期间，深圳书城罗湖城、南山城、中心城、宝安城、龙岗城五大书城均设立"十大童书专柜"和竞猜活动，通过"深圳书城亲子阅读中心"微信公众号实现线上线下投票活动,线上查看、评论、投票、购买,线下实物图书扫码投票,实现线上选票回收及统计,增加活动科技感和趣味性。同时,深圳书城亲子阅读中心与深圳市内外 30 家幼儿园、10 所小学等结成共建单位,进一步推动校企合作,共同携手让快乐阅读在广大青少年儿童心中生根,让亲子共读在广大的深圳家庭和校园里发芽。

(三)"深圳书城亲子阅读十大工程"推动亲子阅读常态化

2006 年以来,深圳书城中心城已经形成了一系列以推进少儿阅读和成长为目标的品牌活动,统称为"深圳书城亲子阅读十大工程",依据功能和受众群体,该工程主要分为两大类:(1)少儿活动,主要针对少儿的身心特点,为其开展阅读类、教育类活动,如"沙沙讲故事""童筑未来建筑公开课""幸福书单""牵手名家"等;(2)家长老师的交流平台,如"童书帮帮堂""育儿讲堂""中国亲子阅读论坛""家长有约"等。这些活动在工作日、周末和寒暑假在深圳书城中心城轮番开展,有效地推动了亲子阅读常态化。

四、重视科普教育,为城市未来培养智慧力量

深圳书城亲子阅读中心以市、区科协的科普知识宣传为导向,依托深圳书城中心城作为"深圳市科普教育基地"的平台,以深圳书城中心城主力卖场、南北区"大台阶"、"亲子阅读中心趣阅岛"、多功能厅以及各书吧等作为科普活动的场所,着眼"亲子科普教育"的开展,为深圳亲子家庭提供更多新鲜有趣的公益科普文化活动。

（一）"四点半课堂——青少年科普课程"

亲子阅读中心根据学期计划开展每周一期的"四点半课堂"，内容新颖有趣，由专业老师亲自指导，互动性强，采用小班教学，深受亲子家庭的喜爱，活动一经亲子阅读中心微信公众号发布，参与人数场场爆满，活动参与名额供不应求，累计共有340多名青少年参与其中。

（二）"人工智能"课程培训

亲子阅读中心联合中科创造力实验室共同打造"人工智能"课程，面向6—12岁青少年开展科普编程课，在全市的小学生中掀起一股创客热潮。参与课程的学生优秀作品在高交会上进行成果汇报，得到多家媒体的报道。该课程培训开启了亲子阅读中心通过内容输出、资源整合从而产生盈利的新模式。

（三）"读行家计划"青少年科普行活动

亲子阅读中心"读行家计划"科普行活动品牌，带领青少年走出书城，通过阅读式的科普体验，将阅读、游玩、创造三者进行有机结合，围绕"探索深圳、科研深圳、设计深圳、智造深圳"四大主题开展科普行活动，开阔青少年的眼界，增长青少年的体验，加深青少年对科学知识的了解并运用到实践当中。目前足迹已经覆盖了仙湖植物园、南山少年创新院、RC飞行员训练场等地，活动深受青少年读者喜爱和家长信赖。

五、积极探索向书城外复制输出发展模式

书博会期间，亲子阅读中心通过对亲子项目内容的整合，首次在书店外搭建了颜值爆表且童趣十足的"趣阅岛"亲子阅读共享空间，为亲子家庭提供亲子小剧场、创造力互动、人工智能体验、阅读分享、幼教培养、青少年科普行等多功能一站式的亲子阅读体验项目，向书博会嘉宾领导和深圳市内外亲子家庭推广亲子阅读中心模式，每天吸引上千名幼童及青少年参与其中，使亲子阅读中心品牌通过朋友圈、微信群、微博等自媒体渠道进行口碑传播及推广。第二十八届全国书博会"趣阅岛"亲子阅读中心模式的推广活动受到家庭读者及嘉宾领导的一致好评，为未来"趣阅岛"模式向书城外复制输出发展奠定了基础。

2018年5月，深圳书城亲子阅读中心荣获"全国家庭亲子阅读体验基地"称号。未来，深圳书城亲子阅读中心将继续大力推动亲子阅读，通过空间、内容和活动的优化升级，吸引更多家庭参与到亲子阅读活动中来，为亲子阅读工作贡献力量。

张霞，深圳书城中心城总经理

"深圳读书月"研究

深圳全民阅读
发展报告
2019

东方风来 书香满城
——第十九届深圳读书月总结

朱德明 陈宏强

第十九届深圳读书月于2018年11月3日正式启动，2018年12月1日落下帷幕。本届读书月全面贯彻党的十九大精神，以习近平新时代中国特色社会主义思想为指导，认真落实新形势下宣传思想工作"举旗帜、聚民心、育新人、兴文化、展形象"的使命任务，按照《深圳文化创新发展2020（实施方案）》要求，进一步丰富市民文化生活、创新城市文化品牌，推动全民阅读事业向精品化、数字化、科学化、国际化方向持续发展，为建设全球区域文化中心城市和国际文化创意先锋城市贡献积极力量。

第十九届深圳读书月以"东方风来·书香满城"为年度主题，在市委宣传部、市文体旅游局精心组织指导下，深圳出版发行集团等全市26家主承办单位策划开展阅读文化活动769项，吸引约1100万人次参与，向青工书屋、中小学校、基层图书馆等21家单位捐赠爱心图书近160万码洋，营造了弥漫全城的浓郁书香氛围，为深圳改革开放再出发和全民阅读的不断发展注入了新活力。具体来说，呈现出七个"突出"的特色亮点：

一、突出庆祝改革开放 40 周年时代主题

本届读书月认真学习贯彻落实习近平总书记考察广东重要讲话精神，引领社会各界以阅读的视角瞩目改革开放，营造浓厚氛围。

设立重点板块。设立"特别策划"板块，重点组织"40年·我们一起走过"主题图书展和"40年·书影深圳"系列活动。主题图书展聚焦改革开放，精选300余种相关专题图书展现改革开放的伟大历程和辉煌成就，同时推出三联书店精品书展、人教社历届中小学教材联展，以更加充实的图文素材展现中国的发展变化，吸引约10万人次读者参观浏览。市图书馆"40年·书影深圳"组织开展"一本图书""两个展览"以及图书评选、故事征集、知识竞赛、朗诵分享等8项精彩活动，其中"我与深圳：说出你的故事"入选央视纪录片《深圳故事》，诚挚献礼改革开放40周年。

开展主题活动。各区各街道积极开展征文、演讲、朗诵等主题活动。福田区第五届广场换书大会首发画册《华强北40年影像记忆》，通过一张张老照片再现华强北创业史，进而致敬改革开放40周年。"发现龙华之美"征文比赛围绕"改革开放40周年之于龙华"主题，面向全国征集稿件400余篇，引领市民分享改革开放进程中的亲身经历和感想感受。

二、突出弘扬中华优秀传统文化

习近平总书记在全国宣传思想工作会议上强调，中华优秀传统文化是中华民族的文化根脉，要把优秀传统文化的精神标识及其中具有当代价

值、世界意义的文化精髓提炼展示出来。本届读书月设立"弘扬传统"板块，组织开展7项重点主题活动与多项一般主题活动，引领市民读者回溯历史、重温经典，促进中华优秀传统文化的承继与复兴。

着力彰显中华传统文化魅力。经典诗文朗诵会以《诗经·小雅·鹿鸣》开篇，邀请雷恪生、雅坤等朗诵名家诠释《湖心亭看雪》《桃花源记》《爱莲说》等经典佳作，引领现场读者回溯源远流长的传统文化精髓。首届书信文化节以书信载体透视中华文化，创设简阅书吧书信文化体验区，集中展出近百封明清时代以及二十世纪五六十年代的民间书信，并依托新媒体平台组织开展"最美书信"推荐、"念家书·扬家风"书信写作、书信文化知识问答等系列活动，吸引逾10万人次线上参与，征集书信作品1000余封。"诗经原创音乐会"将《诗经》经典搬上舞台，组织12所大中小学学生代表演绎礼乐歌舞，吸引500余名读者到场欣赏。"国学宝贝"评选备受青睐，吸引428名少年儿童通过武术、舞蹈、民乐、曲艺、朗诵等形式展现国学风采。

积极开展基层文化传承活动。罗湖区"说文解字·中华经典古诗文公益课堂"将学习中华古诗文与践行社会主义核心价值观相结合，组织古典文学名家教授深入军营开展系列讲座四场，覆盖前海边防部队全体官兵。宝安区"亲子阅读帐篷夜"关注非遗文化，深入滨海小学组织展演《劝学》《花木兰》《姹紫嫣红》等经典篇目，吸引100个学生家庭参与。盐田区图书馆邀请金陵图书馆馆长、东南大学教授董群讲述"向孔子学习君子之道"，吸引逾百名社区居民聆听学习。

三、突出推动数字阅读深化发展

在"阅读永恒,载体创新"的理念指引下,深圳已连续三年获评"中国十大数字阅读城市",并在 2018 年位列榜首。年度数字阅读报告显示,2018 年深圳数字阅读用户规模达 532.74 万人,较去年增长 17.2%。本届读书月继续设立"互联网+"活动板块,积极开展数字阅读推广普及活动与研讨深化活动,不断为深圳全民阅读搭建新载体、开发新技术、培育新风尚。

进一步普及全民数字阅读活动。地铁阅读季进一步拓展"扫码听书"项目,在图书漂流角及地铁书香专列上打造数字阅读书架,鼓励乘客享受线上碎片式听书的乐趣。深圳书城童书堡平台推出"阅读小达人"竞赛,通过线上竞答推广童书分级等亲子阅读理念,吸引 1000 余户家庭互动参与。深圳之窗"听阅读的声音"互联网诵读活动面向全市征集 2000 余篇音频投稿,吸引 56000 余人"听书"投票。深圳移动第九届手机阅读季向约 5 万名新用户派发手机阅读大礼包,并向阅读时长达标的用户赠送电子书券与移动流量约 26 万份。坪山区"听,书的声音"深入企业推广听书风尚,向 100 余名员工赠送了"懒人听书"APP 会员卡。

进一步完善全民阅读数字服务。罗湖区图书馆顺应"互联网+"思维,创建"线上平台图书快递借""线下书城图书实地借"的新型借阅模式,开发"罗图悦借"平台,让读者足不出户就能借还书。南山区图书馆重点推广"数字南图,悦读无界"体验服务,实现"扫码听书""扫码看书""在线直购荐购电子书"等服务功能。光明区联合深圳大学城图书馆共建服务站,为区内居民提供文献查收查引、科技查新、专利检索与咨询等电子科研数据库服务。大鹏新区建设开发"翻山阅海读大鹏"微信小程序，实现了借书、还书及交流互动等网上图书馆功能。

进一步深化数字阅读理论研讨。 继续发布年度数字阅读报告，对全市十区数字阅读用户行为进行深度挖掘，表彰深圳数字阅读最具创新项目、最具人气产品、最具成果区域，并提出各区产业发展的针对性建议，打造了基于用户细分的全民数字阅读报告城市样本。懒人听书创新举办的有声阅读生态大会汇聚全国200余位专家代表和咪咕阅读、喜马拉雅、科大讯飞等龙头企业代表，权威发布《2018中国有声阅读行业发展趋势分析》等研究报告，搭建了全国性有声阅读学界业界交流合作平台，为推动行业持续健康发展指明了方向。

四、突出发挥名家名社带动效应

本届读书月坚持以人民为中心的理念，积极协调名家名社资源，为深圳市民献上一道道文化大餐。北京大学教授、中国诗歌研究院院长谢冕，南京大学教授、中国阅读学研究会会长徐雁，央视主持人白岩松，文化学者周国平，茅盾文学奖得主阿来，科幻小说代表作家刘慈欣，经济学教授薛兆丰等众多名家现身各类活动，与市民读者分享交流。

品牌出版社开展高质量活动。 邀请生活·读书·新知三联书店担任第二届主宾出版社，中国出版集团党组成员、副总裁，中国出版传媒股份有限公司董事潘凯雄与三联书店总经理、社长路英勇莅临部署，组织开展了一系列高质量的阅读文化活动。首发历时12年打造的"新知文库"百种图书，并邀请陈平原围绕《左图右史与西学东渐》举办新书发布与分享交流，邀请孙英刚围绕《犍陀罗文明史》开展"犍陀罗与中国文明"讲座，邀请欧阳应霁围绕"HOME 系列图书"分享"理想生活整理术",形成阅读热点。

文化名家奉献高热度分享。深圳读书论坛先后邀请丁学良、刘同、薛兆丰、周国平、白岩松、阿来、杨红樱、蒙曼等名家学者登台论道,场场座无虚席,累计吸引 12000 余名读者到场聆听,热情的氛围令周国平发文感叹"深圳的读者排了很长时间的队,太让我感动了"。第四届"晨星杯"全国原创科幻作品大赛邀请刘慈欣、宝树等知名科幻作家参加专题分享会,吸引全市科幻文学爱好者共聚一堂。"诗坛泰斗"谢冕携新书《中国新诗史略》亮相深圳,与徐敬亚、刘福春、孟繁华、李杨等文化学者畅谈新诗,引发广泛关注。罗湖区"对白·流年"都市讲坛邀请鲁迅文学奖得主李春雷担任主讲嘉宾,与数百名读者分享阅读写作心得。

五、突出充实本土出版创作力量

本届读书月对本土阅读内容的创作生产予以特别关注,鼓励本土出版机构推出优质出版物,并积极引导市民读者由全民阅读向全民创作迈进。

提升出版实力。本土海天出版社首发"地名古今"丛书,讲述地名的历史变迁以及由此衍生出的方言俚语、生活习俗、人文故事,打造了一套层次丰富的人文地理丛书,得到梁晓声、白岩松等名家学者的现场支持,引发热烈反响。深圳报业集团出版社首发新书《我们深圳》,围绕小切口深入挖掘一个民间的深圳、个人的深圳、充满情怀的深圳,吸引 300 余名读者聆听分享。

激发创作热情。聚焦文学内刊的簕杜鹃原创文学奖收到参评诗歌 82

首、散文 81 篇，涵盖学院学者、都市白领、打工诗人等各界参赛者，进一步提高了深圳内刊培养业余作者的平台作用。第五届深圳十大佳著评选表彰了 10 部深圳作者近两年创作的虚构与诗歌类作品，着重挖掘、鼓励与奖掖深圳创作力量尤其是文学新生力量，本届获奖作品包括 00 后创作诗集《灯把黑夜烫了一个洞》。第九届"深圳校园十佳文学少年"评比吸引全市 11500 余名学生参赛，候选征文累计收到超 700 万次投票，极大激励了青少年的文学创作热情。罗湖教职工原创诗文朗诵比赛立足教育综合改革新思路、新行动的现实题材，引导 2600 余名教职工创作诗文作品，充分展现了教师群体的创作水平。

六、突出提升荐读领读活动质量

历经十九年高贵的坚持，以读书月为代表的深圳全民阅读发展到了由观念培育、氛围营造向品位引领、质量提升迈步的时期。本届读书月进一步提升各类荐读领读活动质量，力求营造人人"好读书、读好书"的高品位书香社会与高质量学习型城市。

荐书榜单影响日增。传统活动"领导荐书"邀请市委常委、宣传部部长、读书月组委会主任李小甘向市民推荐《习近平改革开放思想研究》《知识大迁移：移动时代知识的真正价值》《大国厚土：中国传统文化的承继与复兴》三本好书，同时邀请各主承办单位及知名企业领导荐书，带动读书热潮。权威榜单"年度十大好书"本年度聚焦"文学与艺术"，在 1000 余种推荐出版物中层层遴选，邀请全国各地 21 位专家评委票选出 10 部精品佳著，受到国内阅读出版界高度关注与赞赏。创办五年的"年度十大童书"新增30位"阅读小天使"，在凝结海峡两岸暨香港、澳门50位专家评委智慧的基础上注入儿童眼光。各类新设图书榜单呈现细分发展趋势，宝安区"十大劳动者文学好书榜"聚焦打工文学，收到网络选票88万张。大鹏新区在成功举办两届"大鹏自然好书奖"的基础上首开国内儿童自然图书评选先河，创新推出"大鹏自然童书奖"，吸引5万余人次关注。

领读活动不断丰富。 创新开展的读书方法论坛邀请邬书林、王京生、谢冕、李潘等文化名家"华山论剑"，就如何高效阅读为现场200余位爱好者启迪思路。"最美小图书馆"评选活动聚焦全市600多座小图书馆，组织专家评选最美小图书馆、阅读品牌、阅享空间、阅美人物等奖项，引导市民读者票选最受喜爱的小图书馆，为基层小图书馆建设指明方向。此外，校园阅读与亲子阅读成为领读重点。首届深圳名师论坛组织100余位南山名师录制视频、分享经验，表彰44位南山区中小学"阅读之星"，为阅读教育、阅读学习选树标杆。福田区积极开展"童读一本书"绘本推广活动，走进6家小学、幼儿园组织体验式阅读。光明区重点打造"星阅光明"少儿项目，在全区6个街道、25个社区开展共计42场少儿阅读推广活动。龙岗区提出全新的"阅读等身"概念，以"阅读等身奖"鼓励培育亲子阅读习惯，进一步提升少年儿童的阅读量和阅读能力。

七、突出加强国内国际交流互动

深圳是联合国教科文组织表彰的"全球全民阅读典范城市"，阅读是对外交流的闪亮名片。本届读书月坚持"引进来""走出去"相结合，抓住国家粤港澳大湾区建设的良好契机增进湾区交流，同时以各类阅读文化项目为桥梁连接国内外友城，既吸收了各地文化发展的先进经验，又进一步扩大了深圳阅读文化的影响力。此外，来自北京、上海、广州、烟台、南昌、香港、澳门等十多个城市的阅读界、教育界嘉宾代表齐聚深圳，参与了本届活动。

增进大湾区互动合作。第十一届深港澳中学生读书随笔大赛引发热烈反响，收到投稿文章6000余篇，为三地教育文化界嘉宾及师生代表搭建了交流分享平台。盐田区依托海洋文化特色开展大湾区阅读交流，策划举办"世界瞩目的大湾区——深圳香港澳门古地图展"，通过50幅精心展出的区域地图突显湾区连接中国与世界的桥梁作用，吸引1000余名读者参观，同时组织研讨"新时代粤港澳大湾区海洋文化经济"，分享大湾区文化横向联合与纵深发展的意见建议。香港商务印书馆旗下"本来书店"发挥资源优势，邀请程介南、李永铨等嘉宾来深分享香港的美食生活推荐、品牌设计案例，促进深港理念交融。

加强国内外分享交流。第四届领读者大奖放眼全国，汇聚北京阅读季、广州图书馆、六和阅读教育、银龄书院、青苑书店等全民阅读标杆项目与先进个人，打造400余人参与分享的业界盛会。"阅读双城记"对标北京，组织两地专家学者探讨阅读推广经验。海天出版社以新书《魔鬼医生的消失》开启"中法讲书团"巡讲活动，邀请法国著名作家奥利维耶·盖来深交流座谈，突显深圳法语出版优势。"雲阅杯"全国速读大赛在广东、湖南、福建等地设点海选，覆盖全国10000余名读者。盐田区"第十二届海洋文化论坛"组织来自全国十余家图书馆的80余名代表分享文献共建共享的创想与经验，新增中山市图书馆、珠海市图书馆、珠海市金湾区图书馆加入"一带一路"公共图书馆联盟。连续十八年举办的弘文百米长卷少儿现场创意书画活动继续落地珠海、湛江、佛山，将深圳读书月的狂欢氛围扩散到周边地区。

本届读书月受到中央及省市各级媒体持续关注，刊载播发各类新闻报道 2900 余篇，各项活动引发微博、微信等社交平台热烈讨论，累计生产传播新媒体产品 1700 余条。在读书月的带动下，深圳全民阅读实现了全面、深入、持续发展。阅读指数研究报告显示，2018 年深圳阅读指数为 98.14，较 2017 年 92.47 的得分有明显提升，在阅读推广人数量、阅读活动场次数量、数字阅读渗透率、数字图书人均月浏览量等 4 项内容上增幅尤为显著。2018 年，深圳成年居民人均纸质图书阅读量达 7.23 本，电子图书阅读量达 11.21 本，远超全国平均水平。

2019 年是中华人民共和国成立 70 周年，是深圳建市 40 周年，深圳读书月也将迎来创办的第二十个年头。第二十届深圳读书月将以习近平新时代中国特色社会主义思想为指导，紧扣时代主题，积极展现中华人民共和国成立 70 年和建市 40 年的发展成就，展现深圳全民阅读事业所取得的丰硕成果，打造更具引领力和感染力的城市文化菜单，打造更加精品化与国际化的城市文化名片。

一是体现高度。以中华人民共和国成立 70 年和精准脱贫攻坚年为主题背景，认真落实习近平总书记"扶贫必扶智"的重要要求，突出精神文明建设在国家和城市发展中的重要作用，以建市 40 年和读书月创办 20 年为契机，为深圳改革开放再出发，朝着建设中国特色社会主义先行示范区的方向前行，努力建设社会主义现代化强国的城市范例提供文化支撑。积极推动中央部委在深圳召开全国全民阅读工作现场交流会，输出全民阅读的"深圳模式"与"深圳经验"；以"阅读与城市"为主题，对标国际先进城市，推动与国际文化资源的交流合作，在国际交往中彰显深圳魅力、讲好中国故事。

二是强化深度。立足读书月20年发展经验，固本开新，进一步向基层单位扎根。组织开展评选活动，表彰为读书月做出重大贡献的先进单位与优秀个人，表彰过程中涌现出的好品牌好项目与基层活动，总结读书月20年发展的优秀经验；广泛发动基层参与，推动品牌项目进企业、进学校、进社区、进街道、进军营，有针对性地为儿童、学生、青工、官兵等群体提供不同主题不同类别的阅读指引。

三是突显热度。提早规划梳理、加强策划，力争做到"天天有重点，周周有亮点"。有计划、有节奏地推进宣传报道，利用各类新媒体掀起贯穿全月的阅读文化高潮。以读书月创办20年为契机，摄制专题宣传片在线上线下广泛传播；组织开展形象大使选拔活动，邀请名家大师和市民读者为读书月代言，为全民阅读发声；组织开展吉祥物设计征集活动，丰富读书月的视觉传达，深化读书月的品牌内涵。

四是保持温度。坚持以人为本，以阅读温润人心。策划举办20年成果展，挖掘读书月沉淀累积的动人故事，传播温暖的阅读观念；编辑出版成果性图书，将20年的高贵坚持和阅读温度以图文形式固化保存；在固化既有品牌项目的基础上，积极邀请市外专家学者与非阅读界人士献计献策，为通过阅读满足人民群众对美好生活的向往集思广益、打开思路。

朱德明，深圳出版发行集团综合事业部部长
陈宏强，深圳出版发行集团综合事业部企划宣传专员

创新一脉相承 诵读成就经典
——深圳读书月经典诗文朗诵会侧记

许荣斌

一座城市的鲜活，可见于大山碧水，一草一木，也可深藏在文字、声音、影像里。不管以何种方式存在，当它穿越岁月直抵人心之时，也就真正意味着融入了这座城市。如果说深圳读书月代表了这座城市的鲜活，那"经典诗文朗诵会"便是这鲜活里最蓬勃的潮涌。经典被时代不断诵读，不断赋予新内涵，也显现出深圳不断成长的动人姿态。二十载时光温热，坚守高贵；二十载书声琅琅，墨香悠长。回首经典诗文朗诵会发展之路，不仅可感知记忆的热度，更能在这经典"砌"成的文化高台上，看到深圳愈发清晰的决心与宏图。

好文字结合好声音，以好作品推广大众阅读

开全国风气之先，首届读书月于2000年11月拉开帷幕，组委会在初创时提及：读书月是培养一种尊重文化、善于学习的氛围和习惯，整个系列活动除了营造氛围，还要有集中呈现的亮点。曾任深圳市委常委、宣传部部长的王京生在《特区理论与实践》一书中曾指明：公民文化权利的实

现，必须要借助必要的文化载体，如文化精品、文化节庆、文化设施、文化网络等。没有文化精品，公民充分享受文化成果的权利就无法实现，而没有文化节庆、文化设施、文化网络，公民就无法进行文化参与和文化创造。对于政府来说，最大限度地配置文化资源，使公民真正获得文化享受的成果、文化参与的机遇、文化创造的空间，这是实现公民文化权利的必然选择。因此，在未来的文化发展中，实施精品战略，创造文化精品，开展文化节庆，搭建文化舞台，建设文化场馆，开辟文化阵地，构建文化网络，拓展文化空间，这些将是相当长时间内实现公民文化权利的主要方式。

文化权利问题的提出，是以公民社会的成长为背景的，是适应当代中国经济、社会和文化发展要求的。特别是随着公民生活水平和生活质素的提高，文化权利的诉求将与文化需求的增长一样，变得尤为强烈。最大限度地实现公民的文化权利，以促进人的自由全面发展，建设更加人性化的社会，将是未来文化工作者不可或缺的使命。复旦大学教授钱文忠在解析阅读与城市文化的关系时谈道：深圳市政府倡导读书，是认识到文化是城市发展的重要手段，能增加市民的幸福指数，要为市民谋一种精神上、文化上的福利，这体现了政府的责任感，虽然不能有立竿见影的效应，但通过一届又一届地举办读书月，最终会体现出来。

2000年初，首届读书月经典诗文朗诵会开启运作，同时定下目标：名人、名家、名篇、高端布局、大气呈现，要办成具有国家级水准的舞台艺术精品。作为读书月系列活动的一环，朗诵会成为具有很强策划性的主题事件，也是活动收官的高潮结点——名家配以名篇，诵读经典穿越古今中外；文字交织声音视觉，舞台予以华彩呈现。

高定位、高标准、高规格。初创期的诗文朗诵会不仅台前演出者是国内著名艺术家，台后的制作人田沁鑫、王晓鹰等也是国内知名导演。他们初期的精彩奉献为朗诵会奠定了坚实深厚的基础，在赢得上佳口碑和巨大反响的同时，也为深圳创造了不同艺术氛围。而深圳广播的精英团队也借此契机，选拔、培养出一批高素质的本土导演和艺术工作者，并逐渐承担起历届朗诵会的运营、执行工作。专业团队的高品质打造使得朗诵会在业界和市场有着很强号召力，每一届都一票难求。除了观众纷纷买票进场，更多的全国知名艺术家如焦晃、乔榛、丁建华、奚美娟、张家声、姚锡娟、濮存昕、李野默等也多次参与，一同成就了这一经典文化品牌。

对于观看演出的各类读者而言，文字在这里被具象化，通过舞美、灯光、音响、配乐、艺术家的个性演绎，实现了综合性的艺术表达。文字欣赏不只停留在单一想象，从想象转化为具体认知，朗诵会成为最多元的传递载体。对于对书本抱有兴趣的青少年受众来说，一场高水平的朗诵盛宴，丰富了他们的文字体验，许多篇目和经典也借此获得更深刻的理解。著名作家莫言在谈及深圳读书月时有感而发：读书月为深圳营造了一种读书的社会心理，是一件大好事。它有助于人们将这种社会化的群体活动逐渐内化成个人的一种习惯性行为。深圳作为一个经济氛围相当浓郁的现代城市，每年专门辟出一个月的时间在社会上倡导全民读书的观念实在难得。城市在经济腾飞时期要唤起人们的某种意识，需要社会化情绪的感染，读书也不例外。深圳需要这样的读书月。

年近八十的张先生，是深圳一名普通的阅读爱好者，从 2000 年开始，每一届朗诵会都和太太一起来观看，而且坚持选择最贵的座位票，在接受采访时他提及："读书月是我们深圳人的狂欢，是我与书本一年一度的特殊约会，朗诵会则让我的阅读体验充满了仪式感！"他说自己最喜欢的还是那句话，"阅读不能改变人生的长度，但它却可以改变人生的宽度"！

从好文字到好声音，已传递二十年，民众的热忱一如既往，这源自书本的期许本身就意义非凡。坚持用好文字结合好声音，坚持让好声音与时代同步伐，坚持以优秀作品奉献广大深圳市民，这是"诗文朗诵会"一路走来始终不改的耿耿初心。

创新是一脉相承的城市精神

经典诗文朗诵会是深圳读书月系列品牌创新的突出代表。作为一项誉满全城的大型综合性文化活动，朗诵会以建设学习型城市、倡导书香文化为目标，通过每年结合时代主题进行高端演出的成功运作模式，为读书文化的普及推广踏出了一条新路，产生了示范效应和深远影响。此外，诗文朗诵会率先引入市场机制，通过顺时应变的市场举措给艺术带来了活力，令这个品牌获得了更牢固、更广泛的生命力基础。这本身也展示了特区文化建设者的广阔胸襟和过人气魄。

深圳正逐渐成长为世界一流城市，同时也是信息资源的高地和文化传播的重镇。基于此，深圳市委宣传部高瞻远瞩地制定了《深圳文化创新发展 2020（实施方案）》。这一发展理念成为深圳宣传文化系统五年工作的"总抓手"和"效果蓝图"。以理念为先导引领一线文艺工作者的同时，宣传部文化专项基金连续二十年为经典诗文朗诵会这一项目拨款，为运作提供了有力支撑，从而保证了精良出品和创作意图得以高端呈现。

多年来，朗诵会运作团队也在这张展示城市文化未来的"效果蓝图"里找准定位，结合自身实际情况，在集团领导关怀、指导下精耕细作。团队从组建、发展到提升，每在关键时刻都能直接得到各级领导大力支持。

在融合发展、转型发展、创新发展的理念感召下，团队不断调整自身思维、格局，勇敢地去探索、追求，真正和这个城市一道，把敢闯、爱拼、创新的改革开放基因融入文化创新的探索并一一付诸实际行动。

诗文朗诵会主题每年都在变，唯有一个主题永恒：坚持创新。创新是朗诵会之魂！从主题、篇目筹划、表演及艺术设计、舞台整体呈现等方面无一不以此为标准，以追求最极致的呈现。而深圳观众的"审美意趣"与时俱进，定位亦很高，甚至不同背景、年龄、身份的人群对同一经典的理解在不同时代都有不同的艺术感知。只有紧握"创新"，才能持续为文学作品赋予新的内涵。让文学作品经过二次创作成为文化精品，这是对时代的尊重，是对市场的满足，更是对深圳文化高速发展这一"心灵诉求"的积极回应。历史小说家二月河在接受深圳媒体采访时专门指出：从读书月可见深圳人对文化和创新的重视。创新没有秘诀，一个地方的文化和创新气息是要慢慢栽培的，要不断栽培文化苗子，不能揠苗助长。为什么看好深圳？在历史上，中原文化与异族文化的融合交流，出现文化杂交的时候，恰恰是盛世，如隋唐。深圳这个移民城市恰恰处在东西方文化和平交流的交汇点上，而深圳人也正在形成多元的创新思维。

二十年来，支撑朗诵会这一品牌前行的动力，正是来源于读书月清晰的定位，深圳文化强大的创新能力和持续谋求突破的特区精神。可以说，朗诵会的创新追求与城市的创新发展源出一脉，从未分开。

以精品理念锻造高端文化品牌

海纳百川的深圳，对文化精品如饥似渴。十九届朗诵会，近四十台演出秉承同一理念——"凸显精品意识、挖掘人文内涵、培养金字招牌、实现品牌构建"。在深圳广电集团领导亲自带领下，运作团队设计精品，催生精品，擦亮"金字招牌"，只要是舞台上呈现，就必有精品理念。可以说，精品理念发展、推动并完善了整个朗诵会的品牌构建。

锻造品牌，始成经典。

调集精兵强将、借助优质外脑组建实力团队，在布局谋篇、统筹策划上提早介入、不断打磨，学习消化国内外优秀演出理念，在方寸间树立起高端立意格局；舞美设计既传统也现代，在最大程度挖掘传统文化的细节基础上，结合灯光、音响、视频、大屏幕等综合新技术硬件及手段，予以高端新颖、美妙绝伦的数字化呈现，人文和历史，古典和现代，图文、声音和视像得以有机整合共融，并结合多方名家演绎，于台前幕后进行完美呈现。

著名表演艺术家焦晃对这一活动称赞有加，他认为诗文朗诵会能在深圳形成一种传统品牌难能可贵。一个城市能坚持开展以读书为主题的活动是一件非常美好的事情，这使深圳充满了美感。而著名朗诵艺术家姚锡娟也曾动情地说："经典诗文朗诵会是每年深圳读书月的一个亮点，也是朗诵艺术的一块净土，每年都有很多优秀的艺术家齐聚这里，为观众带来心灵的愉悦。近二十年来，因为读书月、因为诗文朗诵会，我得以和深圳人从相识到相知，我非常感谢深圳人的厚爱。朗诵是与阅读联系在一起的，它是一种声音的阅读，朗诵是能唤起人们美好情感的艺术，在读书月举行这样的活动特别有意义。我愿意用我的全部生命来朗诵这样的名篇！"

名篇本身的魅力，在于文字给予的巨大思维空间，而运作团队对名篇的二次处理，既为思考找到了具体的抓手，也通过优秀的二次创作为作品增加了新的艺术解构力。文字本身最早是从语言演化而来，它们原就密不可分。从语言到文字，从文字回到语言，是真正动人心魄的交相辉映。秉守"造品牌、出精品"理念，深圳也把"名家名篇"塑造成了宝贵经典。鲜活的何止名家名篇，还有那些丰富的布景、斑斓的灯光、动人的配乐和富于哲思的图像……舞台上呈现的所有细节，都来自千锤百炼，细细雕琢。导演组曾这样回忆前期自虐式的运作：很多细节为何都要最好？因为它们绝不是可有可无的搭配，正因为它们的存在，语言文字被赋予了更广阔的想象和视听空间！也因为它们的存在，诗文朗诵会才被称之为品牌！的确，这已成为一个共识：在深受数字化冲击的视听时代，阅读文化也需要结合新形态，以不同的特质将文字融入这代人的精神血脉。正是有了各种多元文化品牌，深圳才有属于自己的光彩！

成就精品，奉献人民。

朗诵会产生的积极效应正是读书月引导深圳文化提升的必然结果。从产品到精品，被市民从接受到喜爱的过程，恰恰凸显了三重意义：一是经典文学作品结合朗诵艺术和舞台，用创新性的手段更好地实现了大众传播；二是大众在接受精品文化引导的同时不断创造产生出更高文化诉求，继而又带动了深圳的文化创新继续向前；三是创作团队的文化创新始终与城市发展紧密结合、立足于时代进步并反映和描绘了民众高尚的精神图谱。

扎根本土、扎根百姓，在最深厚的人文土壤内坚持高贵

无论是热烈支持的市民，抑或是多年参与执行的创作成员，所有人对经典诗文朗诵会二十载的坚守，都是一份"最高贵的坚持"。历史学家

阎崇年这样说过："近年来，我也走过很多城市，唯独深圳人的爱读书深深感动了我。就拿我居住的北京来比较，北京浓厚的文化氛围更多是传统的积淀，而深圳文化有它自己的特点：一是热烈。从未见到哪个城市像深圳这样，全城上下、各行各业、大街小巷，这么热烈地追求读书。二是急切。可能由于深圳是一个年轻而非老化的城市，没有哪个城市的市民这么如饥似渴地读书，这种掩盖不住的求知欲让人震惊。三是各级领导的重视。就我所见，很少有城市像深圳这样，真正做到上行下效。"

深圳人对书本和阅读的热爱，的确是发自肺腑的。有感于此，朗诵会执行团队在长期运作上既维持"高大上"，也尝试"小简精"。"小简精"是指朗诵会在维持较高演出水准的基础上，适当简化部分步骤、调整一些标准、巧妙进行一些策划，以便于下社区、到基层、接地气、近民生。以"我们的节日·走进龙岗"经典诗文朗诵会、"走进莲花社区"经典诗文朗诵会等活动为例，通过这些平台，部分民众甚至可以亲身走上舞台，用自己的方式把对书本的理解大声说出来。自愿报名演出，自选表演形式，不用买票进场。参与民众对舞台互动十分喜爱，因为这是一种更直观的阅读体验。诗文朗诵会核心品牌价值之一便是它的贴近性：贴近时代、贴近生活、贴近百姓。定位高屋建瓴、姿态"谦和可亲"。以高质量、低门槛的特色吸引了广大市民参与。可以说，这个品牌活动的形成是在每一位市民的呵护、支持与热情参与下日益声名远播的。新内容、新形式、新方法共同造就了新文化、新境界、新舞台。一串串金色的记忆就这样与城市的发展连接起来。让经典阅读深入群众生活，让阅读文化与群众完成最直接互动：名家读名篇是推广，群众读经典是普及。让文化建设扎根基层，以人民为中心，这也是深圳读书月的发展初心和最重要的价值意义。

在与基层百姓、普罗大众的接触中，创作团队得以更多了解观众、读者、市民的真实想法和宝贵智慧，吸收他们提出的客观批评和闪光创意，再有机地融入新一轮的文创建设里。阅读本身就是一种学习、一种自我砥砺的精神实践，也只有走入实践最深处，文艺创新才能找到最深厚的根基，获取最鲜活的灵魂。诗文朗诵会这一品牌的建立离不开深圳人民，"深圳人民本身就构成了这座移民之城、青春之城、创新之城最深厚的人文土壤"，向他们靠近、向他们学习，他们正是取之不尽的源头活水。同时也是在他们的鞭策支持下，朗诵会一步一个脚印地寻求突破提升，并和全市所有文艺工作者一道，二十年来得以依托文化创作这个实践载体，为城市画像，为深圳明德。

结束语

深圳市委常委、宣传部部长李小甘指出：城市文明是一座城市综合实力的指针，一座高度文明的城市不仅需要繁荣的经济，更需要昌盛的文化。通过阅读内化城市每个市民的精神，让雅致的生活方式和文明的社会风尚成为主流；通过阅读，改变稍显浮躁的社会风气，使每个人举止得体，知书达理，更加优雅，进而达到城市文化昌盛发达的景象，文化生活更加丰富，城市文明进一步提高。

可以说，诗文朗诵会每一次的琅琅诵读，都是深圳城市文明最感人的声声回响：

二十年来，时代心跳化作声音涌动。

传颂经典，吟诵时代，每一年的经典诗文朗诵会都紧扣时代的脉搏。它传递的不仅是美，不仅是愉悦的听感和欣赏体验，更重要的是传递书本与文化的永恒魅力，并且饱含了一个时代的思考与激情。书为体，朗诵为用，朗诵会倡导人们通过这些抑扬顿挫的吟诵了解书，爱上书，享受阅读，啜吸多元文化的甘露，并最终把丝丝养分融入文化传承。

二十年来，文化给予城市坚实的力量。

经典诗文朗诵会的二十年，在于与深圳整个城市的文化追求的合拍；在于始终坚持高端定位与精品路线；在于不拘泥于既有成果与形式，寻求突破和创新；在于尊重读者和观众的审美权，让艺术为人民服务；在于传统媒体向文化纵深领域的拓展和实践，用文化精品为深圳文化事业贡献力量。

二十年来，心语相传的文明自觉与进步。

经典诗文朗诵会与深圳读书月一起成长，与深圳人的读书品位和文化追求一起进步。人们对精神层次永无止境的追求，也为这一品牌提供了无比宽广的发展空间。面对未来，机遇和挑战并存。读书月经典诗文朗诵会将继续以文化为核，以读书为心，为名家名篇搭建更好的舞台，让深圳文化在他们的吟哦诵读中开创一片更加晴朗的天空！

许荣斌，深圳广播电影电视集团广播中心综合管理部高级主管

数字阅读研究

深圳全民阅读
发展报告
2019

2017—2018年度深圳数字阅读报告

王文涛

作为中国最具互联网基因的城市，深圳在数字阅读方面一直呈现出比重高、亮点多的特点。除了连续三年获评"中国十大数字阅读城市"称号，深圳还在2018年城市数字阅读指数排行上位列榜首。2017年，在深圳读书月组委会办公室的大力支持下，我们依托咪咕阅读、掌阅、腾讯手机QQ浏览器、懒人听书、中国移动以及深圳市全民阅读研究与推广中心等企业和机构，基于相关大数据，结合科学的调查统计，发布了全国首份城市数字阅读报告——《2016—2017年度深圳数字阅读报告》，产生了相当大的影响。2018年读书月期间，我们再度从用户、内容、工具等角度进行大数据分析，发布《2017—2018年度深圳数字阅读报告》，对深圳十个区数字阅读用户行为进行深度挖掘，对深圳市及各区的数字阅读用户规模、用户画像、用户偏好及未来走向进行聚焦及分析，从而继续为深圳市及各区制定有关数字阅读政策提供科学指引，提升深圳市及各区公共文化服务的针对性、有效性和平等性，为深圳数字阅读产业发展贡献智慧力量。

本报告研究时间为2017年7月至2018年6月，由深圳市华文国际传媒有限公司牵头，咪咕数字传媒有限公司、中国移动广东深圳分公司、腾讯移动互联网事业群移动浏览产品部、深圳市懒人在线科技有限公司等参与完成。报告分为七部分：数字阅读行业概况、深圳市数字阅读市场规模、用户画像、内容偏好、工具偏好、未来发展及阅读榜单。报告采取了以用户调研、各重点平台数据采集为基础，定性与定量相结合的研究与分析方法。在具体数据来源上，第一，对深圳市数字阅读用户进行了抽样问卷调查，以网络问卷形式展开，共收回有效样本量1658份（见表5-1）。第二，通过深圳移动网关数据获取深圳全网通信用户，识别出近1年内访问过阅读相关类APP和网站的用户，得到整体阅读用户量数据。第三，采集咪咕阅读自有门户监测统计的用户数据，包括APP、WAP门户、WWW门户上产生的行为数据等。2018年1-9月份咪咕阅读监测到深圳用户数约为234万，日活跃25万。第四，采集腾讯浏览服务TBS统计到的手机QQ浏览器及腾讯系内部分产品的用户行为数据。手机QQ浏览器全国月活跃用户3.5亿。TBI腾讯浏览指数数据平台当前可覆盖深圳人群近3000万。第五，采集懒人听书自有门户监测统计的用户数据，包括APP上产生的行为数据。2018年2季度，懒人听书季度活跃用户量为3.2亿。第六，采用第三方数据监测平台数据对独立APP中的用户数据进行监测统计，截至2018年9月，采集到深圳样本总量为1949.58万人。

表5-1 调查问卷有效样本量分布

区域	样本量/份	占比
南山区	459	27.68%
龙岗区	262	15.80%
罗湖区	210	12.66%
福田区	167	10.07%
宝安区	117	7.06%
光明区	100	6.03%
坪山区	95	5.73%
龙华区	86	5.19%
盐田区	81	4.89%
大鹏新区	81	4.89%
总量	1658	100.00%

一、国内数字阅读整体情况

近年来,我国的数字阅读行业呈现出繁荣发展的整体趋势。

(一)政策上,国家在战略与执行层面持续推进全民阅读发展

2013年,全民阅读被列入国家立法工作计划;2014年,国家在《政府工作报告》中提出"倡导全民阅读";2015年,《政府工作报告》中再次提到全民阅读,并提高到建设"书香社会"的高度;2016年,原国家新闻出版广电总局建立全国性书香社会指标体系;2017年,国务院法制办办务会议审议并原则通过了《全民阅读促进条例(草案)》;2018年,新华社播发的《政府工作报告》中"倡导全民阅读,建设学习型社会"成为重要内容,全民阅读在国家战略与政策层面被多次强调,全民阅读的蓬勃发展是大势所趋。

(二)经济上,居民消费水平提高,付费意识增强

近年来,移动阅读的正版化进程加快,越来越多的用户选择通过付费的方式查看内容。在经济发展和消费水平提升的大环境下,用户对于付费阅读的购买力不断提高,付费阅读的习惯正在逐步养成。

(三)产业上,IP产业链被开发,IP价值被放大

近年来,IP产业链被不断开发,各大公司都在构建自己的IP生态,努力挖掘IP的价值,扩大IP的影响力,小说作为IP产业链的源头之一,也受到了越来越多人的关注。无论是付费市场规模还是付费人次都在快速增长。此外,根据2018年上半年上线的网剧作品的数据表现来看,虽

然 IP 改编而来的网剧数量较原创网剧的数量稍有不及（55 部，占比达到 37.93%），但改编而来的网剧总播放量却远超原创网剧，达到了 465.8 亿，占比 60.94%，可见，改编作品对于原 IP 有着放大影响力的重要作用（见图 5-1）。在此环境背景下，未来泛娱乐企业将愈发重视 IP 全版权开发，进一步挖掘 IP 的影响力。

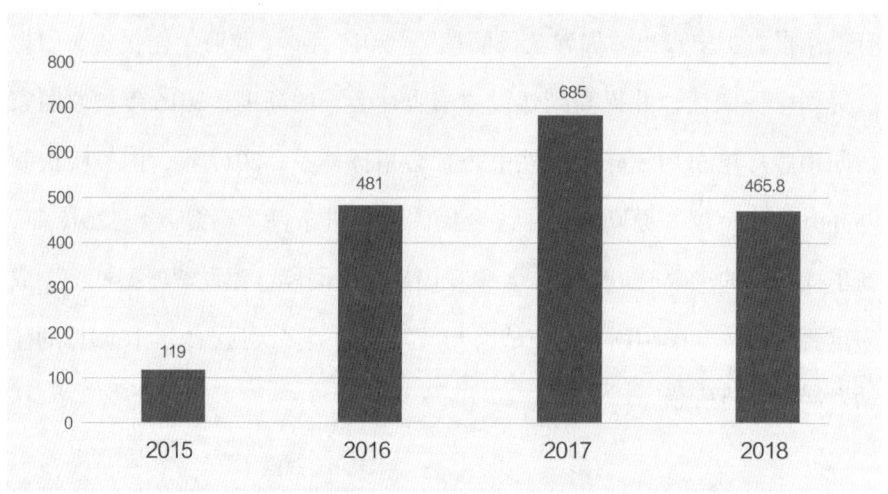

图 5-1　2015—2018 年 IP 改编网剧前台播放量（亿）

（四）技术上，电子阅读器升级迭代，区块链被应用在数字阅读行业，多方利好为深圳数字阅读蓬勃发展带来了良好契机

据统计，2008—2016 年，电子书阅读器接触率上升了 6.8%（见图 5-2）。而伴随着区块链技术的发展，区块链正逐步被应用到数字阅读行业，不仅可以让阅读作品的生产和阅读的收费更透明，也可以让作者自行发布和推广自己的作品。

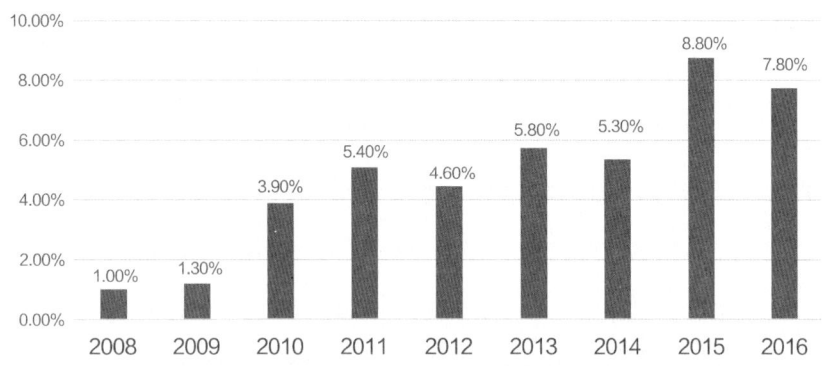

图 5-2　2008—2016 年我国成年国民电子书阅读器接触率

二、深圳数字阅读情况

从本次报告结果来看，深圳数字阅读用户规模持续扩大，对数字阅读认可度不断提高。

截至 2018 年 6 月，深圳数字阅读用户规模达到 532.74 万人。从绝对值来看，由于人口规模差别和各区人口年龄、职业、行为习惯以及政策活动引导的影响，深圳各区的数字阅读用户数量分布较不均匀；从数字阅读用户在当地人口的占比来看，光明区、龙岗区、宝安区是数字阅读用户比例较高的三个区；从数字阅读类型来看，网络文学、有声阅读、漫画三类数字阅读类型的用户在各区分布占比较为均匀，通过调查发现，深圳市居民对数字阅读认可度较高，技术是将纸质书用户转化为数字阅读用户的关键。数字阅读用户规模情况呈现"北强南弱"的特点，但南方增长速度远超北方。

三、深圳数字阅读调查结果报告

（一）用户规模

在数字阅读用户规模分布上，光明区、龙岗区、宝安区用户数字阅读氛围最浓厚，各区数字阅读用户量占比分别为 36.57%、32.95%、31.36%。从用户占比来看，网络文学、有声阅读、漫画三类数字阅读类型的用户在各区分布占比较为均匀（见表 5-2），南山区、龙岗区、福田区等地区用户规模在细分领域占比较为突出。

表 5-2　深圳市各区数字阅读用户分布占比

区域	网络文学	有声阅读	漫画
福田区	10.45%	11.66%	10.57%
罗湖区	12.50%	13.31%	12.58%
盐田区	4.37%	4.56%	4.36%
南山区	29.02%	25.48%	30.61%
宝安区	7.11%	7.48%	6.21%
龙岗区	15.15%	15.72%	15.47%
龙华区	5.14%	5.20%	4.79%
坪山区	6.59%	7.35%	6.64%
光明区	5.31%	3.30%	5.12%
大鹏新区	4.37%	5.96%	3.38%

同时，调查也发现，电子书和纸质书用户的重合度较高，说明大部分用户在追求电子书结构轻便、内容丰富的基础上，也追求纸质书独有的沉浸式阅读体验，以及纸质书独特的阅读价值（见图 5-3）。在未来，数字阅读平台若想进一步获取用户，需要在技术方面下足功夫，满足用户的阅读体验。

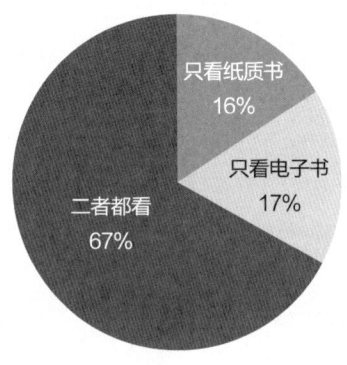

图 5-3　2017 年深圳市数字阅读用户载体选择

（二）用户画像

在用户画像上，深圳市整体数字阅读用户以男性数量居多，年龄分布较为集中，而女性年龄分布则较平均；学生群体是主要受众，用户学历分布多集中在大专、本科；男性和女性收入相当，男性和女性的阅读深度、周均阅读次数以及单月书籍阅读量均相似。从细分领域看，深圳市网络文学用户年龄层覆盖广泛，中年用户占比较高；有声阅读用户年龄层分布广泛，主要集中于男性群体，且用户普遍为中年用户；动漫用户中，24 岁以下群体占 85.6%，符合年轻人更偏爱动漫的行业判断。从分区画像来说，掌阅、QQ 阅读、咪咕阅读、多看阅读和书旗小说是深圳市数字阅读用户最偏好使用的五大应用，个别区的付费意愿和平均水平差距较大，仍需要培育（图 5-4、5-5 分别为深圳市数字阅读男性、女性用户整体画像）。

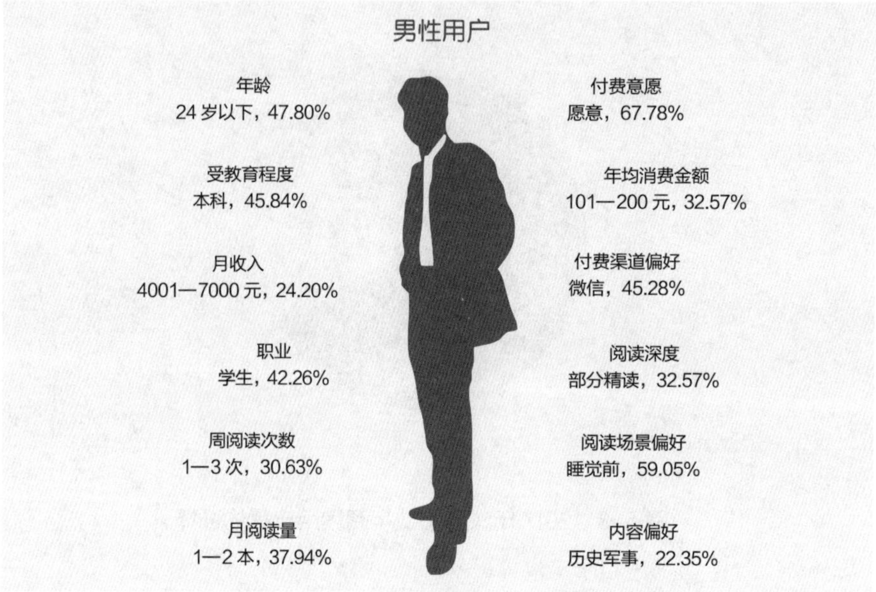

图 5-4　深圳市数字阅读男性用户整体画像

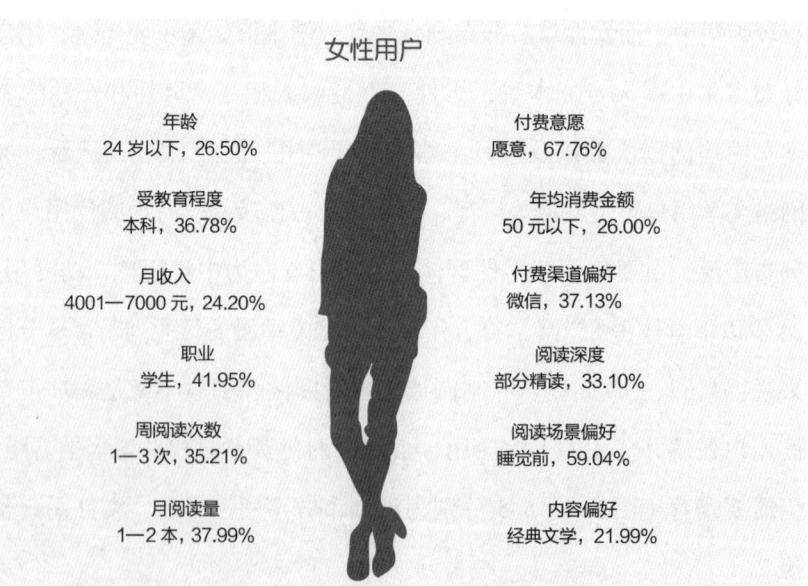

图 5-5　深圳市数字阅读女性用户整体画像

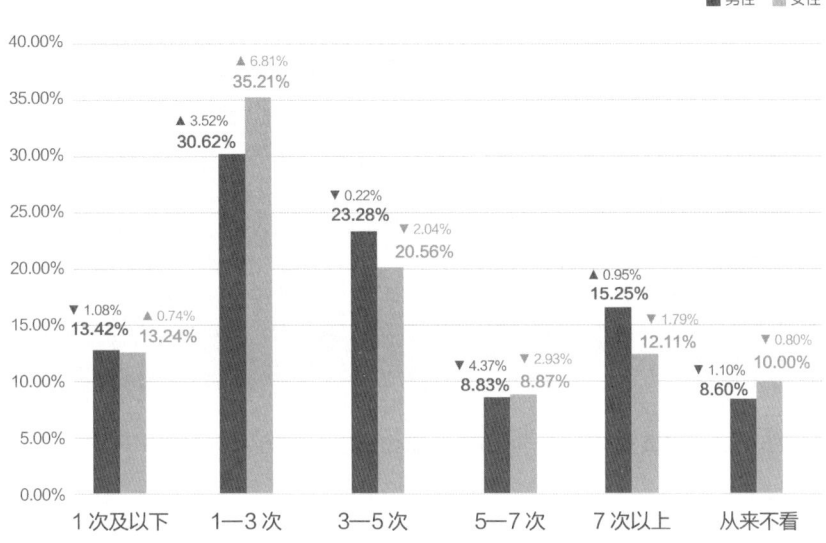

图 5-6　深圳市数字阅读用户周均阅读次数

（三）用户内容偏好

在用户内容偏好上，年龄、性别、收入以及学历是用户内容偏好影响因素，其中低学历用户和其他用户的内容偏好差距较大，其偏好的内容较为集中。高收入人群偏向于现实类内容，而低收入人群偏向幻想类内容。在年龄表现上，30 岁是用户表现分水岭，年轻用户相较大龄用户而言，对男频类内容偏好更高，全年龄段用户对女频类内容偏好差异不大。具体而言，深圳市数字阅读用户偏向于阅读都市、言情、玄幻奇幻类内容，各区之间差异不大。

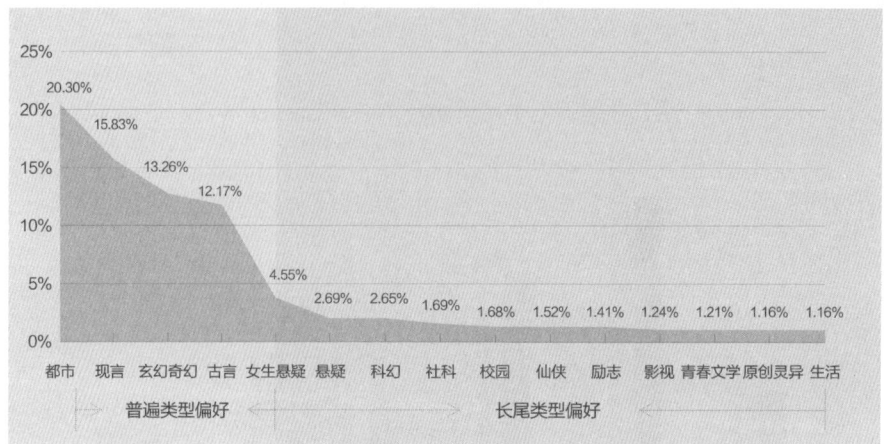

图 5-7　2018 年 6 月深圳市数字阅读各内容类型用户占比 TOP 15

表 5-3　深圳市不同收入用户对数字阅读内容类型偏好 TOP 15

分类	0—2000 元	2001—7000 元	7001—10000 元	10001—15000 元	15000 元以上
科幻	27.08%	20.72%	22.08%	25.45%	11.84%
经管励志	26.12%	26.53%	30.52%	34.55%	43.42%
奇幻玄幻	25.32%	16.64%	15.58%	12.73%	13.16%
社科科普	24.68%	29.20%	27.92%	47.27%	34.21%
青春文艺	24.52%	20.09%	16.88%	18.18%	17.11%
武侠仙侠	24.52%	18.52%	16.23%	14.55%	10.53%
灵异悬疑	24.04%	17.27%	22.73%	21.82%	17.11%
文史传记	22.92%	28.10%	31.82%	43.64%	36.84%
教育教辅	22.92%	26.06%	31.82%	47.27%	25.00%
游戏竞技	21.47%	16.48%	12.34%	10.91%	6.58%
历史军事	20.99%	25.12%	30.52%	40.00%	27.63%
现代言情	20.67%	18.37%	14.94%	14.55%	13.16%
影视剧本	20.19%	18.52%	18.18%	29.09%	10.53%
时尚生活	16.19%	21.19%	18.18%	18.18%	13.16%
古代言情	13.14%	10.20%	11.69%	14.55%	6.58%

数字阅读研究

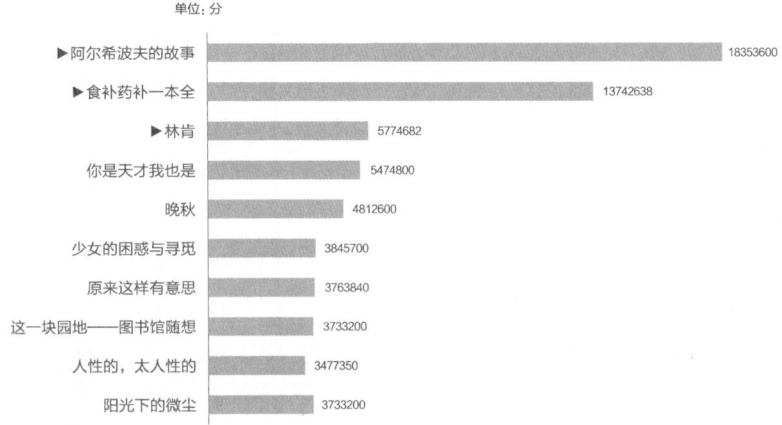

图 5-8　2018 年 6 月深圳市高收益出版作品 TOP10

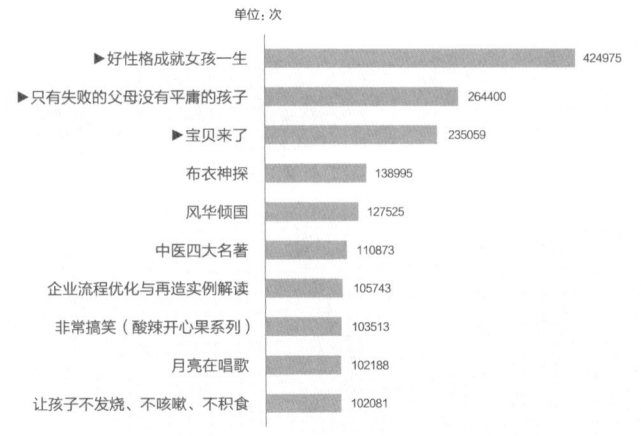

图 5-9　2018 年 6 月深圳市高点击量出版作品 TOP10

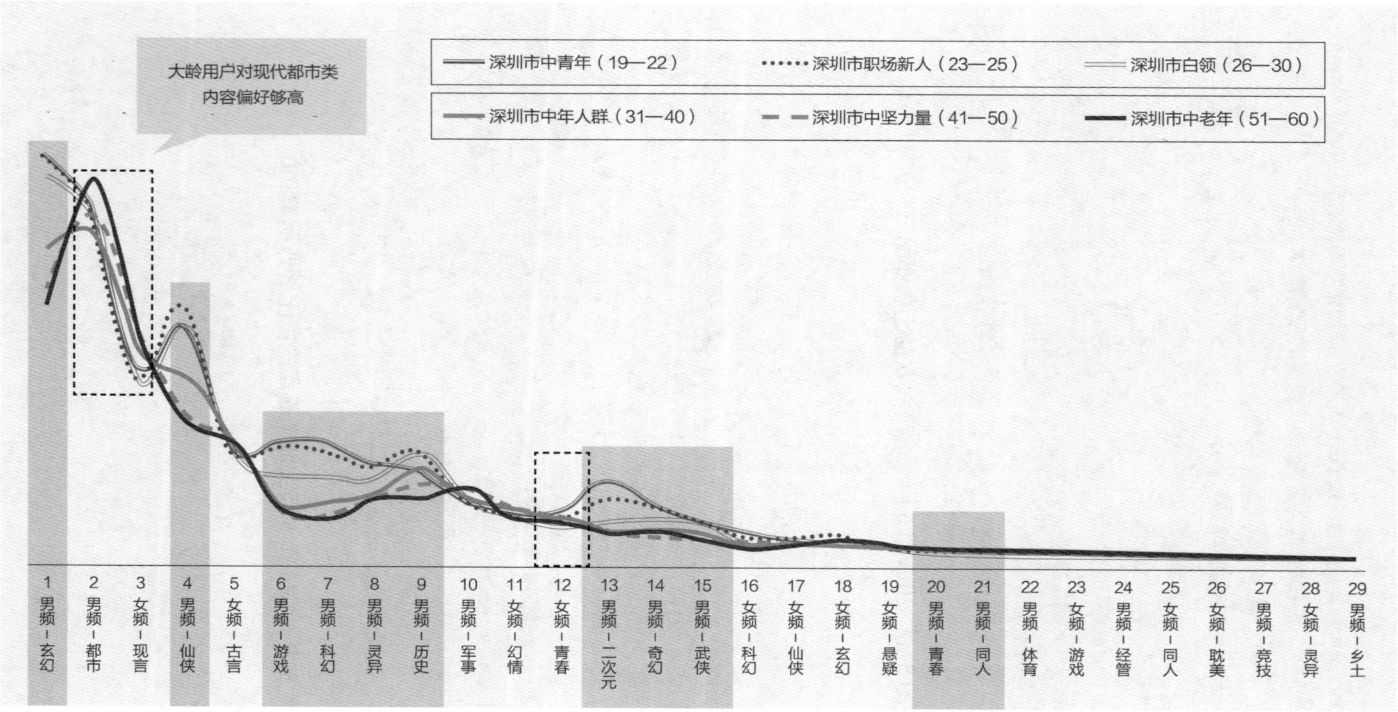

图 5-10 深圳市数字阅读用户各年龄段用户偏好内容类型情况

(四)用户工具偏好

在工具偏好上,掌阅是深圳市数字阅读用户渗透率最高的综合阅读APP,喜马拉雅FM和懒人听书是深圳市听书用户最偏爱的有声阅读APP,快看漫画和腾讯动漫是用户最喜欢的两款动漫APP(见图5-11)。手机仍是深圳市数字阅读用户最喜爱使用的阅读设备,占比80.28%(见图5-12)。

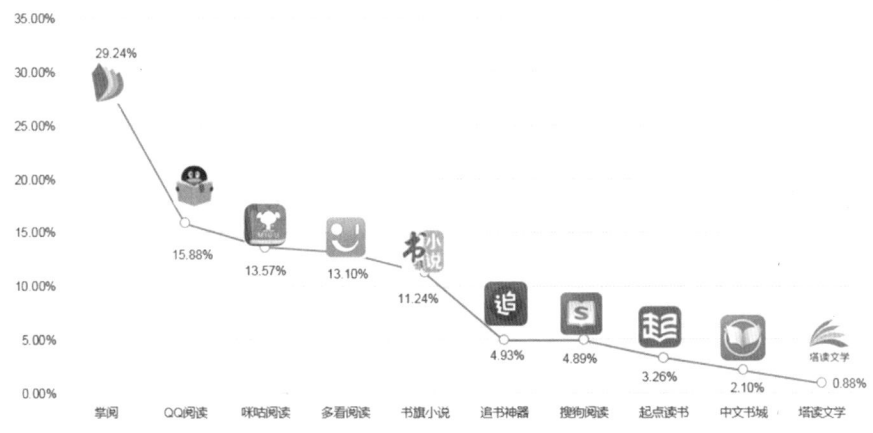

图 5-11 深圳市移动阅读用户偏好的阅读 APP TOP 10

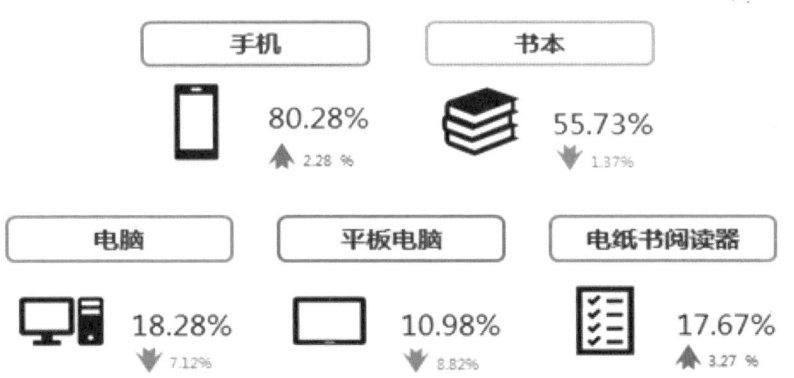

图 5-12 深圳市数字阅读用户日常阅读工具使用偏好

表 5-4　深圳市数字阅读用户电子书阅读器品牌偏好

序号	品牌	用户量
1	Kindle	30.40%
2	QQ 阅读器	23.57%
3	iReader 阅读器	15.69%
4	Kindle x 咪咕	11.92%
5	当当阅读器	6.07%
6	JD Reader	4.32%
7	其他	4.32%
8	汉王阅读器	3.70%

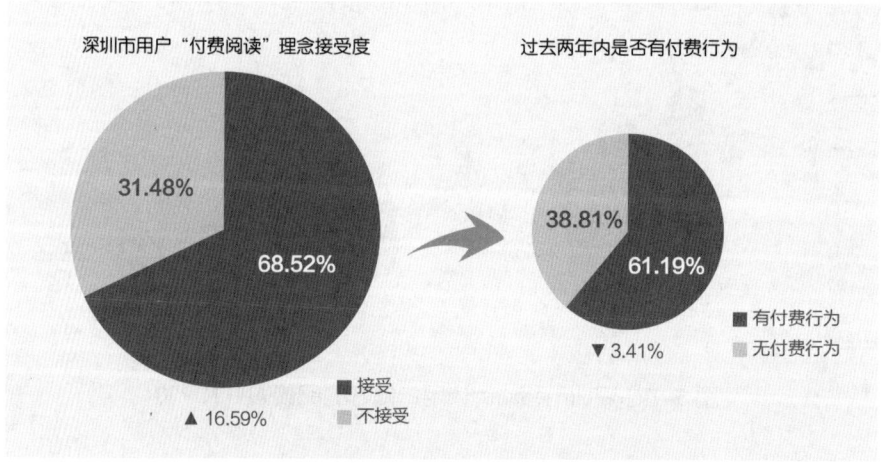

图 5-13　深圳市阅读用户付费理念与付费行为

图 5-14　深圳市数字阅读用户使用场景

(五)用户未来期望

在用户未来期望上,当前深圳市阅读用户对线上阅读的满意度较低,对未来的新期待集中在优质内容、免费、阅读体验方面。另外,从传统纸质书向数字阅读的转化初见成效,不会选择电子书的用户大幅下降,目前仅有 15.44% 的用户明确表示不会选择电子书。用户对于内容创作的参与度不高,对工作学习类、提升见闻类内容需求更高,用户收入和学历高低与工作学习类、提升见闻类阅读需求强度成正比,男性用户偏向于工作学习类的阅读,而女性用户偏向于计划性阅读类。

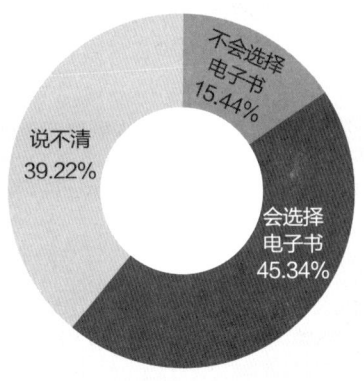

图 5-15 深圳市纸质书用户未来对电子书的阅读态度

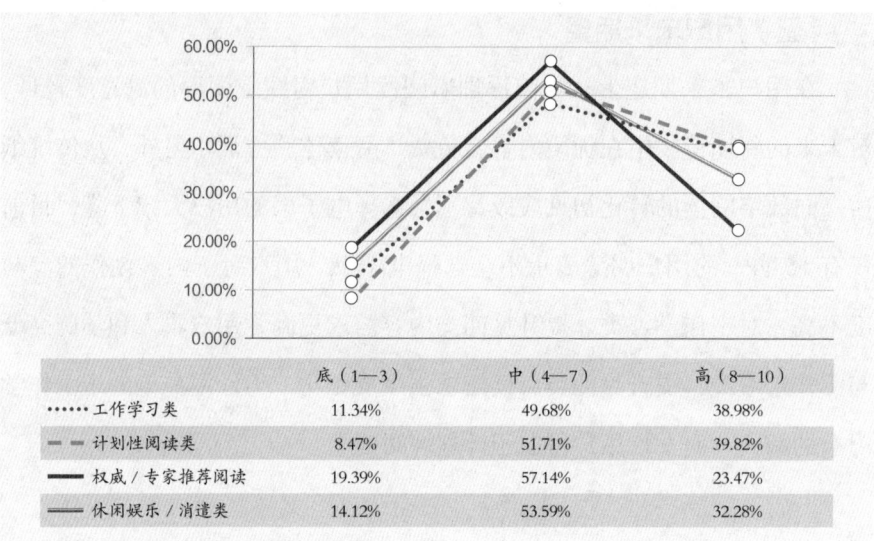

图 5-16　深圳市不同收入用户对不同类型内容阅读需求

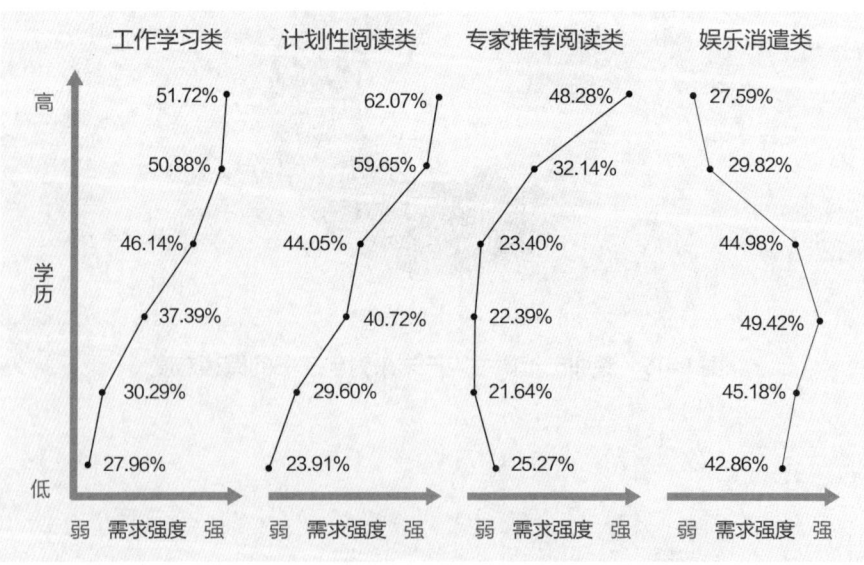

图 5-17　深圳市不同学历的用户对不同阅读内容的需求度

（六）深圳各区数字阅读排行

为更好地评价深圳各区数字阅读情况，报告设立了不同的数字阅读评价排行，从综合指数来看，宝安区、龙华区、光明区为深圳数字阅读分数排名最高的三大区域，综合指数得分分别为 82.55 分、65.63 分、56.99 分。在付费指数排行榜上，福田区、龙华区、南山区是付费指数排名最高的三个区域，得分分别为 77.81 分、67.16 分、65.72 分；付费意愿上，得分最高的前三名盐田区、南山区、福田区均为南部区域，这与其经济发展水平较高有一定的关联；在数字阅读用户活跃指数排行上，福田区、龙华区和罗湖区的用户表现得分最高，达到了 82.85 分、82.65 分以及 81.46 分，各区分数差异较小，说明深圳市整体数字阅读用户活跃，表现较好；在电子书阅读器发展指数排行榜上，坪山区、光明区以及南山区位列前三，分数分别为 86.46 分、80.39 分和 79.13 分，说明这三个区的用户更愿意通过使用电子书阅读器来提升阅读体验。根据各项得分，综合各区数字阅读产业和文化科技企业的发展情况，本报告认为南山区为年度最具成果区域。

表 5-5　深圳市十区数字阅读综合指数排行榜

排序	区域	总分
1	宝安	82.55
2	龙华	65.63
3	光明	56.99
4	龙岗	52.64
5	南山	48.76
6	福田	43.15
7	坪山	36.05
8	盐田	33.46
9	罗湖	30.63
10	大鹏	23.03

表 5-6　深圳市十区数字阅读综合指数排行榜

指标	指标释义	占比
渗透率	在所选时间段内，区域目标用户占所属地域活跃用户的比例。计算公式：某区数字阅读活跃用户规模 / 深圳市数字阅读活跃用户规模	40%
用户规模 / 万人	在所选时间段内，区域目标用户总体数量	20%
用户付费指数	在所选时间段内，根据各区用户在数字阅读领域的消费意愿、消费能力所得出的综合指数	20%
用户活跃指数	在所选时间段内，各区用户在数字阅读领域的活跃度以及用户黏性所得出的综合指数	20%

四、发展建议

根据研究结果，本报告最后对深圳各区数字阅读产业的发展提出了相关建议：

（一）福田区

福田区用户拥有最高的付费意愿，同时也拥有最高的消费水平。在未来，应在福田区专注推广高端以及精品的内容和服务，以达到更高的付费转化率。

（二）罗湖区

罗湖区用户的活跃度较高，但是有相对低的付费意愿。考虑到罗湖区用户较高的消费水平，在未来应该推出更多吸引用户的内容，实现付费转化率的提高。

（三）盐田区

因为盐田区自身产业结构的原因，人口流动性较高，所以"一日游"的用户占比较高。未来可以推出更多关于当地旅游的内容来增加数字阅读用户。

（四）南山区

南山区用户对于内容的偏好较分散。建议利用区内高校的优势，推出更吸引学生和青年群体的内容及服务，从而带动区内整体数字阅读水平的上升。

（五）宝安区

宝安区是深圳市人口规模最大的区，数字阅读基础良好。由于具有产业集中的优势，用户拥有一定的消费能力。如果能为宝安区用户提供更有吸引力的内容，其付费转化率提升的潜力可观。

（六）龙岗区

龙岗区拥有庞大的人口规模，集中了一批优秀的传统和高新产业。但其数字阅读用户付费意愿较低，需要更多优质的内容来吸引用户，提高付费转化率。

（七）龙华区

龙华区数字阅读用户在活跃度和付费指数上表现亮眼，但在电子书阅读的发展上排名并不理想。考虑到龙华区用户较高的消费水平，可以在龙华区尝试推动电子书阅读器的消费。

（八）坪山区

坪山区作为发展建设中的地区，在电子书阅读器发展方面表现亮眼。可以看出对于阅读有较高兴趣的头部人群的数字阅读能力较强。

（九）光明区

光明区拥有独特的区位优势和最高的数字阅读用户占比。但该区用户的付费意愿以及活跃度都不高，可考虑在价格和内容方面寻找突破口。

(十)大鹏新区

大鹏新区人口基数小,数字阅读发展相对较弱,可考虑给予更多政策支持,响应国家推进"全民阅读"的号召。

王文涛,时任深圳市华文国际传媒有限公司总经理

全民阅读背景下，有声阅读的价值思考

宋斌 杨柳

听书正成为主流阅读方式。据第十五次全国国民阅读调查数据显示，我国两成以上国民有听书习惯。有声阅读因其海量、便携、随时收听的阅读属性，在扩大阅读群体（降低阅读门槛）、吸引年轻读者、培养阅读习惯方面起到了重要作用，业已成为推动全民阅读的重要因素。

随着行业业态成熟，有声阅读的外延更加丰富、价值及功能更加清晰，但是步入发展新阶段，有声阅读也面临一定瓶颈和挑战。面对未来，有必要形成行业共识，继续助力全民阅读纵深发展。

一、有声阅读行业发展现状

（一）有声阅读外延扩展

有声读物作为当下主流的阅读方式之一，延伸出了更多表现形态。狭义的有声阅读指有声读物，包括小说、出版物、故事、绘本等纸质阅读载体的有声版本；广义的有声阅读则突破了实体书籍的载体限制，涵盖了以声音为主的有声节目形态，包括电台节目、知识音频、相声评书、广播剧等多种类型，而每一种类型则有独特的制作流程及品质标准。

内容层面的扩展，直接影响了有声阅读平台的内容布局。打造更为完整的内容矩阵，提升平台的综合实力，成为各平台主要发力方向之一。以懒人听书为例，作为国内最早进入有声阅读领域的平台之一，经过 7 年运营，线上已累计数万本精品有声书资源，13 个大类、115 个小类，构建起明显的行业品类优势，随着用户需求多元化，懒人听书持续扩充有声产品矩阵，打造"有声图书馆"，满足用户的"全品类收听需求"，取得了稳定上升的收听效果。

（二）生产模式 PUGC 互补

目前有声阅读平台的生产模式主要有 PGC（专业生产）、UGC（用户生产）以及两者互补的 PUGC 模式。PGC 的专业性体现在录制、后期各个环节的专业团队制作；依据大数据精准定位用户需求，内容和用户需求严格匹配。UGC 模式在平台建设初期吸引大量用户参与并带来海量声音内容，形成了百花齐放的局面，但由于开放用户自行录制、上传声音文件渠道，存在侵权风险。随着行业版权意识加强，业内形成了两者互补的 PUGC 模式，一方面保证平台有声内容的专业性，规范版权，树立品牌；另一方面开放 UGC 权限，保留用户在有声节目制作上的自由度、内容的丰富性，以及互动沟通的声音社交属性，满足多渠道的传播需求。

（三）盈利模式更多元

随着内容付费兴起，平台的盈利结构更为多元。在内容付费及会员模式兴起之前，各平台盈利主要以提供流量价值的广告收入为主，但随着版权意识的提升，内容付费的东风为行业创造了新的增长点。懒人听书自 2016 年 7 月开启精品有声书付费，率先成为业内连续盈利的企业。2018

年付费收入达 2.5 亿元，未来，随着用户付费习惯的进一步养成，粉丝经济（打赏）的成熟，将给平台带来更多元的营收模式。

（四）收听场景更丰富

全媒体时代下，有声阅读的分发载体也呈现出多样化，大型流量平台、移动车载系统、智能穿戴设备、智能家居设备等智能硬件，都成为有声阅读与用户的重要接触点，听书载体不再局限于手机。向智能硬件中植入有声资源，可以进一步拓展阅读场景；搭载同步数据、断点续传、智能推送技术，则进一步打通了通勤、开车、运动、做家务等移动场景的阅读体验，实现无缝切换收听。万物互联时代的到来，有声阅读将更好地满足用户在碎片化场景下的阅读需求。这也是懒人听书打造内容生态的重要环节，通过和比亚迪、天猫精灵、腾讯叮当、京东智能等移动硬件厂商合作，定制适配有声产品，完善内容分发渠道，从而扩展更广阔的市场。

二、全场景时代，有声阅读价值属性突显

有声阅读的全场景覆盖，也让有声阅读发挥了更多维度的价值。

（一）经济价值

1. 提振阅读市场

据《2017 年度数字阅读白皮书》显示，2017 年我国数字阅读市场规模达到 152 亿元，同比增长 26.7%；其中，有声阅读市场规模占到 40.6 亿元，同比增长 39.7%，涨势强劲。有声书已超越电子书成为出版增速第一

的板块。

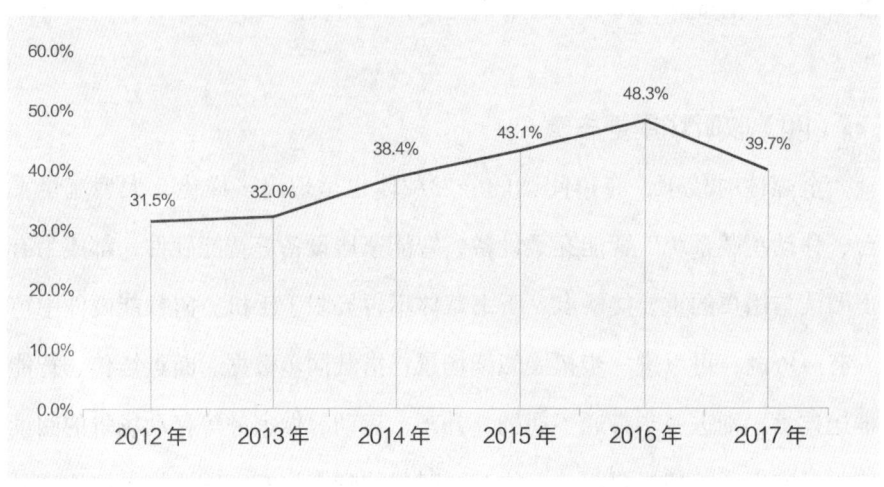

图 5-18　中国有声阅读市场规模及增长速度

2. 引入年轻读者，扩充用户体量

有声阅读创造性地让不读书的人开始读书，将"新消费者"引入阅读市场。另外，由于听书群体的年轻化，有声阅读市场潜力无限。据艾媒咨询发布的《2018 中国有声书市场专题研究报告》显示，超过 63% 的有声书用户是 30 岁以下的年轻人，超三成受访网友则表示未来阅读将首选有声书。由此可见，有声阅读市场的潜力尚待进一步挖掘。

3. 内容付费创造新的增长点

有声阅读的主流用户群为 80 后、90 后以及更年轻的群体，这波用户随互联网成长，有更为多元的文化娱乐需求，也是内容付费的主力军。随着用户停留时间越来越长，对内容付费的接受程度不断提高，"听书"市场无限。懒人听书数据显示，平台日均活跃用户的平均使用时长高达 180 分钟/天。如此之高的接触时长，将进一步刺激用户的需求增加，而需求的持续增长以及多样化，也将促进有声阅读在音频化、内容分发等环节作出创新，为行业创造更多机遇。

（二）文化价值

1. 弘扬优质传统文化

作为阅读发生的直接环节，除满足用户的娱乐需求之外，有声内容的文化功能也日益突显。通过其文化含量、价值导向、声音品质以及艺术审美属性的提升，可以为推动中华优秀文化传承和发展发挥积极作用。

以懒人听书为例，在获得C轮融资之后，进一步提升了平台文化属性，先后引进了《活着》《远山淡影》《围城》《今日简史》《红星照耀中国》《激荡十年》等经典出版物作品，让平台用户在休闲娱乐之余，获得更多的成长性。就付费表现来看，平台用户对优质出版物同样感兴趣。自2016年7月开始付费以来，出版物付费收入在2017年增长率突飞猛进，高达819%；而2018年的增长率为50%。

另一方面，一些经典的传统文学作品，通过有声化，增加趣味性，降低了阅读门槛，起到了文化传播的作用。比如经典国学、诗词歌赋等通过音频化，适合儿童反复收听，从而起到艺术熏陶的作用；原本艰涩难懂的经典文学，经过主播的特色演绎和解读，让内容"轻量化"，也得到了更好的推广。以懒人听书2018年声咖评选为例，以评书方式播讲经典文学节目，以及以对话形式解读名著的《趣解西游记》等，因为符合年轻人风格偏好，成为平台广受好评的有声节目。同时，有声阅读平台的社交属性，打破了传统的单向获取知识的传播路径，适合众听友互动交流，向外分享，长期看来，有利于经典文学更好地传播。

2. 促进文化交流与共荣

借助新有声载体，国内精彩的文化内容也走向海外，引领潮流甚至引发研究。金庸小说作为成熟的文化品牌，其有声书籍的发行，与影视作品一起，加大了中国文化在国际文化圈的影响力。2018年，由东阳娱乐出品的《延禧攻略》在海外播出覆盖超过七十个国家，YouTube单集点击量已近百万，创下了2018年华语剧点击量的最好成绩，与此同时，东阳娱乐也借此机会切入有声阅读，借影视剧热度拓宽了中国文化出海的途径，帮助文化输出建立起长期渠道。

与此同时，国内有声阅读平台也积极引进一批国外优质作品，满足国内用户更多元的跨文化收听需求。懒人听书在2018年先后引进全球顶级IP《权力的游戏》《沙丘》，以及获得过诺贝尔文学奖的作者石黑一雄的系列作品有声版等。

（三）社会价值

1. 补充改善阅读环境

有声阅读资源丰富、使用便捷，突破时空限制，人们的阅读场所更加随心所欲，这也契合了互联网时代碎片化阅读的特质。通过技术实现了随时随地阅读，创造出更友好的阅读关爱氛围，无形中改善了以纸质书、电子书为主的传统阅读环境，是阅读环境有益的补充。

2. 促进阅读权益均等化

视障人士、老人、阅读障碍患者等缺乏文本阅读能力的群体，以及受限于社会经济条件、缺乏阅读条件的群体，也是有声阅读受益群体。数据显示，目前我国视障人士总量达1732万人。信息爆炸的互联网时代，视障人士面临严重"书荒"，市面上九成以上书籍格式不适合视障人士阅读，有声阅读通过改换阅读介质，大幅增加视障人士可获取的阅读资源数量，降低视障人士获取阅读资源的难度，切实改善了视障人群等阅读少数群体的阅读现状。

同时，借助丰富的品牌及运营活动，有声阅读平台在推广有声阅读、深化全民阅读方面能发挥更大影响力和号召力。通过有声阅读＋公益的尝试，让耳朵经济发挥更大的社会效益。2019年初，懒人听书携手阅文集团，通过"扬帆捐书计划"，向贫困地区儿童捐赠优质课外读物，为推动我国教育均衡发展提供了重要助力。

三、有声阅读行业面临的问题及对策

任何行业的发展都是机遇与挑战并存，国内有声阅读行业在经历一轮用户规模剧增之后，用户增长趋于饱和，进入新的发展期，转向对用户更深度需求的挖掘，专注用户有限时间的存量竞争。归根结底，还是优质内容和版权上的竞争。在"内容为王"的有声阅读领域，大家将直面以下这些问题：

（一）平台内容同质化

发展初期，各大平台在版权资源上求多求全，以期尽量多地覆盖受众群体，加上制播标准尚不清晰，导致有声作品水平良莠不齐，优质作品仍然稀缺。在版权之争告一段落后，未来要考虑的是如何在同质化现状中寻求突破。

对策一：加大平台内容策划能力，头部作品IP化运作，提升平台品牌属性。 进入新阶段，内容仍是核心竞争力。在"二八定律"下，头部作品、精品内容仍将直接影响有声阅读平台收入。提升平台内容策划能力，通过 IP 化运作，强化平台品牌属性显得尤为重要。《文艺之声》主任编辑叶咏梅认为，经典作品对于有声平台必不可少，经典作品形成规模和影响力，就一定会打响品牌。

IP 化运作还包括联合产业链上下游共同打造优质 IP，比如和阅读、动漫、影视的联动，深度参与到项目的有声化改编和后续运营推广分发过程中；自主挖掘培养 IP 作品，加大签约优质作者和播音的力度，向版权源头延伸。

对策二：探索声音的价值。有声阅读的长期发展离不开对声音价值的挖掘。不仅仅是全行业制播标准的提升，还包括研究声音的特质，让作品形态去适应声音的传播特质，形成表达更简单、（理解）门槛更低的内容产品。在资深出版人黎遥看来，目前在有声阅读领域，符合声音逻辑的作品还尚未出现。

因此，业内还需要进一步打磨有声产品形态：让需要思考的读物轻量化；使精简凝练的历史典故更丰满；用声音去填补虚构类的作品想象空间，创造独特听觉体验。这不仅对平台内容运营，也对播音从业者提出了更高的要求。头部企业在声音价值挖掘这一块陆续发力。懒人听书在北京、深圳、沈阳三地设立创作基地，搭建专业主播团队。目前，懒人听书的自有播音团队，每月能产出音频时长达 20000 小时，强大的生产能力，在内容上抢占了时间优势。借助影视剧热度，《大江大河》有声版上线懒人听书后，也在短短数日跻身精品出版物热播榜榜首，用耳朵追剧也日渐成为一种新的娱乐方式。

对策三：细分市场，多线开花。通过切入细分市场，深耕有声阅读细分领域，打磨内容产品，也成为各平台差异化竞争的方向之一。考虑到用户的成长性，儿童市场以及教育领域都是值得深入的长尾市场，儿童音频作为新的细分品类,正在成为新的流量担当和新的收入支柱之一,付费率不断攀升。基于此,在2018年底懒人听书推出芽芽故事APP,专门面向3—8岁儿童提供启蒙教育音频服务,上线仅两个月,注册用户突破6万。

事实上,儿童早教并非是一个新的市场。由于二孩政策的放开,父母群体的付费意愿提高,从2010年到2018年,中国儿童早教市场已从620亿元飙升到3000亿元,并且还在持续加速增长。新的媒介形式为儿童成长提供了便捷。通过对绘本、故事、知识的有声化、交互化,可以激发儿童阅读兴趣,培养阅读习惯,而更好地提升用户阅读体验、学习效果也是整个行业共同的追求。

(二)版权隐患,UGC生产,侵权风险

基于UGC模式,用户自行创作音频内容存在一定的侵权风险,同时由于网络平台的开放性,也面临着盗版风险,对平台盈利造成极大冲击,内容付费模式的成功离不开完善的版权环境。因此,各大平台加强在版权管理方面的投入。

一方面,需要有声平台强化自身责任意识,规范有声读物授权环节,UGC环节加强自纠自查,维护自身利益;另一方面,提升平台用户版权意识,提升认证审核标准。出于强烈的内容版权意识,懒人听书现已建立一整套版权保护机制:对上线的书籍严格审查版权链和相关权益;平台内积极开展自查自纠,主动下架有版权风险的作品;主动进行权利声明,并配合其他平台方做好版权保护;开设版权投诉和下架通道,及时沟通处理第三方版权诉求。

同时,深度开发有声书版权的衍生价值,以IP授权的方式延伸至其他领域,也有助于系统性地解决版权保护—生产—确权—分发—利益分

享的问题。

四、结语

阅读是属于每个人的美好权利，有声阅读的技术属性，让阅读权益均等化成为可能。基于移动车载、智能穿戴、智能家居等移动终端的发展，以及 AI 互动技术的成熟，未来有声阅读在收听场所的丰富性、内容推送的精准程度以及用户覆盖面上还将进一步扩展。在全媒体、全场景、全数据、全局观的阅读环境下，老人、小孩、青年人……随时随地都能听到自己喜欢的内容，享受精神愉悦、获取知识，实现自我提升，这些关于阅读的想象正在一天天实现。

在此之前，需要政府、行业、社会各方面的共同参与。尤其是有声阅读行业从业者这些御风之人，要秉承命运共同体的意识，在一个动态发展的行业生态圈内，彼此赋能，合作共赢。作为有声阅读的代表企业，懒人听书将继续以倡导有声阅读为己任，提升有声书品质，耐心培育市场，在创作—版权—生产—分发的环节稳步发展，以开放的姿态与整个文化、娱乐产业加速融合，让阅读这一项古老的传承人类智慧的形式，在新的时代不辱使命，让阅读的魅力平等惠及更多人，助力早日实现全民阅读。

宋斌，懒人听书 APP 创始人兼 CEO

杨柳，懒人听书品牌公关

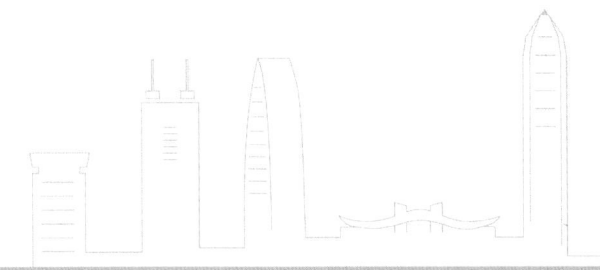

图书馆研究

深圳全民阅读
发展报告
2019

2019年深圳"图书馆之城"阅读报告

深圳图书情报学会 深圳图书馆

一、近千个各类图书馆遍布全市所有街区

1. 650个公共图书馆与295个自助图书馆覆盖全市

截至2018年底,深圳共有公共图书馆650个,其中市级图书馆3个,区级图书馆9个,街道及以下基层图书馆638个,与295个各类自助图书馆(包含城市街区自助图书馆244台、24小时书香亭51台)共同形成了覆盖全市所有街区的公共图书馆网络体系。

2. 年度全市实体文献外借量达1369.67万册次,同比增加7.61%

全市累计持证读者达到246.72万人。2018年全市各馆进馆人次达到2953.79万人次,同比增长4.50%;实体文献外借量为1369.67万册次,同比增长7.61%。各级公共图书馆共举办各类活动1.43万场,同比增长11.43%。

3. 全市图书馆网站访问量达2207.31万页次,数字资源利用增长迅速

2018年,全市各级公共图书馆网站访问量达到2207.31万页次,同比

增长 8.76%，其中深圳图书馆数字资源馆外访问达 80.34 万人次，占本馆数字资源总访问量的 97%，同比增长 20.7%。

"深圳文献港"汇集了深圳图书馆、深圳大学城图书馆、深圳大学图书馆、深圳职业技术学院图书馆、南方科技大学图书馆和香港中文大学（深圳）图书馆丰富的馆藏资源，2018 年门户网站访问量为 2873.06 万页次。

二、统一服务公益大平台成为市民阅读主阵地

截至 2018 年底，全市 307 家公共图书馆、244 个城市街区自助图书馆和 51 台 24 小时书香亭加入"图书馆之城"统一服务，一证通行、通借通还，范围进一步扩大。

1. 统一服务占全市公共图书馆外借量 94.37%

（1）"图书馆之城"统一服务平台文献外借量逐年增长。2018 年新增办证读者 23.13 万人，外借量达 1292.51 万册次，同比增长 4.51%，占全市所有公共图书馆外借量的 94.37%。

（2）2018 年，28.8 万读者在 2 家以上图书馆借阅过文献，占比 53.88%；2.79 万名读者在 5 家以上图书馆借阅过文献，占比 5.22%；926 位读者在 10 家以上图书馆借阅过文献，占比 0.17%。

（3）"图书馆之城"统一服务异地还书量逐年上升。2018 年统一服务异地还书量达 166.78 万册次，同比增长 17.63%，占还书总量的 16.74%。

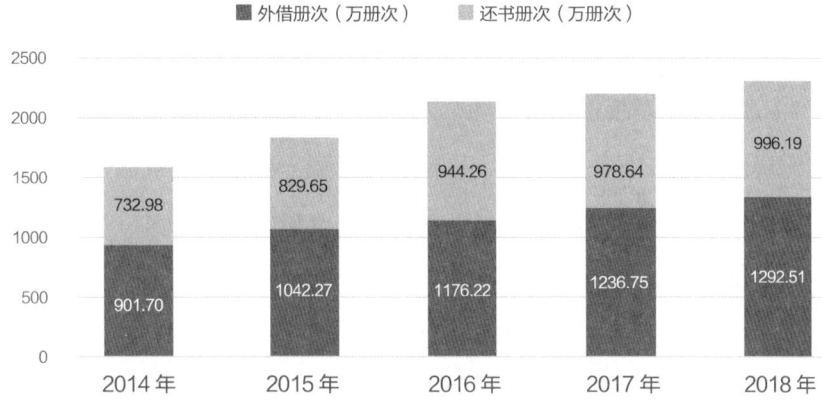

图 6-1　2014—2018 年深圳"图书馆之城"统一服务文献借还量对比

2. 年度外借量最多的读者借阅 1500 册书刊

（1）2018 年，"图书馆之城"统一服务平台外借读者人均外借量达 24.18 册次，其中男性读者是女性读者的 1.36 倍。

（2）年度外借文献 12 册以上的读者达 26.19 万人，占外借读者人数

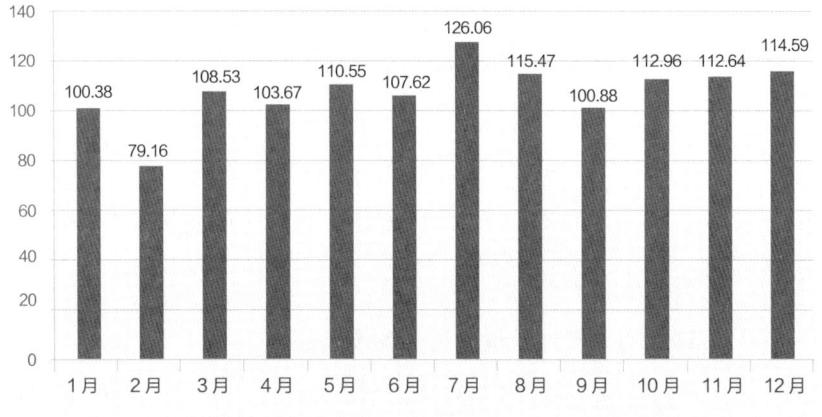

图 6-2　2018 年深圳"图书馆之城"统一服务平台各月外借量对比

的 49%；年度外借文献 48 册以上的读者达 7.83 万人，占 14.64%；年度外借文献 100 册以上的读者达 2.25 万人，占比 4.2%。

（3）各月份借阅量比较均衡，7 月进入暑期，读者借阅量最大，超过 120 万册次。

（4）每天 16:00—16:59 是图书馆馆舍借书最繁忙的时段。一天中读者喜欢到馆舍借书的时间主要集中在 11:00—11:59 和 15:00—17:59。

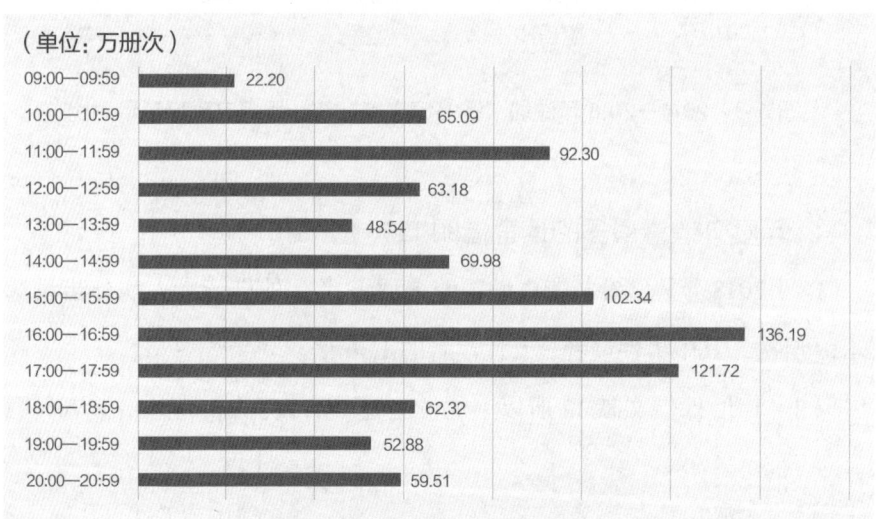

图 6-3　2018 年深圳"图书馆之城"
统一服务平台图书馆馆舍读者外借文献时段分析

（5）每天 20:00—20:59 是城市街区自助图书馆借书最繁忙的时段。一天中读者喜欢利用城市街区自助图书馆借书的时间主要集中在 18:00—21:59。

（6）93.57% 的文献外借量通过自助设备完成。

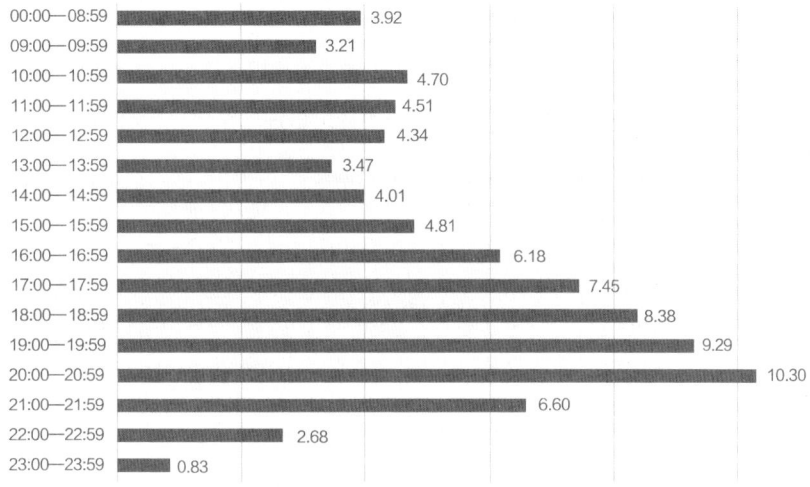

图 6-4 2018 年城市街区自助图书馆读者外借文献时段分析

（7）读者续借图书首选移动平台（含各馆微信公众号、支付宝城市服务、图书馆移动网站、深圳文献港等），占比 68.47%；其次是利用 PC 端登录图书馆网站，占比 20.29%；到馆舍办理续借，占比 6.58%；拨打图书馆服务电话或发送短信，占比 2.86%。

3. 19—35 岁青年读者占比达 56%

（1）0—13 岁儿童读者占有效持证读者总数的 4.91%，外借量占总外借量的 13.21%，同比增长 23.06%。

（2）14—18 岁少年读者占有效持证读者总数的 2.62%，外借人数占同一年龄段有效持证读者的 42.37%，仅次于儿童。

（3）19—35 岁青年读者占有效持证读者总数的 56.10%，外借文献 594.99 万册次，居外借量排行榜第一；36—60 岁中年读者占有效持证读者总数的 27.57%，外借文献 462.25 万册次，排名第二。

（4）60 岁以上老年读者占有效持证读者总数的 1.76%，但发生外借行为的读者人均借阅量达 33.94 册，位列第一。

表 6-1 各年龄段外借数占比（不含非居民身份证注册读者外借数据）

各年龄段	累积有效持证读者 / 人	各年龄段读者占比	外借读者人数 / 人	外借册次 / 册	外借册次占比
儿童（0—13 岁）	96225	4.91%	53510	1707792	13.21%
少年（14—18 岁）	51265	2.62%	21721	338885	2.62%
青年（19—35 岁）	1099560	56.10%	302548	5949904	46.03%
中年（36—60 岁）	540453	27.57%	148381	4622503	35.76%
老年（60 岁以上）	34458	1.76%	7970	270527	2.09%

4. 读者阅读喜好：科幻小说热度上涨，名家经典稳居前列

（1）《三体》年度热搜 3.46 万次

2018 年，《三体》以 3.46 万的热搜次数荣登图书馆网站 OPAC（联机公共目录查询系统）关键词搜索排行榜榜首，由 2017 年的第六提升至第一，说明科幻题材的小说受到越来越多读者追捧；《平凡的世界》由 2017 年的第三上升至第二；《哈利·波特》魔幻小说之经典首次进入热搜前三；《活着》《红楼梦》《人类简史》以及"东野圭吾"等名家经典则一直是读者关注的热点。

表 6-2 2018 年深圳"图书馆之城"关键词搜索 top15

排名	搜索次数	名称
1	34558	三体
2	29790	平凡的世界
3	24104	哈利波特
4	23708	活着
5	21953	红楼梦
6	20500	人类简史
7	18666	西游记
8	18210	三国演义
9	17830	斗罗大陆

续表

排名	搜索次数	名称
10	17033	原则
11	16410	围城
12	16032	东野圭吾
13	13975	JAVA
14	13871	白夜行
15	13863	心理学

（2）"南书房家庭经典阅读书目"推荐图书借阅量持续上升，累计总外借量超过 63 万册次（以下图书不限版本）

越来越多的读者借阅"南书房家庭经典阅读书目"推荐图书。2014—2018 年，"南书房家庭经典阅读书目"150 种推荐图书累计总外借量达 63.03 万册次，比推荐前 5 年（2009—2013 年）增长 155.63%。其中文学类著作最受热捧，占总外借量 78%。

2014 年初，深圳图书馆联合中国图书馆学会阅读推广委员会，开展"南书房家庭经典阅读书目"推荐活动，旨在向广大读者推荐适合当今中国家庭阅读与收藏的经典著作，鼓励、帮助家庭建立自己的经典阅读书架。书目于每年"4·23"世界读书日发布，至 2018 年已连续发布 5 期，累计推荐 150 种古今中外经典图书。

表 6-3 "南书房家庭经典阅读书目"150 种推荐图书 2018 年借阅量 TOP10

排名	图书名称	借阅量/册
1	西游记/（明）吴承恩著	13352
2	红楼梦/（清）曹雪芹著	12431
3	三国演义/（明）罗贯中著	10994
4	昆虫记/（法）法布尔著	9728
5	水浒传/（明）施耐庵著	9379
6	伊索寓言/（古希腊）伊索著	6478
7	鲁滨孙漂流记/（英）丹尼尔·笛福著	6318
8	简·爱/（英）夏洛蒂·勃朗特著	6063
9	老人与海/（美）海明威著	5848
10	父与子全集/（德）卜劳恩著	5828

表6–4 "南书房家庭经典阅读书目"150种推荐图书2018年借阅量增幅TOP10

排名	图书名称	借阅次数
1	格古要论/(明)曹昭著	2100.00%
2	诗品译注/(梁)钟嵘著	700.00%
3	蒙田随笔全集/(法)米歇尔·德·蒙田著	532.00%
4	尚书译注/李民、王健撰	360.00%
5	海军战略/(美)艾·塞·马汉著	328.57%
6	历史研究/(英)阿诺德·汤因比著	271.43%
7	汪曾祺集/汪曾祺著	221.57%
8	传习录注疏/(明)王阳明撰,邓艾民注	184.91%
9	陶渊明集/(晋)陶渊明著,逯钦立校注	150.00%
10	守夜人:余光中诗歌自选集/余光中著	150.00%

(3)图书分类外借排行榜中,文学、工业技术、经济、文化科学教育体育、历史地理、艺术、哲学宗教、语言文字等类别长期位居前列。

(4)魔幻小说《哈利·波特与魔法石》居儿童借阅榜榜首,《窗边的小豆豆》依然是孩子们的最爱,位列第二;刘慈欣的《三体》风靡中青年读者;老年读者较喜欢文学、传记、摄影类图书;读者数字资源阅读量日益增长,涉猎内容较广泛。

表6–5 2018年儿童读者借阅TOP10

排名	图书名称	借阅次数
1	哈利·波特与魔法石/(英)J·K·罗琳著	377
2	窗边的小豆豆/(日)黑柳彻子著	360
3	忠诚的流浪狗/杨红樱著	278
4	转动时光的伞/杨红樱著	252
5	寻找大熊猫/杨红樱著	247
6	一头灵魂出窍的猪/杨红樱著	247
7	同桌冤家/伍美珍著	247
8	小英雄和芭蕾公主/杨红樱著	246
9	袁隆隆老师/杨红樱著	245
10	四个调皮蛋/杨红樱著	240

表6-6　2018年中青年男性读者借阅TOP10

排名	图书名称	借阅次数
1	三体/刘慈欣著	1341
2	人类简史/（以色列）尤瓦尔·赫拉利著	786
3	未来简史/（以色列）尤瓦尔·赫拉利著	706
4	解忧杂货店/（日）东野圭吾著	638
5	原则/（美）瑞·达利欧著	502
6	思考，快与慢/（美）丹尼尔·卡尼曼著	454
7	追风筝的人/（美）卡勒德·胡赛尼著	443
8	激荡十年，水大鱼大/吴晓波著	425
9	窗边的小豆豆/（日）黑柳彻子著	424
10	腾讯传：1998-2016中国互联网公司进化论/吴晓波著	417

表6-7　2018年中青年女性读者借阅TOP10

排名	图书名称	借阅次数
1	解忧杂货店/（日）东野圭吾著	1421
2	三体/刘慈欣著	1379
3	目送/龙应台著	1288
4	无声告白/（美）伍绮诗著	1236
5	追风筝的人/（美）卡勒德·胡赛尼著	1090
6	窗边的小豆豆/（日）黑柳彻子著	903
7	姿势跑法：跑得更快，更有效率，不受伤的跑步方法/（美）尼可拉斯·罗曼诺夫著	876
8	京城老片儿警/吴昆著	863
9	摆渡人/（英）克莱儿·麦克福尔著	857
10	偷影子的人/（法）马克·李维著	841

表6-8　2018年老年读者借阅TOP10

排名	图书名称	借阅次数
1	余罪：我的刑侦笔记/常书欣著	159
2	纪委书记/罗晓著	62
3	广东通志/阮元主修，梁中民校点	46
4	一号谍杀：一场杀机深伏的生死谍战/伍维平著	44
5	内线/常舒欣著	40
6	习近平的七年知青岁月/中央党校采访实录编辑室著	39
7	窗边的小豆豆/（日）黑柳彻子著	34
8	未来简史/（以色列）尤瓦尔·赫拉利著	34
9	我要学摄影：摄影用光与曝光精技/蓝调摄影工作室编著	33
10	Nikon D90数码单反摄影圣经/FUN视觉编著	33

表6-9 2018年深圳图书馆电子书阅读TOP10

排名	图书名称	点击量
1	我的超炫小说本：愿望派 / 伍美珍主编	1340
2	心情不好怎么办？ / 赵晓波编著	1256
3	未曾走过，怎会懂得：让青春不迷茫的人生法则 / 杨昌洪著	1213
4	广式靓汤 / 诺琳文化编著	1139
5	风景名胜百咏 / 徐春瑞、张森主编	1051
6	中国共产党解决"三农"问题的理论与实践 / 吴继轩、蔡乾和、金烨著	994
7	中国文化与中国的兵 / 雷海宗著	985
8	钢铁是怎样炼成的 / （苏）奥斯特洛夫斯基著	980
9	少年维特之烦恼 / （德）歌德著；潘子立译	977
10	西游记 / （明）吴承恩著	971

表6-10 2018年深圳图书馆数据库最受读者欢迎TOP10

排名	数据库名称（依据访问量排名）
1	中国知网
2	万方数据
3	读秀
4	书世界
5	维普期刊
6	北大法宝
7	书香深圳
8	万方医学网
9	皮书
10	Apabi 电子书

三、参与图书馆阅读推广活动人数达501万人次

1. 年度举办1.43万场阅读推广活动，同比增长11.43%

作为城市全民阅读的重要阵地，深圳"图书馆之城"成员馆高度重视阅读推广，2018年全市各级公共图书馆共举办各类活动1.43万场，同比增长11.43%，吸引了501万人次参与。

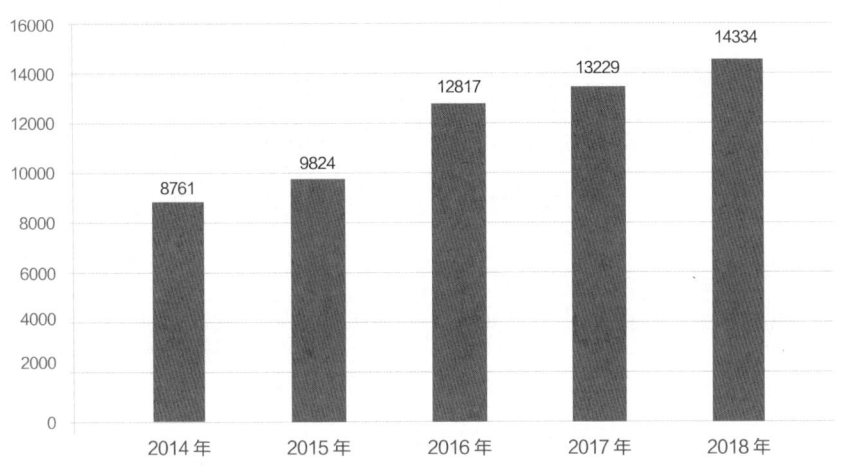

图6-5　2014—2018年深圳"图书馆之城"举办读者活动数量对比

2. 庆祝改革开放40周年,"40年·书影深圳"系列活动精彩纷呈

为庆祝改革开放40周年,由深圳市委宣传部、深圳市文体旅游局主办,深圳图书馆于"4·23"世界读书日正式启动"40年·书影深圳"系列活动。该活动贯穿全年,以"一部图书、两个展览、三个榜单(一个书目评选)、四项活动"等8项内容,多方位、多维度搜集、整理、挖掘、展示深圳改革开放的重要成果,凝聚社会共识,推动城市文化构建。

研究出版《深圳文献·深圳图书馆馆藏选目提要(1978—2018)》,首次全面梳理改革开放以来与深圳主题相关的优质文献,以书目、书影、提要等方式回顾总结,精选并集中呈现1978—2018年出版的深圳主题文献820种。联合深圳市社科院开展"40年·40本——记录深圳"书目评选活动,通过专家评选榜(TOP20)、图书馆行业榜(TOP10)、市民热读榜(TOP10)3个维度,评出最终入选书目,重温改革开放以来深圳的城市变革、社会发展与民生轶事。深圳读书月期间,举办"40年·40本——

记录深圳"入选图书展（1978—2018）和"40年·中国改革开放主题图书展"。

开展"我与深圳——说出你的故事"征集活动，依托"且停亭"面向全体市民征集深圳城市发展中的个人故事，历时7个月，共吸引来自各行各业、各个年龄层的市民887位，征集音频作品891条，涵盖青春、奋斗、亲情、友情、爱情、阅读等多个主题。活动并被央视纪录片摄制组选中采访拍摄。举行"40年·40本——记录深圳"入选图书暨"我与深圳——说出你的故事"大型分享会，入选图书作者与十佳讲述人上台分享各自的经历与故事，传递属于深圳的力量，为城市留下宝贵记忆。

举行"阅读·深圳"经典诗文朗诵会（改革开放40周年专场），邀请著名朗诵艺术家、主持人深情演绎改革开放主题的优秀文学作品。举办2018年来深青工知识竞赛（改革开放40周年专场），参赛队员和现场观众共同重温改革开放40年发生的重大历史事件，回顾文化、经济、生活等方面的变迁，展示新时代深圳的新面貌。

3. 图书馆区域联动，彰显阅读魅力
（1）"共读半小时"阅读活动，全省首次联动举行

2018年4月23日，由广东图书馆学会主办，广东图书馆学会阅读推广委员会、深圳图书情报学会阅读推广委员会及广东省各参与图书馆共同承办的"百馆荐书、全城共读"——"共读半小时"活动在广东省范围同步展开，各级各类图书馆积极响应，参与单位43家，共读点200个，遍布各种公共空间，参与人次逾万人，用充满仪式感的共读行为诠释"让阅读真正成为一种习惯"。

（2）"阅在深秋"公共读书活动，倡导全城体验阅读之美

2018年11月3日，"阅在深秋"公共读书活动在深圳图书馆水幕广场设下"阅读盛宴"，深圳13家公共图书馆、高校图书馆精心打造了15个各具特色的阅读区，活动以"体验阅读之美"为主题，向市民推荐阅读资源、提供阅读指导、宣传图书馆服务、展示图书馆风采，现场接待读者2.5万人次，微博、微信阅读量达8.4万人次，媒体报道40篇次。

四、创新服务提升市民阅读体验

1. 网上预借图书可以"快递到家"

读者通过网站、微信公众服务号、支付宝城市服务等渠道预借图书时，可选择"快递到家"便捷服务。2018年共有1.16万名读者选择快递到家，预借图书达2.15万册。

2. "文献转借"促进阅读分享

读者点击图书"转借"按钮生成图书二维码，通过微信或支付宝的"扫一扫"功能，扫描二维码，即可在读者之间直接实现文献流转，无需到图书馆或者自助设备办理借还手续，读者可便利分享阅读乐趣。2018年共有4.54万名读者转借图书11.7万册次。

3. 图书馆认证实现二维码读者证和扫码登录

读者使用"深圳图书馆|图书馆之城"微信服务号或支付宝城市服务—图书馆服务绑定读者证，即可生成专属二维码。该二维码可代替实

体读者证使用，完成图书借阅、上机操作等多项事务。同时，读者在使用图书馆自助设备或者登录"我的图书馆"时，可使用微信扫码功能实现快捷登录。2018年绑定二维码读者证达31.8万人，扫码登陆48万人次。

4. 移动支付，轻松搞定"钱"的事儿

读者使用微信或支付宝的"扫一扫"功能即可完成支付。2018年使用微信支付的读者达到25.54万人次，使用支付宝的读者为6.62万人次。

5. "新书直通车"你选我送，先阅为快

读者通过深圳图书馆网站、"深圳图书馆｜图书馆之城"微信服务号的"新书直通车"栏目，可浏览最新出版并经过专业筛选的中文图书，选中图书后可通过预借的"自取"或者"快递到家"方式获得。2018年共有6800名读者通过新书直通车方式预借新书3.31万册。

6. "虚拟读者证"上线，读者足不出户便可坐享海量资源

2018年10月底，虚拟读者证上线，"图书馆之城"进入"无证时代"。读者通过"深圳图书馆｜图书馆之城"微信服务号中的"在线实名认证"或"E证通"两种认证方式无需到馆即可在线申办。截至2018年底，仅两个月便有2117名读者办理虚拟读者证。

面向私人定制,探索开展个性化阅读规划服务

王冬阳

读者群可以划分为显性阅读需求读者群与隐性阅读需求读者群,帮助阅读需求仍未明朗的读者发现个性化阅读需求,并提供私人定制的阅读规划服务,体现了图书馆服务专业性的提升和职业素养,这一服务的系统开展将有利于吸引无数的潜在读者走进图书馆。而不管读者能否自主发现阅读需求,图书馆面向私人定制,开展个性化阅读规划参考服务,对所有读者而言都是需要的,将成为图书馆专业服务新的成长点。

事实上,阅读规划参考服务的初级阶段在图书馆日常服务中是存在的,只是停留在碎片化、简单化、松散性的日常咨询应答、代查代检、书目导读之中。针对读者简单描述的服务需求,图书馆提供知识含量极低的查询响应服务,附加少量无序的文献信息资源供应,处于低层次被动服务阶段,图书馆专业性在这其中的体现微乎其微,对读者的助益非常有限。

随着大数据技术、人工智能的发展,一方面可以借助人才学、心理学、行为科学对关于读者个性、兴趣、能力、价值、职业倾向的分析,并依托针对不同类型读者群体的阅读调查分析等,确定读者阅读需求类别;另一方面,在文献信息资源大数据构建方面,图书馆具有天然的专业条件,然而文献数据彼此孤立,不同媒介之间孤岛效应明显,只有通过数据挖掘、数据关联,使数据在内容上彼此衔接,为形成不同排列组合的文献

信息资源数据创造条件，才能形成服务读者阅读需求的数据优势。在以上两方面研究的同时，通过阅读学专家系统建立的专业知识管理系统和检索关联系统实现有效对接，并且依托管理信息系统的开发而形成普及优势，从而为广泛开展私人定制服务创造条件，这也将成为图书馆在人工智能时代与时俱进的重要举措，本文为此进行初步探讨。

为人找书：个性化阅读需求分析

为人找书，需要对人进行研究，这方面不是图书馆学自身的研究领域，主要通过人力资源管理学、人才学、心理学、行为科学、社会学和统计学等学科领域进行。做好为人找书的研究，需要结合以上学科，并与阅读学进行交叉研究，搞清楚"什么样的人适合读什么样的书"这样的问题。这方面问题的研究暂时未见系统的科学分析，也许正因为人是复杂的综合的人，所以这方面的研究目前只能通过对人性倾向进行测评，然后根据人员类别、个性倾向间接确定阅读需求，从而达到读者需求分析的目的，也是开展"对症下药"的定制服务的前提工作。

阅读因人而异，私人色彩深厚，带有显著的个性化标签，持续性的阅读会开发一个人自身明晰的阅读需求，关联性阅读越多，延伸性阅读需求也就会随之被开发出来。普通读者认识自身阅读需求经历了漫长的阅读时光，缺乏专业引导，经年累月夹杂着显性需求与隐性需求，或明或暗，若隐若显，半知半解。读者对自己阅读需求认知不明确，在阅读选择上举棋不定，随波逐流，从而在一定程度上影响了阅读效率。

当一个人在阅读上具备明确阅读需求后，阅读目标会更加明确，阅读选择会更有针对性，阅读效率和阅读素养会逐渐提升，帮助读者发现自己阅读需求的作用就在于此。开展阅读需求分析，能够帮助普通读者快速建立认知，解决阅读选择困难的问题。具体而言，开展阅读需求分析包括以下方法：（1）个人实况调查。根据读者自行提交的个人情况进行分析，按照年龄、性格、学历、职业、兴趣爱好等，有针对性地进行分众阅读需求分析。（2）专项阅读需求分析。针对读者明确提出的阅读要求进行扩展性分析，使读者需求更加全面和具体化。（3）个性兴趣能力价值职业倾向分析。前面两种方法根据读者个人的显性特征进行分析，使读者需求更加明晰，而针对读者的隐性特征进行测验，将其隐性阅读需求显性化，则是本方法希望实现的目标。

通过个性兴趣能力价值职业倾向分析确定读者阅读需求，主要的思路是利用测试量表对读者进行素质测试，为不能确定阅读需求的读者，将其隐性需求，通过分析转变为显性需求并提供有针对性的服务。引入读者素质测验服务，需要与心理学家、人力资源专家等合作，目前其实已经有各类成型的测验工具，比如利用卡特尔16种个性测验分析个性特征；利用职业兴趣测验确定读者属于现实型、企业型、研究型、社会型、艺术型、常规型等6种职业兴趣中的哪一种类型；此外还有管理能力测验、智力测验、气质测验和一般能力倾向测验等，有助于对读者素质类型进行系统分析，为向读者拟定阅读规划建议创造条件。在图书馆中引入这一服务，有利于帮助读者科学地发现自己的个性特征，掌握其优势和劣势，确定其发展志愿、找到学习方向，或为其进行职业规划创造条件，从而有助于开发其阅读需求，以便系统地进行阅读规划。

为书找人：结构化文献数据供给

图书馆资源建设和服务过程中产生了大量的数据，除了检索服务外，这些数据必须能够通过有效组合成为深入服务读者的数据才能产生数据优势。目前各大图书馆所发布的大数据主要是各类服务数据，实质性的资源数据是缺失的，这里所称的资源数据不是资源数量，而是文献信息资源之间基于一定逻辑关系能够科学生成、合理搭配、形成知识关联的组合数据，是能够满足读者个性化需求的、能够产生服务效益的数据。到目前为止，图书馆的大数据服务，主要是展示服务效益，暂未见到服务于读者并自身能够产生服务效益的数据。我们对数据服务的理解应该离不开这一层内涵，图书馆进行数据管理，开展数据服务需要进一步拓展。

图书馆通过数据管理，探索建立并持续维护结构化的文献大数据，根据读者需求科学调度，形成能够服务读者的科学的数据源，为建立"文献数据丛林"创造条件。现实中的"丛林"基于自然生态和生物生存需要，其生长分布是受自然规律支配的，其中交织着生态链和生物关系。图书馆中按照书目分类形成了序化的文献存储格局，一定程度上确立了合理的文献布局，方便使用，但也人为地割裂了文献组合关系。诚然，文献基于不同逻辑关系具有无数的组合方式，这便是在大数据时代，文献信息资源数据能够产生服务效益的基本属性，也是开展数据服务需要重点关注的数据内涵。构建"文献数据丛林"，需要面向文献信息资源内容开展知识关联和进行数据挖掘，从而也将图书馆知识服务引入内容层面的数据服务。而这里所称的内容层面，主要指文献之间的知识关联，并非完全深入文献内容，从而仍然属于图书馆学、文献学研究层面的范畴，却又有所拓展。

为读者提供一个个孤立的读本是低层次的服务，为读者提供基于馆员个人认知而组合的一批文献也是低效的服务。通过发现文献与文献之间的知识关联,建立文献关联组合,面对不同需求的读者提供科学组合的文献数据,并且能够进一步实现为读者开展阅读规划参考服务的目标,这是大数据时代,图书馆智能服务的新取向。利用海量的文献信息资源数据,针对读者个人知识与资源稀缺性的需求,为读者提供个性化阅读服务,充分应用大数据技术和人工智能技术,推动图书馆数据服务能力和服务效益的提升。

具体而言,图书馆应组建面向资源数据挖掘的专门的数据馆员队伍,同时应引入开放式的资源数据挖掘合作联盟,为开发资源数据服务。本文重点探索读者规划问题,在明晰读者阅读需求的前提下,提供结构化的文献信息资源数据,便体现一个图书馆的数据服务水平和专业性。围绕这一目标,需要开发的文献信息资源数据(简称"文献数据")主要包括:(1)来自各学科的文献数据和经典书目数据。人类知识的学科门类众多,关注、吸收并分析各学科的文献数据,离不开学科馆员卓有成效和持之以恒的工作。构建各学科的经典书目数据以及各学科内部主要科目文献数据是开展阅读规划服务的重要基础性工作。(2)来自行业和岗位的文献数据和代表性书目数据。与学科文献数据类似,本部分内容主要来自于行业分类和人力资源岗位分类所收集的数据,能够直接服务于各行业各岗位的读者。(3)来自不同人群的阅读需求和文献数据。这方面的数据主要来源于调查分析,面对不同年龄、性别、身份、宗教信仰、阶层等,所开展的阅读需求调查,能够整体反映分众阅读需求和阅读文献数据,这方面的数据各类组织会不定期展开调查,需要广泛收录。在条件允许的情况下,也可自行组织调查研究,揭示特定人群的阅读需求和文献数据。(4)各类图书馆在服务过程中利用各类型读者的阅读数据,通过聚类分析,可以反映特定读者群的阅读情况和使用的文献组合数据，经过提炼可以为类似读者提供参考。（5）各类图书排行榜、各大出版社图书出版与销量数据。（6）面向不同个性特征人群的阅读需求和文献数据。这一分类一言难尽，是精细化服务的发展方向，根据需要有针对性地进行服务挖掘和数据整合。以上数据的收集、管理与服务，基于归纳与演绎的逻辑关系，重点在于数据的广泛收集和揭示，结合读者个性化需求展开数据关联和信息匹配，实现为书找人。随着数据技术的进步和智能化水平的提升，也许还会出现更加便利的关联技术和揭示技术，从而实现更加多元化的书与人的供需匹配模式，对此我们拭目以待，然而这终归离不开数据的著录与合成，尤其是揭示文献之间知识组合关系的数据。

人工智能：阅读学专家系统建构

人工智能简单来说就是广泛收集人工知识进行组合输出达到智慧化服务的能力，专家系统在人工智能时代将得以更为深入地发展，其功能将实现更加优越的咨询服务，从而代替人类专家的工作，并能实现推广和普及，为广泛的社群和用户服务并使其获益。前文已对个性化阅读需求与结构化文献数据供给两大类别的研究模块进行了简约化分析，要转化为实然性的服务模式就必须建构阅读学专家系统，研制数据获取系统、数据处理系统、问题分析系统、知识获取系统和咨询诊断系统，才能实现服务功能。

阅读学专家系统模拟阅读学专家推理求解问题的过程，首先系统将个性化阅读需求分析工具植入其中，建立调查问卷、评价量表、评分指标等数据获取工具，能够获取用于分析所需的数据；接着通过数据运算分析模块开展数据处理，形成读者问题清单和需求数据，系统对应清单和数据，从文献数据库中抽取专家知识和经验，最后系统通过诊断，对专家知识和经验数据进行组织，产生针对读者个性化需求的结构化的文献数据，形成阅读规划方案，完成参考服务。

阅读学专家系统的建设需要建立统一规则，发展开放式的专家知识注入模式和规范化的审核模式实现共建功能，并保持持续的更新和维护机制。图书馆收集文献信息资源是永无止境的，阅读学专家系统的维护也是没有止境的。在阅读学专家系统发展比较成熟之后，可以产生简易的阅读学专家系统开发工具，供各类图书馆灵活方便使用。

目前图书馆的信息管理系统基于特定服务规则开展业务组织和数据管理，但远未达到专家系统的功能，这正是图书馆未来发展的潜力。随着大数据生产和管理的有效推进，以及智能化知识管理系统的开发，图书馆开展私人定制服务在大数据和人工智能时代将得以最终实现。

私人定制：图书馆价值输出升级

私人定制将实现图书馆服务价值输出的升级，是图书馆核心能力和核心价值的集中体现。私人定制体现图书馆人性化服务应用水平，体现了图书馆海量文献信息资源数据储备与读者个性化需求的服务协同能力和数据组织调动水平。基于前文分析，图书馆开展个性化阅读规划参考服务，其私人定制功能体现在以下几方面：（1）读者需求的显性化揭示和个性化分析；（2）针对读者需求类型输出符合要求设定的结构化的文献数据，涵盖图书馆学、文献学和阅读学等专家知识；（3）阅读规划方案的输出还可根据读者后期设定，既可以是延展性的也可以是精要性的，也包括不同类别或不同内容上的选择性输出，可设计生成不同排序组合模式的版本；（4）读者阅读规划方案中所列的文献信息资源可直接与图书馆中的资源进行链接，形成线上线下的数据关联，产生利用上的便利；（5）在系统生成阅读规划方案之后，读者还可以获得图书馆员一对一的交流和沟通，获得馆员专业指导和互动性交流。

综上所述，在新的时代里，图书馆需要提升成为数据的中心，既要成为文献信息资源内容数据的中心，也要成为文献信息资源关联数据和组合数据的中心，从而为开展新一层次的阅读规划服务创造条件，形成数据优势，实现新一轮的服务升级。在图书馆资源中心地位逐渐弱化的趋势下，资源数据的建构、分析挖掘、互动揭示和关联服务，将进一步提升图书馆成为阅读研究的中心，加之人工智能专家系统的研究与应用，读者个性化阅读需求和阅读规划参考服务的推出，私人定制服务将在图书馆公共文化空间价值优化的基础上，进一步助推图书馆成为"吸引人们阅读的中心"和"帮助人们阅读的中心"。

王冬阳，深圳图书馆副研究馆员

公共图书馆全民阅读活动实践与思考
——以深圳图书馆为例

戴晓颖

2014年,"全民阅读"首次被写入《政府工作报告》,反映了国家战略层面对全民阅读的重视。2016年《政府工作报告》中再次明确提出:倡导全民阅读,普及科学知识,提高国民素质和社会文明程度。阅读推广工作也已经成为现代图书馆的主要核心业务。公共图书馆作为现代公共文化服务体系的重要组成部分,在推动全民阅读工作中具有其他社会机构无法替代的作用,同时也具有不可推脱的社会责任。

深圳图书馆是市政府投资兴建的集大众化、数字化及研究型为一体的大型现代化公共图书馆,秉持"服务立馆、技术强馆、文化兴馆"的办馆理念,充分发挥深圳"图书馆之城"中心馆作用,致力于打造一流的城市文化综合体,提升市民素养和城市文化品质,是"文化深圳"的重要城市名片和标志。

一、深圳图书馆开展全民阅读活动情况

作为全民阅读的重要阵地,深圳图书馆专注于文明传承与文化耕耘,

以"激发阅读兴趣，展现知识魅力"为宗旨，秉持搭建共享交流平台、打造多元智慧空间、激发公众阅读兴趣、推动市民终生学习、涵养城市文化气质的阅读推广理念，紧扣阅读推广工作目标，聚焦经典阅读，弘扬优秀文化，体现阅读关爱，力求引领阅读风尚，彰显服务价值，开展全方位、多层次的全民阅读活动。

（一）打造新型文化空间，搭建思想文化交流平台

为大力推广全民阅读，营造良好的阅读氛围，充分发挥图书馆的空间和资源优势，近年来，深圳图书馆倾力打造了以"南书房"为代表的一系列新型文化空间。南书房：城市经典阅读空间。爱来吧：数字阅读体验与新媒体服务空间。讲读厅：公共教育学习空间。捐赠换书中心：全民阅读资源公共服务平台。深圳学派文献专区：学术资源展示与交流空间。世界文化区：国际文化宣传平台。创客空间：创意交流与实践空间。同时升级改造了少儿服务区、报告厅等原有阅读空间，设立读者讨论室，极大地丰富了图书馆的资源与服务形态，从不同角度满足了市民读者阅读、交流、创造与分享的需要，并依托新空间，举办了"深圳学人·南书房夜话"、"古籍保护系列活动"、"深圳市友好城市和友好交流城市推介展"、"学术百家"系列展览、"创客活动"、"深图公益培训课"等一系列具有深圳特色和广泛影响力的阅读品牌活动。

（二）倡导经典阅读，弘扬优秀文化

深圳图书馆通过构建经典阅读空间、编制发布书目、举办经典活动等方式，推动经典阅读，促进经典文化传播，弘扬古今中外优秀文化。深圳图书馆"十三五"发展规划（2016—2020）明确提出，阅读推广工作发展

的五大举措，第一项即为"倡导经典阅读，弘扬优秀传统文化"。

1. 深圳学人·南书房夜话

"深圳学人·南书房夜话"学术沙龙由深圳图书馆和深圳社会科学院联合主办，于 2014 年 11 月创办，半月一期。南书房夜话以各学科领域为依托，以深圳本土学人为主体，以现实问题为切入点，实现理论与实际、历史与现实、学者与大众的融合，观众读者自由参加并参与互动交流，致力于做到"全球视野、民族立场、时代精神、深圳表达"。时任深圳市委常委、宣传部部长王京生寄语南书房"成为深圳学人互相切磋、互相砥砺的文化圣地"。

南书房夜话按"季"推出，每季选取不同主题。截至 2019 年 1 月，南书房夜话共举办 6 季 90 期，邀请嘉宾 245 人次，参与读者超万人次。南书房夜话搭建起了学派文化的对话交流平台，成为深圳知名的公益文化品牌，得到深圳市宣传文化事业发展专项基金资助和《深圳商报·文化广场》的特别支持，定期专版专题全文报道，《光明日报》《晶报》等报纸媒体发表新闻、专题报道 141 篇次，累计超过 15 万字，并被广泛转载，各类新闻网站消息总计 958 条。为延展活动后续学习效力，对沙龙内容进行及时、高效的成果物化，已结集出版《儒学的返本开新》《儒学经典与现代阅读》《国学与诸子百家》《中国古典小说的世界》等。

2. "南书房家庭经典阅读书目"系列活动

为向广大读者推荐适合当今中国家庭阅读与收藏的经典著作，深圳图书馆于 2014 年初联合中国图书馆学会阅读推广委员会，集结业内专家开展"南书房家庭经典阅读书目"推荐活动，计划用 10 年时间，每年推荐 30 种经典书目，从而形成一般家庭经典书架的基本容量。"南书房家庭经典阅读书目"着眼于经典文化回归，注重人文性、经典性和可读性，打造家庭阅读"够得着的经典",为家庭阅读提供参考。

与此同时,深圳图书馆邀请专家学者围绕"家庭经典阅读书目"开展主题讲座,举办"南书房家庭经典阅读书目"征文比赛及优秀作品展,举办书目展、图书版本展,创办公益阅读刊物,开展经典诵读、主题沙龙等活动,为读者创造立体化的阅读体验。截至2018年底,深圳图书馆举办"南书房家庭经典阅读书目"专题讲座24场,参与人次达3500人次;围绕150种推荐书目,开展主题征文比赛,共征集近800篇次高质量文章,精选优秀作品通过展览向市民展示;选取"南书房家庭经典阅读书目"中《诗经》《孟子》等著作,定期举办"经典诵读"活动达500余场,参与读者超过1.6万人次;创办《行走南书房》公益阅读杂志,每年编印3期,放置于南书房及图书馆内各服务台供读者免费取阅,刊物设有"名人谈阅""经典品读""征文选登""馆员评书"等多个栏目,从专家、学者、馆员、读者等多个维度出发,引导读者阅读经典,直面经典。

3. "传统中国文化年"系列活动

"传统中国文化年"系列活动旨在弘扬中华优秀文化,普及与传播传统文化知识,增强市民对民族历史及特色文化的了解与认同。

每年在春节前举办,历时两个月,内容包括送春联、主题图书展、剪纸讲座、灯笼制作讲座、楹联文化展、经典民乐赏析音乐会、诗文朗诵会、"猜灯谜,闹元宵"活动、灯谜文化展、微信"晒账单,送春联"活动、精品视频资源展播等近20场线上线下活动。其中,"送春联"活动每年送出2000余幅春联和"福"字;"猜谜语,闹元宵"活动更是吸引近千人参加,内容涉及人文、地理、历史、文学等方面。

4. 深图艺苑

深图艺苑创设于2007年,专注于艺术形式的经典阅读推广,是深圳图书馆着力打造的艺术类经典阅读活动品牌。通过"经典阅读＋艺术表演"相结合的活动呈现模式，通过演讲、朗诵、表演等表现形式，多维度、多视角展示了经典阅读和艺术阅读的双重魅力。每月举办2—3场活动，每场活动均联合社会专业机构，由专业人员策划编排，确保专业性和高品质。

11年来，深图艺苑羽翼日渐丰满，活动内涵丰富，开展的活动包括创意剧场、音乐会、音乐沙龙、朗诵会等多种类型，逐渐发展成为拥有"'阅读·深圳'经典诗文朗诵会""周末实验音乐会""经典民乐赏析""读剧"四个子品牌的经典艺术阅读项目。四个子品牌定位不一，表现形式各异，以满足不同层次读者的多样化艺术阅读需求。"阅读·深圳"经典诗文朗诵会主要通过朗诵的形式，让读者现场感受韵律吟唱的朗诵魅力；"周末实验音乐会"主要通过乐器表演的形式，突出音乐与阅读的深度融合，传递艺术阅读知识及理念；"经典民乐赏析"则通过对传统民乐的讲解、表演，以普及民乐知识，让市民近距离接触民族音乐并感受民乐的魅力；"读剧"通过朗读将剧本文字立体化，在生动而充满能量的台词中给读者无限的想象空间。

（三）推广分众阅读，体现阅读关爱

运用"分众化"理念，实施阅读关爱，针对不同群体需求和互动参与而开展的个性化阅读服务，分众阅读推广对践行"读者至上"的服务理念，提升公共服务水平具有重要的意义。

1. 少儿阅读推广

深圳图书馆少儿服务区自2009年12月20日开放以来，秉承《公共图书馆宣言》的内容，在完善少儿书刊借阅等基础服务的同时，致力于将

少儿阅读推广活动开展得更加丰富多彩，更能激发少儿读者对阅读的兴趣，培养良好的阅读习惯。年均举办 300 余场内容丰富的少儿阅读活动。周末定期开展故事小讲堂、巫婆读书会、绘本半小时、益加益课堂、青少年创客活动。每年"4·23"世界读书日期间重点推出"少儿智慧银行"系列活动，包括全市少儿阅读大数据公布与智慧星表彰、百科知识挑战赛、"21 天亲子阅读挑战计划"等。7—8 月策划"暑期缤纷季"系列活动，以朗诵、声乐、书法、美术等公益培训课为重点，同时开展小读者开放日、小小图书管理员、"探秘图书馆"等多元化活动。着重于培养未成年人的阅读习惯，帮助未成年人亲近图书馆，建立未成年人阅读推广活动的长效机制，倡导将提升未成年人阅读素养上升为一种城市行动。

2. 银发系列阅读推广

深圳图书馆高度重视老年读者的文化服务，在报纸阅读区特设了 16 个老年专座，并于 2014 年世界读书日启动"银发阅读计划"，为老年读者提供学习空间，搭建交流平台，并逐步推行图书专架、电脑培训、重阳节敬老月活动、知识宣传及老年文化沙龙等系列活动项目，关爱老年读者，重点打造"乐读读书会"、"老有所乐，深图冲浪"中老年互联网培训、"丹彩墨香，国韵学堂"、中老年书画培训、"捕捉光影，发现美好"中老年摄影培训等特色品牌。倡导"银发乐读，幸福晚年"理念，引领"老有所学，老有所乐，老有所为"阅读风尚。

3. 视障群体阅读推广

深圳图书馆一直致力于开展全民阅读推广活动，同时也非常关注视障群体的阅读需求。2006 年 7 月新馆开馆时，为了方便视障读者获取信息、学习知识，在一楼特设了视障阅览室，并根据视障群体的阅读特点及行为习惯配备了各类文献资源和辅助设备，以满足视障群体的阅读需求，构建了无障碍的信息环境。

加强资源建设,满足多层次阅读需求;组织开展盲用电脑免费培训,主编出版国内图书馆界第一本盲文电脑教材;创建"深圳视障信息无障碍服务中心",成立深圳首家视障公益影院;组织策划丰富的视障群体活动,打造国内图书馆界知名视障活动品牌,主要有"世界读书日——阅读活动"、"国际盲人节——文化活动"、"视障公益影院"、"视障家园"、深圳市视障人士诗歌散文朗诵暨散文创作大赛、"身处黑暗,别样精彩"视障文化沙龙等;营造无障碍网络环境,合作推出国内第一个视障专用邮箱;注重对外合作交流,共建助盲平台。

4. 外来务工人员阅读推广

为了进一步满足深圳大型工业区内劳务工日益增长的文化阅读需求,深圳图书馆创建了深圳图书馆创维分馆、新百丽分馆、富士康分馆。分馆严格按照图书馆之城统一服务和深圳一级基层图书馆标准实施建设,与深圳图书馆总馆实行统一服务管理、资源共享。分馆的建成开馆体现了深圳图书馆对劳务工群体的特殊关爱和深圳图书馆"开放、平等、免费"的理念。

深圳市青工文体节是主要面对来深青工开展的文化活动,其中外来青工知识竞赛由深圳图书馆承办,已连续举办14年。知识竞赛以"展外来青工风采,绘中国梦想蓝图"为主题,为青工提供阅读、学习和展示的平台。通过知识竞赛,宣传和推广深圳的城市观念与历史文化,增强了来深青工的市民意识与归属感,展示了深圳外来青工多元的文化素养和积极向上的青春风貌,激发了他们的阅读和学习热情。

5. 高校学生阅读推广

2015年发起的"思维之星"深圳大学生思辨大赛,是深圳图书馆专门面向深圳大学生群体举办的大型赛事活动,区别于传统的辩论赛,旨在激发当代大学生对社会热点的关注,引导其积极思考勇于发声,培养大学生的思辨能力和团队协作精神。大赛辩题涉及校园暴力、医患关系、市政建设、网络语言规范、文化遗产保护、电信诈骗等社会热点,结合深圳城市发展的实际,引导大学生关注热点和民生。大赛覆盖全城,参与单位包括深圳大学、北京大学研究生院、香港中文大学(深圳)、南方科技大学等10所本地高校。截至2018年,大赛共举办42场,线上线下参与读者达57.49万人次。

(四)加强区域联动,凸显引领作用

完善阅读推广区域联动机制,加强与深圳地区各级、各类型图书馆的联动与合作,推进优秀阅读内容的共享与传播。依托中国图书馆学会、广东省图书馆学会、深圳图书情报学会三级学会平台,加强业界合作,推进粤港地区及全国范围阅读推广合作。全市联动活动包括"共读半小时"全城阅读活动、"少儿智慧银行"、"阅在深秋"公共读书活动等;全省联动项目有"书香岭南·悦读生活"摄影大赛、广东省图书馆杯英语口语大赛、广东省英语电影配音大赛、"广东省'4·23'世界读书日海报设计大赛";粤港澳联动项目有"'4·23'世界读书日主题创作比赛"深港联合征文及展览。

1. "共读半小时"全城阅读活动

"共读半小时"全城阅读活动于2016年4月23日世界读书日首度亮相,是深圳图书馆牵头汇聚多方力量、联合各区图书馆、高校图书馆共同打造的阅读活动品牌。活动通过在公园、咖啡馆、商场、学校、医院、军营、工业区、文化景点、游艇会等等多种公共空间同时共读的形式,激发市民

参与热情，传播阅读理念，用群体的共读行为诠释"让阅读真正成为一种习惯"。"共读半小时"全城阅读活动已连续举办三届，全市共读点累计达 231 个，线下参与共读活动市民达 1.7 万人次。

2. "阅在深秋"公共读书活动

"阅在深秋"公共读书活动在读书月期间举办，由深圳图书馆牵头，全市各级图书馆积极响应，连续两届活动分别以"阅读是一种生活方式""体验阅读之美"为主题，向市民推荐阅读资源，宣传图书馆服务，彰显阅读活力。公共图书馆、高校图书馆联袂行动精心设计多个主题阅读区域，以文献展示、现场阅读、数字资源推介、自由交流等方式，展示图书馆丰富多元的文化功能和阅读的便利、宁静与美好。该活动是深圳"图书馆之城"以多馆联动的形式开展阅读体验的活动，集中展现"图书馆之城"的建设成果。

二、深圳图书馆全民阅读活动特点析述

（一）全民阅读活动以文化建设为根本宗旨

图书馆作为公益性文化机构，助力社会主义核心价值观构建，弘扬优秀文化。如"南书房家庭经典阅读书目"五年来通过专家评审并向社会陆续推荐经典图书 150 种，并同步开展经典导读、经典诵读、征文评选、编印公益刊物等系列活动，引导大众阅读，弘扬优秀文化。注意本土文化的深耕与物化成果的积累，持续推进"深圳记忆""深圳人写作典藏计划"、深圳学术百家展览等，图书馆成为城市文化建设的有机组成部分。

（二）建立阅读活动品牌分级管理体系

建立清晰的阅读活动品牌体系，全民阅读活动向质量化、品牌化发展。将全馆阅读推广活动梳理归纳为传统文化、学术文化、经典阅读、艺术阅读、数字阅读、未成年人阅读、银发阅读、公益法律、公益培训、阅读关爱、创意思维、现代生活等 12 个系列，每个系列下设一级品牌活动、二级品牌活动及普通活动三个层次，加强重点品牌建设、培育与宣传，增强品牌辨识度、知名度和影响力。

（三）探索阅读推广社会合作有效模式

发挥图书馆公益文化平台的辐射力，扩大合作范围，深化合作层次，提升合作效益。广泛联合社会各界力量，整合各类社会资源，参与文化空间营造、阅读品牌策划、活动组织与实施等工作，"小成本，大成效"，凝聚社会共识与优质资源，共同促进全民阅读取得良好效果。深圳图书馆经过长期实践，探索出阅读推广社会合作的有效模式，主要有联动模式、"新空间"共建共享模式、战略合作模式、"走出去"模式。

1. 联动模式

联动模式是指由图书馆主导，广泛发动社会力量，共同参与阅读推广活动的合作模式。通过共同策划、推进、实施的联合行动方式，扩大活动的参与范畴、提升阅读推广活动的影响力、营造全民阅读的良好氛围。如"共读半小时"全城联动阅读活动，是由市文体旅游局主办，深圳图书情报学会阅读推广委员会、深圳图书馆总承办，全市公共图书馆、高校图书馆联合承办的阅读 SHOW 活动，用充满仪式感的全市共读行为呼吁更多的市民回归阅读、关注阅读。

2. "新空间"共建共享模式

"新空间"共建共享模式是指由图书馆与各机构共同合作开展以空间资源为主体的合作模式,主要包括构建新型文化空间、升级阅读设施、开展特色文化活动。"新空间"共建共享模式主要发挥资源优势互补的作用,并可由点及面地传播。如深圳捐赠换书中心是深圳图书馆、市关爱办、深圳报业集团合作共建的公益阅读空间,为全体市民免费提供捐赠及交换图书、阅读推广等服务,目前已成立7家分中心。深圳捐赠换书中心充分发挥其自身优势,汇聚各类社会资源,多次组织图书捐赠公益活动,为贫困地区、革命老区、学校等需要图书的机构捐赠图书。

3. 战略合作模式

战略合作模式是指图书馆与合作单位从行业、资源、技术、专业等方面开展的长期、深度合作。战略合作是全方位的合作模式,不限于阅读推广,在服务、技术、管理等方面均有合作,能辅助和提升图书馆整体服务。如深圳图书馆与腾讯科技(深圳)有限公司签署文化赋能城市合作战略合作协议,双方凭借各自领域的行业优势、文化平台、科技能力与专业团队,在多个文化场景进行先导性、示范性的"互联网+"文化试点合作,以科技创新与文化赋能为主题,共同拓展城市文化项目,推动公共文化事业发展,普惠深圳市民。目前在全民阅读推广方面与腾讯的合作主要有:对城市街区自助图书馆进行"形象+内容"推广模式升级,发挥腾讯数字文化优势,探索利用包括动漫、音乐等数字文化元素对自助图书馆进行宣传升级,提升其文化吸引力;共同策划组织和参与城市阅读推广活动,加强活动宣传,推动全民阅读。再例如,深圳图书馆与港铁(深圳)开展的战略合作,深圳图书馆将数字资源服务引入其运营的地铁线路内,双方共同开展"M地铁·图书馆"公益性阅读推广活动,读者随时随地乐享数字阅读新生活,双方通过各自优势与推广渠道,联合推广全民阅读,助力城市文化发展。

4."走出去"模式

"走出去"模式是图书馆依托自身优势联合各级单位将资源、宣传、活动等服务送到市民身边的合作模式。"走出去"模式打破空间桎梏,扩大图书馆服务辐射范围,让全民阅读深入基层。从2016年起,深圳图书馆践行阅读推广服务"走出去"模式,利用学校、工厂、社区、医院等场所,联合新媒体、高校、文联、残联、戒毒所等开展各类型的阅读推广活动。"思维之星——深圳大学生思辨大赛"进高校,"深圳记忆"文化之旅进美术基地,"阅读·深圳"经典诗文朗诵会、"南书房经典阅读特别策划"进校园,优质展览进分馆,"心理学堂"进戒毒所,"艺术阅读"进社区;"视障公益影院""发现深圳""共读半小时""阅在深秋"走出去等。截至2018年底,深圳图书馆共举办阅读推广"走出去"活动150余场。

(四)拓展阅读活动多元宣传推广渠道

积极探索阅读推广宣传方式,拓展传播渠道,做好阅读推广活动营销。通过深圳图书馆微博、微信、网站、周报、季报、年报、《行走南书房》等自媒体,发布活动信息;借助各级学会、传统新闻媒体等外部媒介,推送发布本馆阅读推广最新动态工作成果,增加重点、深度报道数量;利用新媒体的优势,采用"线下互动+线上直播"的模式,重点品牌活动在官方微博进行同步直播,或与社会效益好的新媒体合作,加强与读者的现场互动、反馈跟踪、效能分析,突破时空限制,扩大活动辐射范围。

(五)发挥文化志愿服务效能

积极引入志愿者服务机制,加强志愿服务队伍建设,目前已吸纳个人和团队志愿者2600余人，构建了内容丰富、特色鲜明的深图志愿服务体系，形成了图书整理与秩序维护、视障公益服务、公益法律服务、少儿阅读、用户信息素养培训、阅读推广活动策划与执行等多个志愿服务项目，并从基础性、简单性服务向专业化、特色化服务发展。近两年还新增了乐读读书会、古籍保护和宣传、青少年文字艺术体验、中医按摩技能培训、中老年智能手机培训等特色志愿服务项目，不断扩展志愿服务广度与深度。

三、全民阅读活动思考与建议

（一）图书馆的全民阅读活动向精细化、质量化、品牌化发展

在国家大力倡导下，"全民阅读"上升为国家战略，图书馆行业集体发力，充分发挥政府公益文化阵地和网络体系优势，在助推全民阅读中扮演着越来越重要的角色，公共图书馆阅读活动数量与参与人次众多，发展迅猛。以深圳地区为例，2013年全市公共图书馆举办活动6000余场，参与市民约220万人次，2018年全市公共图书馆举办活动14000余场、参与市民约550万人次，6年实现近2.5倍增长。提升公共图书馆阅读推广服务效能，全民阅读活动要向精细化、质量化、品牌化发展。细分读者群体，顶层设计、差异定位、可持续推进，以读者为导向主动开展有针对性的阅读活动。根据不同群体需求，量身定制不同的阅读推广服务方式，打造有文化特色、有广泛影响力的阅读品牌，发挥学科馆员优势，提供更专业、更精细的阅读服务。

（二）构建"图书馆+"多元化社会合作体系

阅读推广是一项长期工程、基础工程、系统工程，目前全民阅读已呈现出多主体、多领域、多媒体传播等特点。公共图书馆更应秉持开放的心态，加强资源建设，保持获取信息资源的核心竞争力，包括信息资源采集能力、组织能力、服务能力、开发能力、营销能力、管理能力等。运用全媒体信息服务技术，搭建公益交流合作平台，广泛寻求社会合作，构建"图书馆+"阅读推广多元化合作体系。"图书馆+新媒体"，顺应时代发展趋势，增加传播途径扩大宣传效应；"图书馆+企事业单位"，汇集各类有效资源，调动社会力量参与全民阅读工作；"图书馆+民间阅读机构"，深入推动社会阅读风气，承担全民阅读主推手的角色；"图书馆+学校"，培育阅读种子，进一步实践图书馆社会教育职能；"图书馆+社区"，推动基层文化建设，让图书馆服务更贴近市民生活，并形成网状阅读推广形态。多元化合作体系，丰富阅读形式、优化资源配置、激发社会需求、拓展服务对象、拓宽服务领域、促进文化传播。

（三）发挥图书馆资源服务核心优势，建立公共图书馆阅读推广新路径

公共图书馆的核心竞争力，是满足用户免费获取信息资源尤其是纸本信息资源的能力，包括信息资源采集能力、组织能力、服务能力、开发能力、营销能力、管理能力等。图书馆资源又具有价值性、稀缺性和难以模仿性，因此公共图书馆与其他行业的阅读推广相比，其核心竞争力在资源推荐上。公共图书馆阅读推广应充分发挥资源服务核心优势，依托馆藏及馆舍空间资源，运用多媒体信息技术手段，建立公共图书馆阅读推广新路径。顺应新媒体环境趋势，运用大数据分析各项活动指标，解读用户阅

读刚性需求，拓展推广模式，多渠道、多维度、多元化地将信息推送给用户，使之自主选择合适的参与方式及所需资源。新环境下阅读推广应更注重用户体验与互动，更注重跨界融合，更注重物化成果的多维度再推广，助力城市图书馆、智慧图书馆建设。

戴晓颖，深圳图书馆馆员

阅读平台研究

深圳全民阅读
发展报告
2019

新时代 新作为 新篇章
——2018上海书展总结

徐炯

2018年，上海书展迎来了第15周年。2018上海书展暨"书香中国"上海周8月15日至21日在上海展览中心举办，"我爱读书，我爱生活"的主题不变。在国家新闻出版总署的支持与指导下，由上海市人民政府主办，中共上海市委宣传部和上海市新闻出版局承办，静安区人民政府和上海展览中心协办，展场面积为23000平方米，今年的主宾省为贵州省。本届书展目标是：着力提升上海书展能级水平，持续提升国内领先地位和影响力，持续提升国际能见度和知名度，吸引越来越多的爱书人在每年8月因为书展汇聚上海。

一、传播主流价值，弘扬传统文化

2018年是贯彻落实党的十九大精神的开局之年，是改革开放40周年。书展作为弘扬主流价值、传播先进文化的重要阵地，责无旁贷地要营造好积极向上、催人奋进的书香氛围。2018上海书展紧紧围绕学习宣传习近平新时代中国特色社会主义思想，首先把突出体现主旋律、正能量的优秀图书和阅读活动办好。

书展主会场入口处的序馆堪称"点睛之笔"。今年序馆以"新时代、新作为、新篇章"为主题,集中展示学习宣传习近平新时代中国特色社会主义思想等的重点主题图书;展示近两年"打造传世精品"的新成就,包括2017年以来获中宣部"五个一工程"奖、中国出版政府奖和上海图书奖的精品力作;同时展示长三角三省一市新近出版的优秀图书。作为序馆的延伸和扩展,序馆长廊分别特设中国改革开放40周年精品图书展,"红色文化、海派文化、江南文化"主题出版展以及上海书展15周年主题展。

中国国际出版集团展区将特设"习近平重要著作翻译出版成果展"。东一馆入口处特设"新时代、新作为、新篇章"主题图书展销馆,精选外文出版社的《习近平谈治国理政》(第一卷、第二卷)、人民日报出版社的《习近平用典》(第一辑、第二辑)等2000余种优秀主题出版物。

本届书展新设国学馆,展销由国内一流古籍出版机构和专家遴选出的中国传统文化典籍和经典释读专著。历届书展关于国学的经典图书很多,但却分散在各个展馆,没有形成集聚效应。本届书展以上海老牌实体书店——上海古籍书店为依托,打造了国学馆。新设的国学馆精选全国50家相关出版社的精品图书,古籍书店也会展示一些精品线装书。书展期间,国学馆开讲"七天七堂国学课",北大教授辛德勇、复旦大学教授傅杰等七名学者为市民读者带来生动的国学课。

二、力推上海首发,主宾省突显特色

2008年,上海书展首次提出"上海首发、全国畅销",在全国出版界引起强烈反响。经过10年积累，国内越来越多的大社、名社、强社以8月为节点制作重点新书，在上海书展首发，以此为起点推向全国市场。"首发机制"已成为上海书展服务读者、服务行业的重要发力点。

2018年上海书展，着眼于提升上海书展标识度，以更大力度推进"上海首发"。据统计，书展7天里有上海和全国各地出版社首发新书500余种，举办首发活动276场。"上海首发"经过10年积累，已经形成了自己的特色，以学术书和专业书籍的首发为主。中华书局把《二十四史》修订版的每种新书都放在上海书展上首发，此前的《史记》《辽史》都取得了不俗影响力，今年《宋史》又在上海书展首发。

同在2008年，为了汇集全国好书，上海书展首设"主宾省"。历年的主宾省如江苏、浙江和湖南等后来每年都在书展设立展位，展销新书。本届书展的主宾省是贵州省。贵州展团在贵州省新闻出版广电局带领下，由贵州出版集团公司、当代贵州期刊传媒集团等多家单位组成，带来了近1500种的精品图书，呈现贵州出版的"红色文化、传统文化、民族文化、生态文化"。

贵州主宾省展区占地400平方米，分为精品出版物展示区、数字出版物展示区、文创及民族民间工艺展示区、销售区四个区域。书展期间，贵州展团组织近20场新书签售会、读者见面会及文创产品互动交流等活动，读者能够在主宾省展区欣赏到国家级非遗传承人的现场表演，也能购买三都水族自治县水仙马尾绣、鸟笼旋转书架、古法造纸、夜郎古陶、银饰、蜡染、苗绣等非遗产品。

三、设置100个分会场,营造书香满城

上海书展是上海"促进全民阅读、建设书香社会"最重要的标志性和示范性平台。今年书展继续携手各方,在全市范围内配送因书展而汇聚的阅读文化资源,以8月为一个单元时段,以"同一主题、固定场所、展销结合"模式,把高品质图书和阅读活动送到更多市民身边。

一是与全市16个区更紧密携手,助推全民阅读"一区一特色"品牌塑造。书展开幕前到书展结束,上海发布、《解放日报》、东方网共同推出16个区的区委宣传部长系列专题采访。各区都精心策划了系列阅读活动,持续积极推广全民阅读。

二是以"文教结合"机制为有力支撑,继续携手市教委、各区教育局,在展会前、中、后的时段内,加大力度打响"绿色悦读"品牌,在全市范围开展"名家进校园"活动。

三是利用图书馆、实体书店、社区文化中心和农家书屋等公共阅读空间,扩展书展分会场体系。书展设立100个遍布城市各处的分会场,其中实体书店78家、区级图书馆16家、农家书屋6家,进一步提升"书香满城"的地域和人群覆盖面,体现全民阅读的理念、实现书香满城的目标。

为迎接中国国际进口博览会的到来,100家书展分会场加入"迎进博会窗口优质服务"行列,同时纳入上海市图书销售行业创建上海市"文明行业"的重点门店范围,开展规范服务,展示行业形象,成为上海的"最美服务窗口"。

本届书展仍保持7天夜场(每天9点开馆,21点闭馆);继续设置总咨询服务台、读者休息区,提供导购、快递、寄书、餐饮、医疗急救、法律咨询、投诉接待、失物招领、Wi-Fi全覆盖等便民服务。为适应网络时

代消费习惯，首次探索网络售票方式；进一步优化书展官网、微博、微信，同时借力各类媒体，及时提供服务信息。提升观众现场体验舒适度，继续在主会场场外读者排队购票区域设置喷雾降温装置，搭建凉篷；"动静分隔"，适当优化重量级嘉宾活动在日场、夜场的均衡安排；书展主会场继续谢绝举办投资理财类、养生类图书相关活动，以免人群过量聚集和长时间逗留。一如既往地制定安全预案，强化精准管控，全力以赴做好防火、防疫、防拥堵以及防台防汛、防高温酷暑等各项工作，确保公共安全。

四、加强区域交流，提升国际能见度

长三角区域长期以来在出版、阅读方面交流频繁，三省都曾担任上海书展主宾省。今年书展，上海市新闻出版局对接江苏、浙江、安徽三省新闻出版广电局，协商拟定深化合作的框架协议将在书展期间签署，三省一市针对长三角一体化发展、越来越多企业跨区域拓展的态势，有效协调行政管理与服务、推动资源互补共享、携手营造公平有序的市场环境。上海世纪出版集团与三省出版集团在书展期间召开"长三角一体化出版发展大会"，作为合作的第一个具体项目，三省一市的人民出版社联手启动"江南文化研究丛书"的编纂出版工作。

上海因开放而兴，因吸收全世界优秀文化成果、融汇中西而形成海派文化。持续提升国际能见度和知名度，上海书展始终把打造中外出版文化交流平台、推动中国文化走向世界作为重要办展目标。本届书展进一步丰富优化国际图书展区的品类，中国国际出版集团以300平方米展位，重点展销习近平著作外文版图书以及中华优秀传统文化等著述的翻译版。

本届书展新设国际馆，由"进口图书馆"脱茧而出，进一步强化了上海书展的国际化元素，积极将上海书展打造成国际一流的书展。为此，上海外文图书有限公司重新设计国际馆展区，组织优质货源，有40多家国外出版社提供展品，有19家国际知名出版社负责人发来贺信，祝贺国际馆开张。上海书展的子品牌——上海国际文学周今年迎来第八届，今年文学周以"旅行的意义"为主题，在40余场活动中，28位海内外知名作家将从文学角度阐发"一带一路"的意义。

五、砥砺奋进，年年都有进步

上海书展自2004年开始举办，由小到大、由弱变强，其公众化特征不断凸显：参展出版单位从170多家，增加到500多家；文化活动从170余项，发展到1150余项；海内外嘉宾、作者、学者和文化名人从100多人，增加到近千人；从出版业内人士的文化盛会，到市民百姓期盼的阅读嘉年华；从区域性的地方书展，发展成为全国性的公共文化服务平台……砥砺奋进、不断创新，每年都在进步。

2004年实行"门票10元一张，主会场所有图书八折销售"；2005年首次评选上海书展十大好书；2006年确立书展主题"我爱读书，我爱生活"；2007年首次将门票以明信片样式设计并增加防伪设计，使门票成为一张可邮寄的明信片，具有收藏和馈赠价值；2008年提出"上海首发、全国畅销"概念，首次设立主宾省；2009年首设分会场，首次实现参展图书全品种网络化信息查询；2010年首次搭建"阳光篷"，以增加书展的物理空间；2011 年升格为国家级书展；2012 年协办单位引进静安区人民政府，首推"静安·理想书房"项目，首次实现场内 Wi-Fi 免费上网全覆盖；2013 年首次推出七天夜场，首设品牌实体书店展区；2014 年进一步明确了上海书展作为"上海推动全民阅读标志性平台"的功能定位，提出将图书和阅读文化活动作为"并列主角"；2015 年进一步加大数字阅读内容的比重；2016 年上海新华传媒在社科精品馆专门辟出"向大师致敬"图书专区；2017 年设立"砥砺奋进的五年"主题出版馆，在序馆展示已经出版的 21 个语种、24 个版本的《习近平谈治国理政》，是当时最全最新的集中陈列。

15 年来，上海书展弘扬主流价值观，传播正能量，倡导全民阅读活动，引领城市阅读风尚，成为服务国家发展大局和上海国际文化大都市建设的重要载体。

徐炯，上海市新闻出版局局长

第二十八届全国图书交易博览会总结报告

深圳书博会组委会

第二十八届全国图书交易博览会于 2018 年 7 月 19 日至 22 日在深圳举行。在国家新闻出版总署、广东省委省政府的正确指导下，在全国同仁的大力支持下，深圳市委市政府积极动员协调各方力量参与展会筹办工作，办出了一届特色鲜明、创意纷呈、成效显著的文化盛会，受到社会各界广泛好评。

本届书博会以"新时代 新阅读"为主题，由中央宣传部副部长、国家新闻出版总署署长庄荣文，广东省委常委、深圳市委书记王伟中，广东省委常委、宣传部部长傅华，深圳市市长陈如桂等领导共同启动，通过来自全国各地的 41 个展团、682 家出版单位，集中展现了出版繁荣的蓬勃朝气与书业融合的创新发展。

展会为期 4 天，依托深圳会展中心主会场以及罗湖、福田、南山、宝安、龙岗 5 个分会场组织了规模庞大的精品图书展销，举办了丰富多彩的阅读文化活动，吸引了 50 万余市民读者参与，促成交易 9134 万元，其中图书零售约 1564 万码洋，馆配交易约 7570 万元，基本实现了"三多一好"（人多、书多、活动多、服务好）的办展目标，打造了全民共享的文化盛宴，呈现出书香弥漫的"七高"风貌。

第一，社会效益高。本届书博会是党的十九大胜利召开后的第一届书博会，是全国出版战线深入学习宣传贯彻习近平新时代中国特色社会主义思想和党的十九大精神的一次生动实践和集中检阅，对大力培育和践行社会主义核心价值观，进一步引导市民爱读书、多读书、读好书，掀起全民阅读新高潮起到了积极作用，也为深圳全面实施"文化创新发展2020"，打造全球区域文化中心城市和国际文化创意先锋城市产生了重要推动。正值改革开放40周年，重回广东深圳的书博会，也对推动出版业改革、加快高质量发展、促进全民阅读、建设书香社会发挥了重要作用。

第二，各级评价高。本届展会得到来自中央、省、市领导的交口称赞，也赢得了其他省市领导嘉宾的一致赞誉。庄荣文部长和中央宣传部出版局郭义强局长、原国家新闻出版广电总局印刷发行司刘晓凯司长从筹备组织、社会效益、现场效果、形式创新等方面对本届书博会给予了高度评价。春风文艺出版社社长兼总编辑单瑛表示，本届书博会一个鲜明的特色就是在完成订货和展示功能的同时，注重零售和阅读交流功能，图书品类数量比以往任何一届都要多。

第三，图书质量高。本届展会共组织23万余种、近100万册精品图书参展，其中大部分为近一年内出版的好书佳著，首发新书多达105种。各展团重点展示主题出版物逾一万种，被央视新闻称赞"有思想，有温度，有品质"。国家新闻出版总署主办的"全国图书精品展"集中展示了1200多种近2000册精品图书，重点推荐了《习近平改革开放思想研究》《习近平新时代中国特色社会主义思想三十讲》等最新总书记著作及相关出版物。开幕当天，纪实文学《梁家河》亮相主会场，对深刻理解习近平新时代中国特色社会主义思想的形成起点、实践起点和情感起点给予重要启示。以色列历史学家尤瓦尔·赫拉利"简史三部曲"的收官之作《今日简史》也在展会期间全球首发，为思考智能时代人类的核心竞争力指引了方向。

第四，活动层次高。本届展会共组织427项阅读文化活动，内容丰富、形式多样，既有内涵深厚的传统活动，又不乏与时俱进的创新尝试。国家新闻出版总署牵头组织的18项重点活动权威性强、影响广泛，"读者大会""十大读书人物""红沙发访谈"等经典品牌营造了高规格、高品位的文化体验。以深圳书城模式为代表的书业论坛强调创新，尤其注重"智能化"与"融合发展"等热门议题，积极引入相关技术装备与业态组合范式，构建了大视角、大格局的升级空间。

第五，读者热情高。本届展会免费入场，投放在五大书城的10万张纸质入场券被领取一空，通过全民阅读APP、全民阅读网微信公众号和深圳书城微信公众号申领电子入场券的读者多达11万余人次。展会开幕前，市民高度关注活动信息，倒计时系列宣传在懒人听书APP首页获得1163万余点击量。展会期间，主会场客流量累计达30万余人次。其中，20日、21日特别开放的夜场展会吸引了35000余人次共享阅读之夜，促成图书销售近75万码洋。除本地读者外，本届展会还实现了向周边地区的广泛辐射，不少市外读者通过线上渠道领取了电子入场券。

第六，创新水平高。本届展会积极发扬深圳高新技术优势，秉承"阅读永恒，载体创新"理念，展示"24小时无人智能书栈""城市街区自助图书馆""数字博物馆"等书业创新成果，实现了全民阅读和文化科技的完美融合，引领了融合发展与数字化转型的方向。展会期间，数字技术在各个环节得到充分应用。预约电子票券入场的市民约占主会场总客流量的37%，通过扫码自助购结算的销售额达73万元。展会期间，龙岗区分会场还创新推出全国首座智能化书城深圳书城龙岗城，集中展现了大数据、移动支付、人脸识别等最新科技手段在实体书业中的应用成果。

第七，组织水平高。本届展会共接待来自全国各地的领导嘉宾、专家展商约9000人，其中副部级领导9人。各项工作按部就班、有序开展，体现了强大的综合协调能力。展场特装面积高达72.41%，布展用时仅不到两天，再次反映出令展商惊叹的"深圳速度"与"深圳效率"。展会期间，主会场投入接待用车621辆、餐饮票券28000余张、安保人员1400人次、志愿服务826人次，通过成熟完备的配套服务保证了展会各项工作的高效运转。展场制订的统一配货结算方案，为展商销售带来了极大便利，为"展销结合"的创新模式奠定了扎实基础。

在一流办展水平和先进文化理念的加持下，本届展会还积极在"结合处"做文章，形成了以"五大结合"为主要内容的创新亮点。

第一，展销结合。本届展会按国家新闻出版总署"展销结合，双效统一"的要求，大幅提高出版物销售比例，成为近年来首个实现全展期间均面向公众进行销售的展会，被中国书刊发行业协会评价为"接地气，办实事"，是促进全民阅读重要的"改革举措"。为了向市民读者提供实实在在的文化福利，主会场统一以不高于8折的价格让利销售，后更为满足不断增长的购书需求将优惠力度调整至不高于7折，中信出版集团等部分展商相继推出更多购书优惠。展会期间，各区分会场也统一开展88折让利销售。本届展会共向市民读者让利约200万元。

第二，主分会场结合。本届书博会规划"1+5"展场格局，打造了以会展中心为主阵地，立足全市、深入各区的展会空间。各分会场依托深圳书城设立，共组织105场丰富多彩的阅读文化活动，邀请曹文轩、杨红樱、康震、于丹等知名作家学者开展交流活动，吸引众多市民读者尤其是亲子家庭、中小学生品味书香盛夏。展会期间，分会场客流量累计达20

余万人次。各分会场购书情况较往日更为火爆,深圳书城宝安城增幅尤为明显,图书销售量较往日平均水平提升343.16%。

第三,图书营销与全民阅读结合。本届展会,各参展单位在营销图书的同时积极组织阅读文化交流活动,打造了全民参与的文化狂欢,为推进全民阅读贡献了力量。精彩纷呈的图书营销活动,通过一本书的力量培育了读者的阅读兴趣与阅读习惯。展会期间,各出版单位组织活动多达215项,在主分会场广泛开展,聚集了很高的人气,曹文轩、杨红樱等名家见面会创下单场读者破千人的阅读盛况。市民读者的热情参与不仅为精品图书带来了很好的营销业绩,更为全民阅读理念的进一步普及推广、质量提升奠定了良好的群众基础。

第四,图书交易博览与行业发展探索结合。本届展会既是对各地最新出版成果的展示销售,也是对全国书业发展探索实践与成果经验的集中呈现,深圳书城模式的示范效应与引领作用得到了较好的发挥。"实体书店融合发展经验分享会"围绕"大书城小书吧"模式展开交流,探索了商业阅读文化空间、书香地铁、书香医院等实体书店空间的全新业态,并邀请日本设计师传递茑屋书店的设计思路与发展理念;"智能化与书业融合发展创新论坛"以"魅力科技,智汇书业"为主题,汇聚来自全国各地的专家学者和图书出版发行行业领军人物,共同探讨智能科技与书业乃至文化综合体的融合发展动态和应用;"对话书与非书:书城平台生活美学的构建与探索"注重"跨界"探讨,邀请出版、书业、文创、零售、设计等不同业界的学者嘉宾对谈交流,展望实体书业与现代生活美学的融合发展。多项专业研讨活动,为全国同仁搭建了共探未来发展的平台,在成果展示中促进更大发展。

第五,传统媒体与新媒体的结合。本届展会引发从中央媒体到地方媒体的持续关注与热情报道，不断创新的人工智能、人脸识别、大数据应用、AVR技术等书业智能化发展新突破成为媒体关注焦点，尤其是以开幕式环节为标志的新旧媒体交融互动，展现出传统精品与创新气质兼具的展会形象。在宣传方式上，本届展会更加注重传统媒体与新媒体的"双管齐下"。展会期间，约有400余名媒体记者走进书博会，刊登播发4000余篇次宣传报道，在传统媒体与新媒体上都形成了浩大声势。传统媒体方面，书博会开幕消息被"新闻联播"关注报道，并得到《人民日报》《光明日报》等20余家中央媒体的重点宣传。新媒体方面，本届展会与腾讯、懒人听书等本地知名的互联网企业合作，得到了读特、读创、ZAKER、晶报APP、壹深圳、今日头条等宣传资源支持，并通过实时直播、互动营销等方式，产出了《下班后，老板问我在哪……》等刷屏朋友圈的爆款，创造了以"亿"为单位的浏览量。展会期间，各类平台对现场活动的直播数量约有近20场，重点活动"读者大会"通过腾讯平台直播，最高同时有16万余人在线观看。

2018年7月22日，第二十八届全国图书交易博览会胜利闭幕。相信深圳能带着从本届展会中汲取的养分，用阅读的滋养、文化的力量推动改革开放再出发！

爱阅公益：高品质儿童阅读推动美好未来

李哲

一、中国儿童阅读推广机构资助成立世界级奖项

2018年9月1日，在雅典国际会议中心举办的国际儿童读物联盟（简称IBBY）第三十六届世界大会上，来自中国深圳的儿童阅读公益机构——爱阅公益基金会，与IBBY正式签订协议，资助设立"IBBY-iRead爱阅人物奖"，该奖项两年一届，通过公开、公平的评选，授予全球范围内在世的促进儿童阅读领域推广和发展的个人。希望借由此奖项，促进全世界儿童阅读推广和推动全世界儿童阅读事业的发展，增进中国与全球阅读推广项目和组织之间的项目交流与学习，为世界和平发展贡献中国力量。

IBBY是和联合国教科文组织、联合国儿童基金会有正式咨商关系的非营利的国际非政府组织，由吉拉·雷普曼女士和林格伦女士等人于1953年创立于瑞士苏黎世，如今由全世界近80个国家分会组成，有"小联合国"之称，是致力于把全世界图书和儿童联系在一起的一个国际网络。IBBY的宗旨是通过高品质童书促进国际理解，维护世界和平。IBBY于1956年设立的国际安徒生奖是世界儿童文学的最高奖项，有"小诺贝尔奖"之称。2016年，中国儿童文学作家曹文轩成为第一个获得该奖项的中国人。

爱阅公益基金会资助设立的"IBBY-iRead 爱阅人物奖"两年一届，通过公开、公平的评选，授予全球范围内在世的促进儿童阅读领域推广和发展的个人，表彰其通过帮助儿童，特别是资源匮乏地区的儿童，激发阅读兴趣，养成阅读习惯，通过儿童阅读素养的提高所表现出的坚定、探索、创新、责任感、富有理想、公益慈善精神的优秀品质，同时表彰其通过儿童阅读项目的实施对全球儿童阅读教育和儿童发展做出持久和杰出的贡献。

该奖项每两年由 IBBY 各国分会提名候选人，由奖项的评审委员会评选出两位杰出人士获得"IBBY-iRead 爱阅人物奖"。每名获奖者将获得证书一份，专属奖杯一座，以及奖金 20 万元。除此之外，奖项还将为每位获奖人指定的非营利性的儿童阅读推广项目捐赠 15 万元用以支持项目发展。正式获奖人名单将于 2020 年，在意大利博洛尼亚国际儿童书展宣布，获奖人将在同年 9 月在莫斯科举办的 IBBY 第三十七届世界大会上领奖。

二、爱阅公益基金会的发展历程

爱阅公益基金会创立

爱阅公益基金会创始人李文女士在 15 年前就一直在思考一个问题：什么样的公益行为才能真正解决社会问题？自那时起，她就以志愿者的身份，先后加入深圳义工联和深圳狮子会，做力所能及的事情，同时不停地观察和思考，想找出一条自己应该走的公益之路。在参加了一次捐赠乡村小学建设的公益活动后，李文深刻地体会到代际贫穷普遍存在的情况。李文清楚地知道孩子不仅仅需要可以遮风避雨，有尊严地学习的场所，还需要那些适合他们读的书。一所所漂亮的教学楼中，孩子们能看的书却是极度匮乏的，而且很多校长、老师对此的理解也有限。阅读，对于孩子的成长如此重要，绝对不能在成长的关键时期错过。在 2008 年 12 月 20 日，李文女士在湖南株洲县朱亭小学捐赠了第一所乡村小学图书馆，开启了全国的小学图书馆捐赠之旅。爱阅公益基金会 2010 年成立以后，乡村小学图书馆项目成为基金会第一个执行型项目。

用专业的力量为孩子打造高品质图书馆

捐赠图书馆要解决的第一个问题就是捐赠什么书给孩子看。爱阅公益基金会成立之初，经过细致地查找，发现市面上竟没有一份可以参考的小学图书馆书单，一些市民给贫困地区捐赠的二手书质量良莠不齐，大部分不适合孩子阅读。基金会从优秀的童书出版社选购图书，并综合市面上各种权威书单，咨询家长，历时半年拟定了一个专属的图书馆配备书目。

随着全国考察的进行，乡村小学图书馆的问题愈发地凸显出来：没有书，有书但是不适合孩子看，图书馆不开放，校长和老师没有培养阅读的意识和方法。针对这些现状，爱阅公益基金会决定研发一份适合小学图书馆使用的书目，依照这份书目为孩子选书，构建一座座营养均衡的图书馆，还能作为学校或其他公益机构购书的参考。

高品质的儿童图书馆除了有合适的高品质的图书外，还要有引导孩子阅读的专业老师。爱阅公益基金会在捐赠乡村小学图书馆的同时也开始进行乡村小学教师培训项目，邀请既有专业能力又有公益心的专家深度参与到项目之中，用专业素养保证书目的项目和教师培训的项目能落地执行。当一个地区的图书馆捐建完成后，就开始对所在地区的教师进行专业的阅读培训，提高他们的阅读意识和能力。

2012 年 8 月，爱阅公益基金会研制的《小学图书馆基本配备书目》，在北京国家图书馆正式发布,同年11月又上线了书目电子版,供社会公众免费使用。书目能满足不同规模、不同地域、不同经济状况的小学的需求,根据书目配书,图书配备变得简单、专业、高效。迄今为止,据不完全统计,每年学校、公益组织、教育局等机构通过书目采购图书达200多万册,图书价值达4000多万元。

阅芽计划:让孩子的阅读从零岁开始

在不断开展项目的同时,爱阅公益基金会将视野投向欧美发达国家。英国的"阅读起步走",美国的"生而阅读"项目都是针对学前年龄的孩子。发达国家已经以举国之力让孩子从零岁开始阅读,而且只要从一个阅读包就可以开始。爱阅公益基金会开始深入研究欧美早期阅读项目,在咨询国内的相关专家,预估阅读包的成本后,于2013年正式开启了早期儿童阅读项目的筹备,3年后,爱阅公益联合深圳市妇女联合会、深圳读书月组委会办公室、深圳市卫生和计划生育委员会、深圳市教育科学研究院、深圳市阅读联合会、深圳图书情报学会,于2016年4月2日正式在深圳图书馆发布阅芽计划。国务院参事王京生先生在发布会上说:"无论是对一个人还是对一座城市,阅读都是最重要的、无以伦比的善行和让人终身受益的投资。而注重人生之始的早期阅读,更是对后代的最好关爱。今天呈现给大家的精美阅芽包,就凝聚了主办单位的心血和智慧,是对这座城市未来主人的希望和祝福,是送给他们终身受益的最好礼物。"

阅芽计划为孩子发放的小红书包——阅芽包,内有四本图书:两本适龄图画书,一本包含60种图画书的导读手册,一本分阶段的早期阅读指导手册。这四本书源自爱阅公益自始至终对高品质儿童阅读的追求,爱阅公益邀请国内著名早期儿童阅读领域专家,华东师范大学周兢教授及其团队，承担阅芽计划家长丛书的研发。这份书包既是孩子的第一个书包，也是给孩子的一份礼物。通过这个书包，可以让每个家庭拥有一份科学、专业的早期阅读规划。

为了让市民便捷预约阅芽包，让更多的家庭及时获取专业的早期阅读内容，爱阅公益基金会开发了"阅芽计划"APP，将爱阅公益公众号打造为早期儿童阅读内容平台，借助互联网、新媒体让更多有0—6岁儿童的家庭获取专业指导。

让孩子爱上阅读，除了家庭外，还需要更多专业人士共同努力。由于国内没有专业的早期儿童阅读推广人，于是爱阅公益基金会成立了爱阅学院，开设系统的早期儿童阅读推广人培训课程，在全国招募学员，进行为期一年半的理论和实践培训。

阅芽计划项目启动之初，爱阅公益基金会就与哈佛大学教育学院合作，对项目进行全程的跟踪调研。在2017年爱阅公益基金会主办的首届"全国儿童早期阅读发展与教育峰会"上，由哈佛大学陈思、斯诺教授领衔的研究团队正式发布"深圳'阅芽计划'0—3岁阶段儿童亲子阅读教育干预的有效性研究"报告，通过具有因果推论意义的研究设计和详细的数据收集、分析，研究发现，阅芽计划对深圳的0—3岁儿童家庭的亲子阅读教育产生了显著的积极影响。与未参与阅芽计划的儿童相比，参与阅芽计划的儿童的词汇发展有着明显的进步。通过阅芽计划，家长获得了对高质量亲子阅读教育的理解，他们普遍认同应该为孩子提供更多的图画书、在阅读时有更好的亲子互动，并认为应该同时增加自己的阅读量。

哈佛大学陈思博士说："阅芽计划参与半年以后，家长的变化让人感到非常惊喜，因为改变家长正是改变家庭阅读环境、改变孩子的第一步，也是最重要的一步。"

阅芽计划自 2016 年正式发布以来，已经帮助 7 万多个家庭开启了早期阅读。未来，阅芽计划至少在深圳发放 50 万个阅芽包。爱阅公益基金会希望从深圳起步的"阅芽计划"，能够探索出一条适合中国的早期阅读推广之路。

书目的迭代之路：做儿童阅读的合格守门人

2016 年 1 月 13 日，《小学图书馆基本配备书目》2016 版在北京正式发布。此次书目在 2012 版书目的数据基础上，加大数据收集总量，与国家图书馆数据中心合作，整合了 10 年来的所有童书出版数据，通过各种查重，历经了从 10 万至 5 万册，从 5 万至 1 万册，1 万至 3000 册的艰难筛选过程。最终研发出《小学图书馆基本配备书目》2016 版，包括 3 个子书目："学生书目" 3600 种，"班级书目" 600 种，"教师书目" 200 种。

我国每年新出少儿图书近 5 万种，学校、家长如何能够尽快与好书相遇？书目如何进行更新？这是一件专业的事情。基金会决定在保持核心书目不变的基础上，每年通过评选"爱阅童书 100"作为书目的补充。于是，2018 年 4 月 2 日，基金会在北京发布首届爱阅童书 100 书目。

"爱阅童书 100"每年汇集整理首次在国内出版的童书，请儿童文学、儿童教育、儿童阅读研究、儿童心理、少儿科普、美术等专业领域内的专家组成评委会，以公正、科学、专业的标准评选出当年适合 6—12 岁儿童阅读的 100 本优秀童书，并进行发布，为学校、社区、公益组织、家庭提供童书阅读书单的专业选择。

走出国门：IBBY-iRead 爱阅人物奖

"爱阅童书 100"的评委会团队中汇集儿童文学、儿童教育、儿童阅读研究、儿童心理、少儿科普、美术等专业领域的专家。当时的IBBY副主席张明舟老师也是评委会中的成员。在一次评审工作中,张明舟向基金会创始人李文建议,IBBY和爱阅公益基金会可以一起做些事情。

IBBY(国际儿童读物联盟)的宗旨是通过高品质童书促进国际理解、维护世界和平,近年来IBBY也一直在推动全球了解中国优秀的儿童文学作家和作品,为中国的创作者和阅读推广人架设了一座相互了解、相互合作、共同发展的桥梁。经过了解,IBBY和爱阅公益基金会的使命与愿景高度一致,通过张明舟的牵线搭桥,双方进一步沟通过后,很快就对设立杰出阅读推广人的奖项达成共识。在奖项设立的准备过程中,当时的IBBY基金会主席、国际安徒生奖评委会主席帕奇·亚当娜来访爱阅公益基金会,双方就奖项设立的细节进行了充分的讨论。

三、将推广阅读的奉献精神传播给世界上的其他人

在希腊举办的第三十六届IBBY世界大会闭幕式上,来自全球近80个国家和地区的儿童文学作家、插画家、图书馆员、出版人、编辑、记者汇聚一堂。IBBY副主席张明舟、秘书长Liz,爱阅公益基金会理事长李文、秘书长李哲在现场几百人的见证下,共同上台签订了《IBBY-iRead爱阅人物奖捐赠协议》。基金会创始人李文女士说道:"只有在和平的环境里,我们美好的未来才是可期待的。只有全世界的儿童彼此了解,持久的和平才是可期待的。高品质的儿童阅读可以让儿童成长为有视野、有爱、有热情、有独立思考能力、有学习能力的人。今天的儿童就是我们未来的建设者,有什么样的儿童就会有什么样的未来世界。虽然儿童阅读如此重要,

但在世界各地，对于许许多多的孩子，童书仍然没有走近他们，阅读没有成为他们生活的一部分。还好，全世界有很多人正在不断努力，努力让孩子的童年有优质童书陪伴。"

IBBY副主席张明舟说："爱阅公益基金会资助IBBY，体现了中国人和中国机构积极参与全球治理，贡献中国智慧和中国力量的真诚而良好的愿望，也得到了IBBY总部和各国分会一致的高度赞赏。IBBY-iRead爱阅人物奖的设立，必将极大地鼓励和激发世界各地的儿童阅读推广事业，让更多的孩子从小接触高品质童书，养成良好阅读习惯，既了解本国本民族传统文化，也了解世界各国各民族文化，共建人类命运共同体，不断将人类引向更加美好的未来。"

IBBY-iRead爱阅人物奖是对全球致力于儿童阅读推广人的致敬，奖项也鼓励个人、组织及政府在推广孩子阅读中加大投入力度，也将推动教育创新，使孩子接触更多儿童书籍，促进儿童阅读推广。同时，基金会也希望IBBY-iRead爱阅人物奖能激发更多人对儿童阅读推广事业的长久投入，并将这种推广阅读的奉献精神传播给世界上的其他人。

李哲，深圳市爱阅公益基金会秘书长

从单一曲调到众声合奏

——领读者大奖对阅读类奖项的创新性发展

领读者大奖组委会

一、领读者大奖对全国阅读类奖项的继承

(一)领读者大奖诞生的时代环境

2018年是《全民阅读"十三五"时期发展规划》出台实施的中期阶段,多个地区已经以地方法规的形式进行规范、支持。现已出台的9部地方立法文本中关于"阅读推广"的摘录如下。

表7-1 地方立法文本中关于"阅读推广"的摘录

序号	名称	通过时间	阅读推广相关术语
1	江苏省人民代表大会常务委员会关于促进全民阅读的决定	2014年	全民阅读兼职推广员
2	湖北省全民阅读促进办法	2014年	阅读推广教师,阅读推广组织,阅读推广人
3	辽宁省人民代表大会常务委员会关于促进全民阅读的决定	2015年	阅读推广各项活动
4	深圳经济特区全民阅读促进条例	2015年	阅读组织,阅读服务专业人才,未成年人阅读推广计划,阅读推广人等
5	四川省人民代表大会常务委员会关于促进全民阅读的决定	2016年	专业阅读推广机构
6	石家庄市人民代表大会常务委员会关于促进全民阅读的决定	2016年	专业阅读推广机构
7	黑龙江省人民代表大会常务委员会关于促进全民阅读的决定	2017年	全民阅读推广服务体系,阅读推广组织,阅读推广人队伍

续表

序号	名称	通过时间	阅读推广相关术语
8	常州市人民代表大会常务委员会关于促进全民阅读的决定	2017年	专业阅读研究推广机构，阅读社团，阅读推广人队伍，阅读推广机构，阅读推广专业性等
9	吉林省全民阅读促进条例	2017年	阅读推广，全民阅读公共服务场所阅读推广人制度，阅读推广人队伍，专业阅读辅导和推广服务，全民阅读推广、研究和服务等

地方阅读立法中关于"阅读推广"的表述[①]

经调查发现，阅读行业集中体现为：一是发展参差不齐，鱼龙混杂，一些地区存在劣币驱逐良币现象；二是贫困偏远地区的阅读推广专业力量严重匮乏；三是阅读推广专业化研究不足，理论支撑无力；四是阅读推广专业化培训未成体系，各类培训课程良莠不齐。这些问题制约着阅读推广人能力、效率的提升，也影响着后备人才的进入和成长。此时通过树立一种引导性、鼓励性的奖项来促进这些问题的解决，就变得尤为关键。

上述的地方法规立法时间有的是在领读者大奖之后，也有的在领读者大奖之前，它们之间呈现怎么样的互相影响关系，后文将具体分析。"领读者大奖"创始于2015年，这一年正是我国全民阅读事业开始走向巅峰的阶段。2015年，全民阅读首次写入《政府工作报告》，距离写入十八大报告已经满三年，《全民阅读促进条例》立法进程已经开启两年，社会舆论对全民阅读充满热情和期待，社会组织如雨后春笋般设立，全民阅读已经从初期的活动、宣传推进到项目建设、工程建设、品牌沉淀层面，从业者从简单的激情转到开始思考怎么做及怎么持久的问题上来，整个行业面临着"提倡什么样的阅读，提倡什么样的阅读推广人，怎么提倡这样的阅

---

① 张文彦. 融合视域下全民阅读推广专业化研究 [J]. 中国出版，2018（20）.

读,怎么奖励这样的推广人"的命题。在这样的形势下,各类阅读推广研究和评奖活动也随之兴起。

(二)近年来我国各类阅读推广评奖活动概述

为了能更全面地用整体的视角对"领读者大奖"进行观察,我们对近年来我国具有全国性或有一定影响力的阅读奖项进行概述分析。

1. 国家级主管部门的示范动作——全国"书香之家"评选

2013年,原国家新闻出版广电总局启动了首届全国"书香之家",经各地推荐遴选本省、市、区的优秀项目最终推出996个"书香之家"。由于主办方是国家级主管部门,能够调动中央主流媒体,作为中华人民共和国成立以来中央部委第一次从民间遴选读书榜样的大型活动,"书香之家"的时代象征意义是巨大的。

2. 教师的觉醒和集结——亲近母语儿童阅读论坛

自2004年9月开始,以促进儿童阅读为目的的中国儿童阅读论坛暨亲近母语教育研讨会已连续举办十四届论坛。自2014年起由中国教育新闻网、心和基金会、新教育基金会联合举办,开启了"年度点灯人"评选,评选分征集阶段(自荐和他荐)、专家初评、网络公示和终评、现场揭晓四个阶段。

虽然举办时间不长,但由于是植根于连续举办过十几年的论坛基础上,故在教育界有着举足轻重的影响力。亲近母语重视评奖的宣传工作,采用公司化运作,不断开发论坛的周边产品,从而形成了一种良好的评奖生态模式,保障了论坛的持续性和专业性,也为奖项增加了公信力。

3. 不能少了出版界——二十一世纪儿童阅读推广人论坛

该论坛和各地学校合作并广泛邀请在儿童教育、文学创作和阅读推广界的专家学者与会,发布优秀童书推荐榜单。评选年度儿童阅读推广人和推广组织。2007—2014年，年度阅读推广评选只属于论坛的组成附件，而不是主体，鼓励示范意味浓厚，宣传报道少，很难查到历届获奖者的名单。随着活动终止，影响逐渐变小。

4. 媒体的选择——读书人物的评选

媒体是阅读推广的天然阵地。随着2006年国家全民阅读政策的实施，又赋予了媒体新的责任色彩，媒体从阅读内容向阅读推广主体拓展。其中有较大知名度和持久性的是《中国教育报》和《中华读书报》。《中国教育报》从2004年开始评选年度推动读书十大人物，2013年商务印书馆加入主办行列，到2018年已经评选了15届，"推动读书"蕴含了一种推动优秀读书文化传承与传播的社会责任感的含义。

《中华读书报》年度十大读书人物与《中国教育报》的评选范围有所区别，重在人物身份的多元性、草根性，主要是为了树立"身边的榜样""平凡的读书英雄"，展示读书能够成就个人，或者个人在阅读推广、嘉惠社会方面的杰出贡献。十大读书人物也成为全国图书交易博览会的组成部分、活动亮点。

5. 发掘社会力量——各地的创新

近年来，地方政府也参与到评选、奖励民间阅读推广人或者组织行动中来，其评奖方式，或以表彰、宣传示范为主，大体上目的都相似——通过评奖活动，发现一批有专业才干并有志于公共阅读服务的个人和组织，一边培育这些个人和组织的成长，帮助其建立自我造血功能，同时也以之激发本地全民阅读事业的活力。目前比较有影响力的有：北京阅读季金牌阅读推广人评选、江苏省全民阅读十佳推广使者评选、上海市民文化节阅读推广人（组织）评选、成都十大阅读推广人评选、深圳市全民阅读示范单位示范项目优秀推广人评选等。

二、作为一项创新性阅读评价的形成分析

（一）通过以上分析可以得出，阅读推广是一个年轻但伟大的行业

所谓伟大，即公益性、全民性、普惠性（对弱势群体、儿童、普通居民的关怀）和平等色彩（阅读推广也是最能广泛地调动社会各界力量的一种崭新行业）；这需要政府、学界的支持，也需要出版界、教育界等上下游的连贯融合，更需要从业界不断创造，打破之前的资源壁垒，重建有利于阅读推广发展的生态。而上述各类的评奖，对阅读行业有以下六个维度的提升。

1. 提高自信力。评奖活动往往让获奖者拥有成就感，获得认同带来荣誉感。

2. 提高公信力。评奖活动往往促进媒体宣传，有助于提升获奖者或草根组织的形象、可信度。

3. 取得政府支持。获奖者往往有更多的机会获得政府购买服务、委托项目的机会，这对于充满草根色彩的阅读推广人或小型阅读推广组织来说，就获得了宝贵的启动资金。

4. 拓展加强社会网络关系。评奖活动往往会依托论坛、读书节、阅读推广培训进行，可以帮助获奖者在专业的领域中获取知名度，进而搭建、延展有用的网络关系。

5. 加强同业合作，促进专业化水平。评奖活动为来自各地、各个领域的阅读推广人加强彼此之间的合作互动，撞击灵感，互相借鉴，优势互补，互相督促，提升阅读专业化水平，形成行业互助组织。

6. 引起学界关注。评奖往往会邀请学界专家担任评奖委员，同时各类评奖也成为学界研究对象，开展实证研究，有助于推动阅读的科学化，甚

至学科化。

同时在这个过程中,我们看到上述奖项的一些不足之处:

(1)行业壁垒深厚。像亲近母语的奖项,只评价基础教育阶段,不能外扩。

(2)无法在专业性和激励性之间平衡。像《中华读书报》的奖项,太突出激励作用而对专业性评估不足。

(3)持久性不够。像二十一世纪出版社独力担当,值得敬畏,但是因为没打通上下游的行业生态,不可持续。

(4)民间性不够。可以说多数社会组织的阅读推广人对国家总局评选的"书香之家",闻所未闻,这种通过系统内部推荐的方式,也很大程度上限制了传播力。

(5)主办场地变换。像亲近母语和二十一世纪的奖项,都是不断变换举办地。

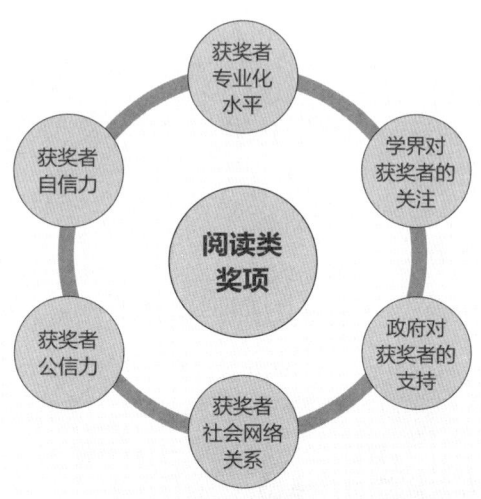

图7-1 阅读类奖项与获奖者的六维示意图

（二）领读者大奖对以上奖项的继承性创新

虽然各种大奖对于以上六个维度都有一定程度的影响，发掘和表彰了一批阅读推广人，促进了行业发展，但是上述困境也阻碍了它们实现跨行业跨平台的发展。而领读者大奖出生于深圳这个有着我国最先进的阅读推广生态体系的城市，有助于实现全生态链条的突破，结合深圳政、产、研相结合的主办力量，领读者大奖能遍及全国阅读推广界的广阔"朋友圈"；基于《南方都市报》的宣传系统，以及大奖所积累的行业声誉，领读者大奖能在以上六个维度上实现强有力的创新。

相对于中国儿童阅读论坛、"书香之家"、地方金牌阅读推广人等评奖，领读者大奖相对年轻，但已经迅速取得了行业影响力，其原因可从以下角度探析。

1. 深圳地域优势

深圳不仅有深圳读书月、国内第一家阅读联合组织——深圳阅读联合会等享誉全国的阅读品牌，更有 2013 年联合国教科文组织颁发的"全球全民阅读典范城市"的称号，全民阅读领域很多理念和实践都最早产生于深圳。深圳成为促进全民阅读的榜样城市，各省市新闻出版局、全民阅读组织屡屡前来学习经验。

2. 借力深圳读书月

领读者大奖选择在深圳读书月期间举办颁奖典礼，借助这个举深圳各界力量打造多年的阅读推广平台的声势，自问世以来就备受行业关注，可谓"一出生就风华正茂"。

3. 承办方的专业阅读推广基础

承办方南都读书俱乐部，2012 年依托《南方都市报》而创立，自身就是一个富有影响力的阅读推广组织，举办过文化社区行、华文书评人年会、妈妈读书会等活动，发起成立了深圳市青少年赠换书中心，并在广东省欠发达地区援建了多所"启卉书屋"，2016 年获得广东省委宣传部和省新闻出版广电局组织评选的"'书香岭南'全民阅读'优秀阅读推广组织'"称号。而《南方都市报》旗下的多媒体传播平台，则为传播效果创造了优越条件。

4. 政、产、研相结合的主办单位矩阵

中国图书馆学会阅读推广委员会、中国阅读学研究会、《南方都市报》、深圳读书月组委会办公室、宝安区委宣传部、深圳市阅读联合会的主办单位矩阵，使领读者大奖聚集了阅读推广方面的权威组织力量，因组合政府、学界和媒体的多方支持力量，增加了权威性和公信力。

5. 阵容强大及专业跨界的专家团队

评审委员会往往是跨界的，他们往往有过业界（传媒界、出版界、图书馆界、创作界等）的资深经验，又有着全国政协委员、中国作家协会会员等身份，基本都是全国文化界的名家，具有相当大的文化号召力。

分析了以上因素，我们来看到底大奖颁给了哪些对象？这意味着领读者大奖到底在提倡什么。

表 7-2　四届领读者大奖名单

年度大奖		第一届	第二届	第三届	第四届
	提名	樊阳、徐玉贞、李迪、贺超、麦小麦、赵聚、石恢、赵健、杨早、王绍培	李一慢、史金霞、赵勇、曾理、杨早	贺超、朱晓剑、许春宇、陈定方	李潘、绿茶、朱丽萍、戴潍娜、王春雷、林风谦
	获奖	樊阳	史金霞	陈定方	李潘

续表

		第一届	第二届	第三届	第四届
阅读项目奖	提名	书香工业园、三叶草社区阅读加油站、大夏书系读书节、班班有个图书角、知更社区、童萌汇、图书馆之夜、文学生活馆、深圳晚八点、樊登读书会	大夏书系读书节、第二书房"百城千群万里书香"、悠贝亲子图书馆、知更社区、后院"哲学席明纳"	知更社区、吴忠图书馆送书下乡、悠贝领读者	六和阅读教育、关爱女童阅读行动、奥林浦斯圆桌课、阅芽计划、湖北图书馆领读者行动、豆瓣时间
	获奖	班班有个图书角、深圳晚八点	后院"哲学席明纳"	悠贝领读者	六和阅读教育
阅读组织奖	提名	三叶草、后院读书会、文学生活馆、米巢读书会、隐形人读书会、星期天读书会、嘤鸣读书会、耕缘读书会、爱读书会、同道学园	嘤鸣读书会、爱阅公益基金会、吉林全民阅读协会、季风书园、席殊书屋、奥林浦斯学院	惠人书友会、群学书院、中国红十字基金会"亲基金"	今古乐道读书会、吉林全民阅读协会、尼采读书会、烟台读书会、银龄书院
	获奖	爱读书会	季风书园	惠人书友会	银龄书院
数字阅读奖	提名		十点读书、无锡百草园书店、广西师大出版社、北京大学出版社、富兰克林俱乐部、青年文摘	得到APP、凯叔讲故事、华云文化咖	
	获奖		十点读书	得到APP	
书评人奖	提名	陈远、庞溟、维舟、云也退、张经纬、朱白、曾园、绿茶、叶扬、华健			
	获奖				
阅读空间奖	提名	南京图书馆、张家港少儿馆、杭州图书馆、深圳图书馆、宝安图书馆、字里行间、海豚儿童书店、西西弗书店、学而优书店、深圳书城中心城		学而优书店、言几又空间、纯真年代书吧、广州图书馆、沈阳师大图书馆、沧州图书馆	广州图书馆、海宁图书馆、烟台开发区图书馆、南京邮电大学图书馆、万邦书店、我们书房、青苑书店
	获奖	杭州图书馆、西西弗书店		沈阳师大图书馆、言几又空间	广州图书馆、青苑书店

续表

		第一届	第二届	第三届	第四届
阅读支持奖	提名			合肥市文新局、南山教育局、春桃基金会	浙江省锦麟公益基金会、深圳爱阅公益基金会、成都阅读协会
	获奖			合肥市文新局	深圳爱阅公益基金会

从历届提名者和最终获奖者名单中我们可以发现，每次大奖都希望对我国阅读推广界发起一场"领读"总动员，不仅是从全国知名阅读推广人或组织的优中选精，还希望能够通过自我申报、探访、提名等方式不断发掘新力量，进而真正实现以大奖引领行业的高水平发展。

从数量上看，该大奖呈现出如下三个显著特征：

（1）以民间性力量为主。除公共图书馆等少量传统阅读推广机构外，跟部分传统奖项集中在体制内不同，大奖提名奖的大部分是2006年后尤其是2013年前后我国各地涌现的专职阅读推广组织和工作者、独立书店，他们共同代表了一种新的社会分工趋势——阅读推广行业，大奖着眼选拔的是阅读推广行业中最有知名度、最有专业代表性的"行业精英"。

（2）以发掘新生力量为目标。121个提名奖中重复率很少，在于阅读推广领域还是一个崭新的、正在发育的新行业，致力于寻找全国各地尤其是非一线城市的新生阅读推广力量，以帮助他们获得更多机遇。

（3）广泛团结力量推动行业生态重构。领读者大奖并不排斥已有的任何行业评价，反而建立在其他评价的基础之上，充分吸收相关的数据分析。

三、领读者大奖创新性发展对全民阅读生态体系的影响

全民阅读政策和"互联网+"时代的技术支持，是过去十余年间促使全民阅读生态体系初步形成的两个必要条件。在这样的生态体系中，公共文化服务的提速和国民对美好生活日益提升的需求，拓宽了阅读推广服务的市场，由此催生了类型丰富、形态多元的阅读推广主体，推动了阅读推广的觉醒和生态的形成。然而这个体系只是雏形，其是否能良性发展、是否能成为助推我国文化创造力和文化软实力的动力，有赖于外部的政策环境，亦离不开内部的力求专业化的努力，而领读者大奖则是引领这种专业化发展的重要力量之一。

（一）奖项有助于优化全民阅读生态体系

在2006—2018年的这12年间，政府的鼓励扶持是塑造全民阅读生态体系雏形的关键力量，从2006年中宣部、原新闻出版总署等联合发布第一个关于全民阅读活动的通知，到2018年1月26日原国家新闻出版广电总局发布的《关于开展2018年全民阅读工作的通知》，这13个通知构成了一个持续丰富扩展的政策话语体系。

对其稍加研究，可以观察国家战略视域下全民阅读性质作用的演变——从标题中可以看出，全民阅读从"活动"（短期性、不连续、不成体系、缺少制度保障、政府居于倡导层面）成为"工作"（长期性、连续性、成为体系、逐渐建立制度、政府居于顶层设计层面），通知的内涵也在不断丰富、创新，从最初的书博会、"七进"活动到全民阅读项目、工程、法制化、"十三五"规划、评估考核。

在初级阶段，外部能量大于内在能量，如何激发组织的活力，面对

所有阅读推广主体的评奖变得非常重要。而以领读者大奖为代表的各类评奖，则有助于帮助我们澄清、示范什么是真正有价值的、有生命力的、有益于大众的阅读推广行为，而大奖的持续推进，将有助于塑造阅读推广的专业边界，加强行业内部的互助联通，团结各方面的有益力量，进而不断优化我国全民阅读生态体系。

（二）各类阅读评奖有助于拓展阅读推广组织的社会关系网络

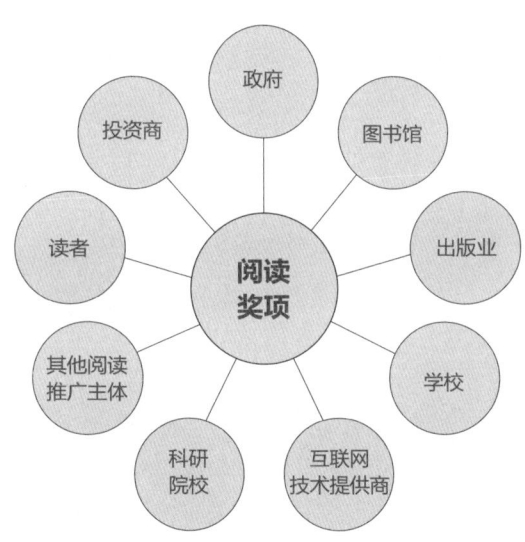

图 7-2　奖项的社会网络关系示意图

（三）阅读类奖项将助力阅读推广行业的专业化

如果说帮助推广人建立社会网络关系，是领读者大奖"打开边界"的能力，那么，通过各种阅读类奖项促进阅读推广行业提升专业化水平，则可以说是帮助阅读推广人建立"专业化的围墙"。

从提名入围者来看，大部分都是有着全日制职业特征，都在各个领域深耕数年，既有行业口碑又有生存能力的组织和个人，同时体现了社会效益和经济效益在阅读推广领域双效合一的可能性。领读者大奖的未来，将植根于阅读推广行业的整体专业化水平、能到达领读者专业水准的人、项目、组织的总体数量，植根于全国各地对阅读推广的普遍重视。

我们期待，国内的阅读评价奖项能够继续博采众长，互相借鉴，从单一曲调向众声合奏发展，不仅借鉴行业内的奖项评价，而且借鉴行业外的评价，例如奥斯卡奖。让这些创新性发展的评价在我国阅读推广事业的专业化从低级形态向高级形态的进化过程中，能够真正地、持续地起到不可替代的"领读"作用。

阅读空间研究

深圳全民阅读
发展报告
2019

全民阅读时代的书业转型

尹昌龙

读书是人类获取知识、增长智慧的重要方式。习近平总书记在接受新闻媒体采访时曾说："读书可以让人保持思想活力，让人得到智慧启发，让人滋养浩然之气。"通过读书，人类把自己的创造代代传承，让每一代人都能站在文明的肩膀上寻求进步，使人类自身走向高尚和伟大。

读书也是一个国家、一个民族精神发育、文明传承的重要途径。中华民族有着悠久的读书传统，宋真宗曾亲笔写下"书中自有黄金屋，书中自有颜如玉"劝人读书。在实现中华民族伟大复兴的进程中，我们必须接续上这个民族的读书传统，培养民族强大的学习能力。国务院参事王京生先生曾在调查中发现，全球范围内阅读力较高的民族，基本上都会成为原创能力较强的民族。

从这个意义上看，实体书业的发展关乎个体、国家与民族的命运。在经历了严峻的书店倒闭浪潮之后，近年来，中国实体书业开始呈现复苏迹象。这很大程度上得益于国家战略的调整：随着全民阅读国家战略的深入实施，各地党委政府逐渐将推动读书视作一项基础工程，整个社会对读书尤其是读好书的重视程度与日俱增。

当我们逐渐步入一个崭新的全民阅读时代，实体书业的发展也迎来了四个重大调整，即供应方式的变革、服务方式的变革、生产方式的变革和生活方式的变革。这四种变革相互交织、彼此影响，势必将成为推动中国书业实现跨越式发展的重要因素。

一、供应方式变革：书业竞争力更在于形成并供应价值

书业在根本上有别于其他行业，其竞争力更在于形成价值、供应价值。如果把图书完全等同于一般性商品，不仅违背书业发展的基本规律，而且漠视中华民族传承千年的读书传统，更容易造成图书行业精神价值的缺失和全社会学习能力的削弱。因此，在全民阅读成为国家和地区战略的重要组成部分之际，实体书业必须适应形式，做出变化。

首先，书业从业者要成为爱书之人。书业是人类最高贵的事业，书业从业者应当树立"读书以及一切为读书所做的服务都是高贵的"核心价值观，充分认识阅读的高贵性和灵魂性，以行业带来的使命感和高尚感从源头上推动调整供应思维、变革供应方式。

其次，书业从业者要成为懂书之人。书是知识的载体，这决定了书业是一个知识含量很高的行业。但长期以来，中国出版发行业上下游发展水平不够均衡，书业卖场的一线从业者往往学历不高，真正懂书之人较少，无法有效满足读者需求。变革供应方式，最重要的就是培养懂书之人，为大众读者发现好书、推荐好书。

再次，书业从业者更要成为优秀的选书人。优秀的选书人，如同中医馆里能对症下药的坐堂大夫，具备在不同读者身上洞察需求的能力和从浩如烟海的出版物中遴选精品的眼光，能够解决当前实体书店大量好书被积压的行业痛点，并通过"开书单"来创造增值服务，为普通读者和公共采

购提供支援，进而实现供给侧改革。

二、服务方式变革：自觉参与构建公共文化服务体系

2017年，《中华人民共和国公共文化服务保障法》正式施行，加强公共文化服务体系建设成为法律明确规定的政府职责。书业发展要自觉纳入公共文化服务体系，以推广全民阅读为着力点从基本性、均等性、公益性、便利性、多样性等方面变革服务方式，打造全面持续深入开展全民阅读工作、构建城市公共文化服务体系的重要载体与主流阵地。

第一要保持基本性。读书是市民读者最基本的文化权利。公共文化服务虽不能保证每个人都能看得懂展览、听得到交响乐，但最基本要做到保证每个人都有权利读书。书业要以实现市民文化权利、满足市民阅读需求为宗旨，为普罗大众共享阅读红利提供服务，在公共文化服务政策的顶层设计中获取更大支持。

第二要保持均等性。图书供应既要做到结构完整，又要实现文化普惠。图书结构直接关系到一个地区的文化结构和文化素养，不能重经管轻文学，亦不能重社科轻科技，而是要把更多好书、以更合理的结构形式展现到读者面前；图书服务要面向最广大人群，满足最广大读者需要，让无论是青年才俊、妇女儿童还是偏远居民、残障人士都能实现自己的文化追求。

第三要保持公益性。虽说"天下没有免费的午餐"，但实体书业要积极创造条件，让更多市民读者享受到公益免费的文化服务。读者不花钱，实际上意味着政府在背后提供了公共财政支持。书业要依托这些支持多多

打造"零门槛"的公共文化服务项目，开展丰富多彩的公益文化活动，打造丰盛免费的阅读菜单。

第四要保持便利性。曾有朋友这么评价东京和深圳，他认为两座城市最大的不同在于便利性——在东京，各类服务无时无处不在。公共服务和商业服务一样，存在"大鱼吃小鱼，快鱼吃大鱼"的规律，如果做不到便利，就将被人民群众淘汰。书业要进一步提升公共文化服务的便利性，一方面要加强线下布局，以大书城为主力军、以小书吧为轻骑兵、以自助售书机为补给站打造公共文化服务网络，使书业延伸到千家万户门口；另一方面要转变服务方式，推出更多 24 小时书吧、城市自助图书机、特色线上平台以满足市民需求，让全民阅读"随时随地，触手可及"。

第五要保持多样性。我曾在深圳书城观察到一个现象，披萨是人气最高的餐饮形式。进一步研究思考发现，原来是因为披萨非常适合一家人围坐共享，能够实现家庭的交流沟通。这说明逛书城已经成为很重要的家庭时光、亲子时光，也昭示了未来书业以及公共文化服务的发展方向：丰富业态模式，加强聚合效应，以"书+"的形式与咖啡、餐饮、电影、创意等一切多样性生活元素结合，积极探索复合型多样化业态，构建多层次书城文化综合体，进而满足不同人群的不同需求。

三、生产方式的变革：嫁接书香与智能化两大要素

全民阅读的持续升温和智能科技的日益精进，使实体书业生产方式的变革成为众望所归、大势所趋。如果让我想象 2030 年的书业，我脑海中会出现以下画面。

一是寂寂午夜，书城里亮着些许细微灯光，不知疲倦的机器人正井然有序地整理书架。它们的工作高效而精准，拾起一本书马上就能自动定位并放回相应位置。二是繁忙卖场，拥有大数据储备的机器人为前来买书的读者选书荐书。读者只要输入自己的需求，它们立刻便能生成一张专属书单并自动找出这些书，有的机器人还会根据读者过往的购书记录进行分析推荐，能瞬间从浩瀚书海中拾取精华，为读者推送个性化的、有力量的文字，为读者创造灵魂栖居的环境。

以上想象的场景，核心是人工智能技术的广泛应用所带来的生产方式变革。这种变革不仅打破了书业作为劳动密集型产业的发展桎梏，更实现了超越人类能力本身的优质服务。近年来，书业变革生产方式、追求智能化发展的案例层出不穷，其中智能书城、无人书店和特色电商具有很强的典型性：

智能书城通过搭建智能系统、构筑智能生态营造"书香+智能"的购书阅读环境，极大提升了消费体验感，为读者制造了更多的喜悦感。智能科技可能是现在乃至未来人类最大的时尚，当它进入传统书业，不仅仅会带来生产方式的变革，更重要的是把时尚带进了书业，使书城变得更加生动好玩。

无人书店通过人脸识别、移动支付等最新技术手段打造全新书业形态，为实体书业的发展提供更加灵活的选择。2018年在深圳举办的第二十八届全国书博会上，有一个简阅24小时智能书栈引起了热议。在这个无人书栈里，智能系统将数据传回后台，自动识别处理进出门、购书、支付等一系列行为，能高效帮助读者完成自助服务。

特色电商利用移动互联网进一步丰富主题导购、书单定制、名家签售、文化活动、兴趣社交等书业电商平台的线上功能，使实体书店有限空间在虚拟书城的模式中成为无限地带。尤其当阅读人群不断增长，阅读方式便同步变化，数字阅读发展迅猛，越来越多人不局限于以纸为媒介获取知识和信息。特色电商的发展，将更精准、有效地供应阅读服务。

四、生活方式的变化：贴着地面又高于生活的"再生"

书香和面包香能不能彼此交融？

这曾是困扰书业发展的一个重大问题。但斗转星移，随着阅读与生活日趋融合，随着阅读逐渐成为一种主流生活方式，在书店倒闭浪潮后重新复苏的书店已经不再是原来的书店了。复苏的本质是再生，再生的结果是秉承"尚书不唯书，求利不唯利"发展理念、定位为"贴着地面"又"高于生活"的书店。

贴着地面，是引入日常生活中的"烟火气"，进一步丰富书业内涵。主要表现为三点，一是书业空间与休闲空间的融合。书业从书开始，但不是到书结束。书业空间不仅仅是图书卖场，更是生活空间，是一站式综合性多样化的精神驿站。二是书业与非书业的融合。融合餐饮时尚、电影展览、创意创新等文化业态，以业态的交织创造崭新的活力，打造关于文化消费和精神体验的复合式城市文化生活中心。三是书业与创意时尚的融合。通过创意时尚的力量在"接地气"的基础上颠覆老旧土的刻板印象，打造创意、时尚、高颜值的文化休闲生活阵地，通过阅读传递审美的愉悦，使阅读成为时尚生活、美学生活的一部分。

高于生活，是发挥书业"仰望星空"的力量，进一步点亮生活。相较于生活中的其他商业场所，书店代表着一种具有引领力和号召力的生活，走进书店的人能寻觅到庸常生活中的高贵灵魂。书业对生活的引领力体现在三个方面，一是营造阅读无处不在的生活场景。书业原来更多地关注如何在自己的一亩三分地里进行多元化，如今从"脚下"走向"天下"，积极向商业综合体等非书领域进军，推动传统书业成为文化扩张时代的主导性力量，让书无处不在，让文化无处不在，让"城市的每一扇窗户都透着阅读的灯光"，最终让书业成为生活环境的重要部分。二是发挥名家的指引力与号召力。邀请名家大家设坛开讲，让书店成为与名家相遇的地方，让名家思想照耀生活、激励前行，增强社会大众对阅读的认同感，进而使阅读成为一种主导性、引领性的生活方式。三是突显阅读的正向引领作用。倡导"以读书为荣，以读书为乐"的价值观念，以阅读塑造强大的动力系统，培养完善的价值系统，通过阅读改变人群，改变观念，最后改变社会。

最后，如同曾经电影院为人们恋爱创造新的空间和场景，我期待未来书业也能成为重塑人们生活方式的场所，成为恋人们、家人们增进交流的地方。这当中最重要的是重拾书店伟大的场所精神，只有具备了这种精神，书店才具备了向生活渗透的力量。

尹昌龙，深圳出版发行集团党委书记、总经理

认知行为视角下的全民阅读建设[①]
——以智慧书城为突破口

张晗

一、认知行为理论与阅读研究

认知心理学形成于20世纪50—70年代，在此之前以"刺激—反应"论为代表的行为主义大行其道，研究者尝试通过动物的学习和动机发现人类的学习规律，其最重要的贡献在于为心理学领域创建了一套精细而严格的实验研究的技术和原则，但行为主义最大的缺陷在于拒绝用对心理加工过程的分析来解释行为[②]。直至出现现代意义上的"认知革命"才促成了认知心理学的迅速发展。

（一）认知行为理论的产生背景与基本假设

第二次世界大战期间，美国政府资助了大量人类工效的研究，比如如何训练士兵使用复杂先进的装备和解决注意力分散等问题。将人类工效研究与信息论相结合发展出最早的人工智能理念，即认为人类的认知和智能

[①][②] [美]约翰·安德森著. 秦裕林, 等, 译. 认知心理学及其启示[M]. 北京：人民邮电出版社, 2012:9.

活动是信息处理过程，人工系统可模拟生命和智能过程，通过研究虚拟世界各类人工智能可以把握真实世界人类认知和智能的基本性质。

另一方面，计算机的诞生和应用使科学研究出现了继理论研究和科学实验之后的第三种方法：计算、模拟和仿真。计算机强大的数据处理能力和学习功能以及互联网的联通提供了科学、高效的研究工具，许多计算机科学的概念被心理学采用。

作为"认知革命"发动者的乔姆斯基，以《生成语法》挑战在20世纪50年代占主导地位的行为主义者学习语言的方式。他认为说话的方式（词序）遵循一定的句法，这种句法是以形式的语法为特征的，具体而言是一种不受语境影响并带有转换生成规则的语法，儿童被假定为天生具有适用于所有人类语言的基本语法结构的知识，这种与生俱来的知识通常被称作普遍语法理论。从此，美国的心理学研究走上了以认知研究为主的道路。

（二）认知行为的理论假设

1. 功能主义

认知是信息加工的过程或计算过程，智能有机体是接收、存储和处理信息的信息处理系统。正如塞尔对功能主义的描述：心智之于大脑，如同程序之于硬件，因此即使不研究神经生理学，也能研究心智。程序是至关重要的，与它在计算机中的实现毫不相干，心智的功能与载体无关。

2. 联结主义

联结主义受大脑神经网络研究的启发，其核心是认知和智能，是从大量单一处理单元的"并行分布式信息处理"式的相互作用中产生的。认为大脑功能虽然受先天因素制约，但后天的经历、学习、训练和文化环境作用等起重要作用，具有很强的自组织和自适应的特性。20世纪80年代以来，认知神经科学研究逐渐兴起人工神经网络、计算神经科学、神经计算等领域的研究。

3. 计算主义

计算主义的核心是认为，认知的本质是计算，一切认知过程和智能行为都是可计算的。认知科学家的基本任务是探究在人类心智中发生的表征和计算的具体类型、机制和形式。马尔（D. Marr）提出复杂信息处理系统的三层次理论，即计算理论层、表征与算法层以及实现层。其中计算理论层解决的是"计算的目的是什么""用什么计算处理"以及"说明所用计算为什么能达到此目的"等问题；算法层要对计算理论找到具体的算法，尤其是输入和输出的表征是什么；实现层是将表征和算法转化为可执行程序。然而比解决计算问题更现实的问题是，计算是否可实现[①]。

（三）认知行为理论与技术在阅读领域的应用

认知系统的复杂程度远远超出我们的想象。人类的身体布满了各种感受器以觉察光线、声音、气味以及与身体的接触，几十亿个神经元对信息进行加工，与现代计算机不同，大脑的每一部分都是特异化的，并且是在相互作用中完成整体心智活动的。除了大脑结构的复杂性之外，人类的认知过程也是复杂的。人的行为受学习过程中对环境的观察和解释的影响，人的心理功能是信息加工系统，认知过程构成了复杂适应系统的一个子系统。具体到阅读行为的研究，采用认知行为的理论面向和研究技术，可从以下四个方面展开。

---

① 刘晓力. 认知科学研究纲领的困境与走向 [J]. 中国社会科学，2003（1）.

1. 数据分析

读者调查，作为了解读者阅读行为的最直接方法，20世纪90年代以来数量和规模迅速增加（见图8-1），对阅读行为数据的收集、整理和分析使阅读研究逐渐走出经验性和描述性的传统。对读者阅读行为的数据收集可以分为主观数据和客观数据两种类型，通过读者自行回答问题、填写问卷收集的数据属于主观数据，即读者自行回答阅读的时长、时间、种类、频率等，而通过社会组织、销售单位、阅读推广部门统计收集的和通过使用网络阅读平台、图书借阅平台、移动阅读APP等自动生成的数据为客观数据。采用数据分析的方法进行阅读研究时需要注意采用主观报告的数据和客观统计的数据相结合的方法，才能更好地观察分析不同人群读者的阅读行为特点。

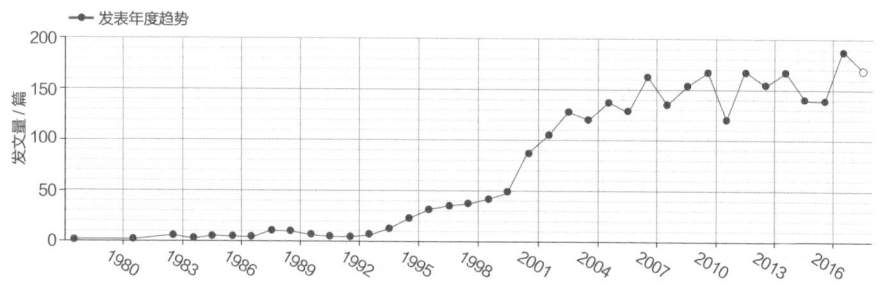

图8-1 中国知网显示的历年"读者调查"文章数量

2. 控制实验

实验研究法是在特定条件下，通过控制事物的某个或某些因素从而探索其相互之间关系的一种研究法，其优点在于研究者能够控制实验中的无关因素，通过掌控自变量，准确测量因变量的变化，使得实验结果在允许的误差范围内，从而确保实验结果的准确性、客观性。通过设置实验组和对照组，可以检测自变量（如文字形式、文章内容、媒介载体、阅读环境等）对因变量（如阅读效果、社会认知、态度行为等）的影响，人口学因素为中间变量。阅读实验已广泛应用于心理学、教育学、语言学等学科，在新闻传播学特别是编辑学、出版学领域尚不多见。

3. 眼动追踪

眼动方法被应用于阅读研究，其基本前提是阅读过程中的眼球运动能够被即时记录下来，由此记录的数据能够真实地反映被试的阅读过程，且实验过程较自然、受外界干扰小。科学使用眼动仪可以测得首次进入时间、访问时间、注视点个数、访问次数和热点图等行为指标，用以推断研究对象的心理活动。研究结果可用于提高编辑排版舒适度、提升网页内容美观度、增强移动阅读显示度等方面。随着科学技术的不断发展，用于眼动研究的仪器设备也愈加先进，常见的有头盔式、穿戴式和屏幕式等，品牌有 Tobbi、EyeLink、SMI 等，市场报价在 20 万元至 40 万元不等，需要的实验室配置也不尽相同。

4. 脑功能成像

脑功能成像是更为科学和普遍的神经科学技术，其基本原理是用无创伤或创伤性较小的放射性核素，定位、半定量或定量地测量活体人脑内各种生物分子的分布和代谢，并生成图像，近年来发展十分迅速。常见的脑功能成像有正电子发射断层成像术（PET）、事件相关电位技术（ERP）、近红外谱分析技术（NIRS）和功能性核磁共振技术（fMRI）等。用脑成像技术研究阅读行为，可以几十毫秒采集一幅图像，清晰地观察到在特定阅读任务条件下，人们的大脑哪个部分被激活，各部分之间有没有信号传递，再通过统计软件做相关分析，研究是否达到显著水平，从而总结一般性的阅读规律。但脑功能成像技术的限制在于研究费用较高，特别是仪器设备的投入动辄需要几百万元甚至上千万元。

二、数字时代的阅读认知行为

（一）阅读行为的金字塔结构

阅读是人们幼年就开始的长达 20 年之久的语言教育、识字训练、阅读学习的组合能力与文字内容发生信息传递、意义生产、场域对话的过程。20 世纪 80 年代，以美国为代表的国外研究者们尝试建立人类认知系统的媒介信息加工模型，才逐步打开传播效果研究的"黑箱"[1]。在数字媒介环境下，大众传播（mass communication）逐渐向大众自我传播（mass self-communication）过渡，传播者和受众的界限日益模糊，媒介使用的自主性带来传播效果的间接性、条件性和交互性，媒介属性比如文本样式、内容种类和呈现结构等对传播效果影响显著。

研究者们还发现，数字媒介使用不仅对于受众，对传播者本人也会产生暴露效果，比如发送网络政治信息显著影响传播者的公民参与，其效果远高于传统媒体；在对个体传播内容进行人际或人机的肯定反馈后得到更为显著的效果[2]。根据认知理论假设和大量的相关实验，描绘了阅读行为的金字塔模型（见图 8-2）[3]：

---

[1] George A. Miller. The cognitive revolution: A historical perspective[J], Trends in Cognitive Sciences, 2003, 7（3）.
[2] Sara Prot, Douglas A. Gentile, etc, Long-Term Relations among Prosocial-Media Use, Empathy, and Prosocial Behavior[J]. Psychological Science, 2014, Vol. 25（2）358–368.
[3] Maryanne Wolf. Proust and the Squid: The Story and Science of the Reading Brain[M], Harper Collins. 2007.

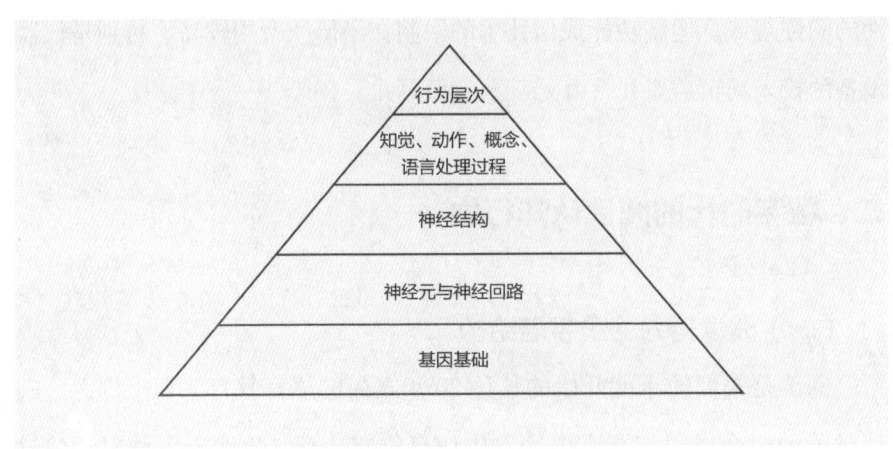

图 8-2　阅读行为的"金字塔"

"金字塔"的第一层是阅读行为,即外显的部分,在阅读研究中涉及阅读量、阅读时长、阅读频率、阅读广度、阅读效果等。第二层是认知层,由基本的认知、概念、语言、注意力等组成。认知过程建立在第三层的神经结构之上,神经结构之间的联结让人类能够阅读与学习,这是多数心理学家研究的范畴,近来许多脑成像研究试着探索这些结构之间的连接。第四层由许多神经元工作组组成,能够产生和提取如字母和发音等各种形式的信息的持久表征,并且自动化整个过程,使人类成为视觉与听觉的专家。最下层是最终控制视觉和语言等过程的神经回路的基因,但阅读神经回路没有代代相传的独特基因,不像语言或视觉自然而然地出现在下一代身上。因此,阅读认知必须经由大脑的后天努力,形成金字塔上面四层所需的神经回路,而这一证据与认知行为理论中的联结主义、功能主义的假设不谋而合。

(二)数字阅读对认知能力的影响

最初阅读是指"理解书写或印刷符号的能力",而今随着数字媒介的发展，阅读更包含了从电子屏幕等高科技界面上获取编码信息的能力。关于数字阅读的研究，学者们主要集中在软硬件技术设备对阅读带来的影响。比如韩国学者研究了人口因素、媒介使用、个体差异等变量在媒介技术采用过程中的差异；瑞典研究者验证了电子阅读设备屏显技术的改进给数字阅读带来更接近纸本书的阅读感受；台湾学者考察了读者在采用电子书阅读的态度和使用意向方面的动因，结果表明，便利性、兼容性和媒体丰富性是影响数字阅读接受度的重要因素。

国内学者关于数字阅读的研究成果已观照到宏观和中观的层面。对数字化时代国民阅读现状的研究显示，国民阅读率下降已成为不容忽视的现实；对传统纸质阅读和数字阅读的对比研究表明，数字阅读与传统阅读虽在阅读效果、选择动机、使用偏好等方面差异显著，但二者不可替代、共存共生；关于某些特定群体（如中学生、大学生）的网络阅读现状与对策的研究显示，数字阅读的阅读主体、阅读内容和阅读范式（"深阅读"与"浅阅读"）均发生了显著变化；关于阅读形式和载体的开发与使用研究更多集中在手机媒体的数字阅读；更有学者呼吁加强青少年数字阅读素养教育的研究。整体来看，现有研究基本回答了"人们为何数字阅读"，但尚未科学地解释"人们如何数字阅读"的问题。

而数字阅读不一定带来阅读效果与认知能力的下降。与国内对数字阅读的审慎不同，国外研究者多采取"顺势而为"的研究策略。研究发现，网络阅读表面上杂乱无章、不成系统，众多看似没有关联的因素却能产生巨大的创造性；电子阅读不仅没有影响学生的整体阅读理解，反而提升了阅读策略；"数字原生代"青年依赖数字技术的行为会影响其阅读习惯，进而影响思维模式和社会决策，甚至导致其大脑组织结构发生改变。

由于中文阅读与英文阅读在认知与行为层面存在很大差异，中文阅读者一般需要记忆数千个汉字才能迅速有效地阅读,阅读过程中左右脑的视觉专门区域都需要参与运作,而英文等字母文字阅读者更依赖左脑后方的专门区域。并且不同的文字书写系统,在大脑的发展过程中会创建不同的脑神经网络[①]。因此,中文的数字阅读认知行为研究尚有许多前沿问题亟待探究,为数字阅读究竟是洪水猛兽还是千年机遇的争论提供更为科学的数据支持,为数字出版产业发展提供坚实的读者需求基础资料,为以数字阅读推广助力全民阅读建设提供更多决策依据。

三、以数字阅读助力全民阅读推广

语言文字、文化知识、传播媒介的生命在于人们阅读的需要。一方面,党的十八大将"开展全民阅读活动"纳入社会主义文化强国建设战略,"全民阅读"连续五年被写进《政府工作报告》。另一方面却是近年来国民纸质阅读率持续走低的现实,据中国新闻出版研究院 2016 年统计,国民人均年读书量仅 4.58 本,远远低于以色列(64 本)、俄罗斯(55 本)、日本(40 本),甚至少于韩国(11 本),同年数字阅读率首次超过纸质阅读率,其中 18 至 29 周岁的数字阅读接触人群超过 89.6%。

全民阅读活动虽尝试推动优秀读物"纸电同步"、开通网络阅读平台、推出全民阅读 APP 等,但尚未在数字阅读领域展开对读者对象的有效引导,一个重要的原因是,阅读是分散的个体行为,尽管受到文化教育、社会环境等外部因素的影响,"读与不读""读什么""怎么读"一系

---

① P. Turkeltaub, L. Gareau, D. Flowers, G Eden. Development of Neural Mechanisms of Reading [J], Nature Neuroscience,2003,6(7):767-773.

列行为暗含十分复杂的心理动因与认知决策机制。笔者根据认知行为理论的假设，结合当下实体书店发展趋势和阅读行为特点，尝试提出为全民阅读搭建数字化、网络化、智能化阅读平台的构想。

（一）人工智能荐书

人工智能无论作为认知理论的产生背景还是国家科技发展的战略方向，已不是新鲜事物，近年来随着算法模式持续优化、数据信息海量增长、运算能力大幅提升，为60多年来的发展注入新机。首先运用强大的计算能力对读者从搜寻、浏览到试读、购买的一系列行为数据进行计算分析，建立人口学意义上不同人群的阅读需求模型。突破文本、图像、语音的界限，采用跨媒体交互形式对书籍内容进行线上推介和精准营销，及时了解读者的阅读期待，增加与读者的互动和粘性，通过多次的算法调整，不断优化书籍推荐方式，实现阅读需求的识别、推理、预测等功能。对于购买和阅读数据，在更广阔的范围内突破现有封闭的单机或局域系统，基于全国甚至国际应用环境设定模型函数与运算机制，采用开源框架，实现数据库联网，推动建构人工智能行业解决方案。

近年来，关于阅读行为的数据分析报告层出不穷，咨询机构易观智库推出《中国移动阅读市场年度综合分析报告》，数字出版平台亚马逊发布中国地区年度《阅读榜单》，硬件供应商Kindle发布年度《电子书阅读行为报告》，中国音像与数字出版协会发布《中国数字阅读白皮书》，还有官方机构发布《国民阅读调查报告》、开展数字阅读城市评选等等。对阅读行为的研究多采用数据分析和数据挖掘的方法，但以数字阅读行为规律指导全民阅读活动的策略还未引起足够的重视，且较少开展更为深入的阅读知觉、神经系统方面的研究。

（二）虚拟现实阅读

如果说 2016 年是 VR（Virtual Reality 虚拟现实）元年，2017 年则是"出版 +VR"元年，虚拟现实技术在少儿阅读、职业教育、高等教育、人文社科和大众读物领域逐步扩展。相对于 VR，AR（Augmented Reality 增强现实）图书的技术门槛较低，进入市场时间较早。国外的迪士尼，国内的浙江少年儿童出版社、接力出版社、中信出版社是 AR 图书的领跑者。据中国玩具网的报道，2013 年美国 AR 自助创建的应用程序已经有超过 900 万次的下载，全球超过 3300 万次下载，很多图书出版行业人员开始用这种创新的科技来获取竞争优势。虽然 VR 和 AR 图书带来了新的市场增长点，但人工讲解辅以视频宣传的营销模式收效一般，且 APP 下载推广困难，使得传统传播渠道成为 VR 图书需要克服的首要难点。

利用虚拟现实技术体验化、仿真化、空间化的特点，在书城设立虚拟阅读区，由书城管理部门统一规划，各出版单位提供技术支持和配套服务，使得读者在交互操作和感觉认知层面获得良好的体验飞跃，实现在虚拟阅读环境中漫游互动。2016 年，广东新华发行集团在广州打造首家新华"四阅"书店，儿童体验区除了出售儿童书籍外，还包括科技体验、动物世界、手工 DIY、机关王等 4 个体验项目，儿童可以在这里看书、玩 VR 游戏、用多媒体儿童互动系统涂鸦、进行光学立体绘画和创意手工皂制作、体验大型的积木游戏等，但均为收费项目。2017 年，上海交通大学出版社实体书店首创"VR 阅读隧道"揭牌，未来读者可以通过 VR 设备进入虚拟书店看书买书，还可以在"VR 图书展厅"进行立体化的阅读，甚至能"走入"书中描写的情境，与人、物进行实时对话与交流。此外，智慧书城还可以引进 VR 绘画设备，如谷歌的 TiltBrush、Oculus 公司的 Quill 等，读者不需要画笔和颜料，在空气中通过做出不同的动作，则可在魔幻的虚拟空间创作出精美的画作，以满足不同人群的文化和创作需求。

（三）开放在线生产

数字出版 1.0 指电子书制作即"纸书搬家"，数字出版 2.0 是在全媒体技术生产、加工、存储和发布技术支撑下的"纸电同步"，而真正意义上的数字出版即"数据+内容+服务"的人人实现在线获取信息、生产文本、转化商品的愿景尚未实现。网络文学曾是最初的读者参与生产形态，腾讯、百度等互联网公司进入网络文学领域，加剧了国内网络文学移动化和社交化的进程，移动社交使得作家们可以通过和粉丝的沟通，宣传新书、征集或票选剧情、调整后续内容、提高阅读体验。但也有业内人士指出，商业流水线上的网络文学正在发生变化，读者并不苛求文笔细腻，而是偏爱故事结构的刺激性，玄幻武侠、情爱故事、游戏竞技等题材占据大半江山，作品脱离了传统文学创作的艺术积淀和生活体验。

而真正的数字出版，应包含社会各个层面的不同职业、专业、年龄、兴趣爱好的人们对于生活的态度、关于生命的体悟、关于知识的总结、关于未来的想象的优质内容，即维基出版（WIKI Publishing）。狭义的维基出版是免费的、个人可以普遍参与的、动态的、内容开放、可自由访问甚至编辑的出版活动，其典型代表即维基百科；广义的维基出版核心是开放式出版，分为按需印刷和按需出版两种类型。2014 年众书网在北京正式成立，是中国新闻出版研究院主管的国际数字按需出版平台，提供学术出版、个人出书、自费出版、明星出书、个人出版、自费出书、全球数字出版等出书服务，其网站显示目前已有 2968 位作者在众书出版，拥有认证设计师 129 位、编辑 176 位，建设了以按需出版为技术支撑的国际主流出版物营销网络，包括新华书店、新华文轩、当当网、京东、美国亚马逊、英格拉姆、英国布莱克威尔、韩国教保文库等。对于智慧书城来说，可以将服务的两端均定位至作者，引入自助出版、按需出版、按需印刷等个性化、定制化的商业模式，加入全球维基出版网络。

（四）知识系统建构

2017年，美国《纽约时报》在各大媒体重复播放一则广告，大意是说"我们生活的时代从未如此的分裂"，希望民众支持客观公正的新闻报道。当代中国社会，由于个体意识的崛起、不同社会阶层的观念分化和西方意识形态的渗透，凝聚社会共识对推进重要领域和关键环节的改革显得更加重要和紧迫。数字阅读以其数字化、交互性、去中心化等特点吸引了庞大数量的读者，并逐渐由青年群体向老年和青少年群体延伸，其可能带来的个体自我隔离、群体的极化和社会的数字鸿沟等负面影响不容小觑。

根据认知理论的观点，人与周围的环境是相互建构的关系。人类认知的成长与发展存在于整个生命周期，人的行为受学习过程中对环境的观察和解释的影响，知识、思维和问题解决既是个人对环境事件的接触，也是个人对这些事件的意义的建构。因此，无论是新兴的知识付费，还是传统的纸质阅读，都是社会整体知识系统的一部分，智慧书城今后无论是虚拟形式还是实体空间，远非追求简单的经济效益，对于提升读者的文字撰写水平、文化创新能力和整体社会效益做出贡献，理应成为全民阅读网络的重要平台与节点。

四、结语

孔子曰"言而不文，行而不远"。自 1995 年联合国教科文组织确立"世界读书日"以来，已有超过 100 个国家和地区参与此项活动，美国、俄罗斯、韩国、日本甚至使用立法形式引导推广全民阅读活动，我国也于 2017 年颁布了《全民阅读促进条例（草案）》。国际上的文化软实力强国纷纷基于各国语言文字的阅读规律，制定各类阅读推广办法，而不同人群的差异化需求被视为全民阅读和国民教育的出发点。数字阅读的兴起、智能科技的快速发展和阅读行为的深入研究为全民阅读带来了新的机遇与挑战。

数字阅读在激发受众信息生产能力的同时，也改变了单向度传播时代认知的整体趋同性，消解了主流媒体对社会话语的主导权。阅读推广移动化、社交化、跨介质的形式变化，要求不断丰富在线内容资源，建构数字阅读社群谱系，创新城市文化供给形式，调整基于数字阅读的全民阅读城市建设政策。在新的媒介技术条件下，迫切需要触发读者实际阅读行为、扩大主流价值内容传播、提高阅读推广成效的全民阅读城市建设实施路径，提升全民阅读指导的科学性和权威性，促进城市全民阅读工作的制度化、长效化和国际化。

张晗，深圳大学传播学院副研究员

文化综合体的现代科技融合发展

——从第一座全方位多维度高端智能书城谈起

程翔

近年来,深圳在文化创新方面的推动不遗余力,制订了《深圳文化创新发展 2020(实施方案)》,推出了一系列文化发展的重要举措。作为深圳文化"走出去"的一张名片,深圳书城是这座城市公共文化服务和文化品位的重要体现。深圳市委市政府一直以来高度重视书城的建设与发展,2018 年深圳书城龙岗城(以下简称"龙岗书城")的开业作为全市的重点文化项目,得到了前所未有的关注与支持。

自 1996 年起,深圳书城历经了 1.0 版综合性大卖场(罗湖城)、2.0 版文化 Mall(南山城)、3.0 版体验式书城(中心城)到 4.0 版创意书城(宝安城)的跨越式蜕变。但无论哪个版本,都是"大卖场"属性,仅是基于"卖方市场"的单向销售,"买方市场"的需求并未得到充分的体现,"卖方"与"买方"供需之间缺乏互联互通。近两年,国家对"人工智能"的发展出台了一系列政策,与此同时,智能化商业综合体不断拔地而起,打造智能化商业环境已是一个不可逆转的趋势。在全球新一轮科技革命和产业变革兴起的时代背景下,"互联网+"与智能城市两大潮流的融汇,将成为推动深圳书城建设和运营模式升级的重要动力。如何继续擦亮"深圳书城"这张文化名片,实现深圳书城的延续和提升,是龙岗书城的首要任务。

2018年7月18日开业的龙岗书城，遵照深圳出版发行集团的总体规划和尹昌龙总经理"让书城插上智能的翅膀"的指示，顺应时代的变化和需要，用先进的智能化手段服务于书城的运营，使之更加贴合读者的消费需求，满足广大市民对美好生活的愿望，得到了国家、省、市、区各级领导，业界专家学者以及读者们的肯定与褒奖。

一、智能书城的内涵

智能书城是对科技的现实呈现，是人工智能和前沿科技在图书发行业态中的应用以及对传统书业运行系统的流程再造。它涵盖当前先进的科技手段，并将其运用到书城文化综合体的书业平台运营、多元业态营运、物业管理、日常办公以及线上线下互动等各个方面，全方位多维度地体现现代科技为消费者和运营者带来的最大可能的便捷性。

龙岗书城的智能化打造，对书城的各方面软硬件设施从建设之初就进行了智能化的规划、设计和建设；将智能化平台与书城文化综合体平台进行融合，即将现代科技的高效与便捷融入书城运营和消费者的体验中去，开启一个全新的现代化文化商业综合体运营模式。

二、龙岗书城智能化建设的总体构想

龙岗书城作为全国第一座全方位多维度的高端智能书城，是一座高效、方便、舒适的具有先进科技水平的智能化建筑,一座现代化智能型的大型文化综合体。在实际运营中,它满足智能科技的多种特性,如实用性、先进性、安全性、可靠性、经济性、高效性、开放性、可扩充性、可操作性等。

龙岗书城的智能化建设,按照供给侧结构性改革的要求,结合了当前互联网下半场基于消费升级和技术升级的"新零售"特点。无论是图书主业,还是配套商业,乃至日常管理,都大量融入智能化理念和系统,将技术手段与书城的业务、服务、顾客体验做深度融合,让智能无处不在,提升顾客在书城的体验感和趣味性。大数据平台的运用,推动书城的运营向现代信息化管理继续迈进;智能化的购物和交互平台,通过云平台自助引导查询交互系统、快速购物选取和结算平台、机器人导购等,并开设了深圳首家、全国面积最大的"阿布e无人书店",让读者在书城空间内最大限度地体验到未来商业环境中的人工智能生活,提升书城的竞争力和综合效益。

三、龙岗书城智能化建设的"7·4·2方案"

龙岗书城的智能化建设通过打造七个智能生态、四个核心智能系统和两个辅助智能系统来实现,即智能楼宇、智能书业、智能书店("无人书店")、智能书吧、智能生活、智能教育和智能办公七个智能生态,智能导购系统、智能营销系统、智能展示系统和智能收银结算系统四个核心智能系统,以及办公应用系统和综合应用系统两个辅助智能系统。通过打造智能书店以树立品牌,打造智能书吧以聚拢用户,打造智能生活以培养生态,打造智能教育以塑造文化。

(一)七个智能生态

1. 智能楼宇打造

龙岗书城大楼(金旭大楼)整个楼宇的管理,纳入多维度的智能化系统,包括室内环境掌上智能控制、楼宇物业智能化操控、360° Wi-Fi环境、客流分析以及智能监控等。

2. 智能书业打造

龙岗书城图书卖场的智能化打造包含书店导购、自助收银、扫码购、微商城、自助验核以及营销活动管理等功能,为读者提供一个便捷的随心购书环境。

3. 智能书店("无人书店")打造

龙岗书城在一楼北区打造使用面积 178 ㎡ 的深圳首家"阿布 e 无人书店",也是迄今为止全国面积最大的一家"无人书店"。其中包含目前国内同类文化综合体中最先进的全套智能购物和营销设备,具体包括全智能无人购书系统、智能广告机、门禁识别系统、商品展示管理系统等,国内文化综合体中第一块"瀑布展示屏"就包含其中。

4. 智能书吧打造

在龙岗书城的五楼以及外围拓展项目——龙岗区内社区阅读体验空间,我们开设了形态丰富的智能书吧"阿布@书吧",融入多种智能设备提升体验感,包括扫码购、桌面点餐系统、智能点餐台和吧台智能管理系统等。

5. 智能生活打造

龙岗书城将以云平台为依托,在楼内实现高端智能停车(包括 VIP 预约停车、停车导引、反向寻车等服务）、3D导览、终端平台一对一服务等；在龙岗区内还与多家单位和部门合作，在云平台上陆续实现市民日常生活所需的教育、旅游、培训等一站式查询、引导及办理等服务。

6. 智能教育打造

龙岗书城已引进的多家教育培训机构都将智能教育作为未来业务拓展的主要方向，远程视频教学、终端一对一教学、机器人智能开发、微教育等都成为龙岗书城打造深圳最专业的亲子教育中心的重要依托。

7. 智能办公打造

龙岗书城的日常运营中，办公软环境也融入大量的智能化系统，如全流程网上办公平台、人力资源管理系统、图书销售掌上管理系统、营销活动管理系统、商户管理系统、多元项目管理系统等，全方位地实现书城日常管理"一手掌握、一键处理"。

（二）四个核心智能系统

龙岗书城从以上七个方面不断丰富智能书城的科技内涵，全力建设完善这座全方位多维度的高端智能书城，其中重点打造四个核心智能系统，包括智能导购系统、智能营销系统、智能展示系统以及智能收银结算系统。

1. 智能导购系统

（1）龙岗书城打造了国内最大面积的"无人书店"。在"阿布e无人书店"里，消费者可以直接通过RFID识别选购的商品，并出示支付二维码完成支付，或把商品放在自助购物机上支付。导购系统识别已付款动作后主动开门放行。

（2）在龙岗书城，人们不仅可以通过微信公众号或APP进行图书排行榜查询、库存查询、在架陈列位置查询等，还可以通过 3D 导引图搜索商户所在方位。除此之外，不久后，读者还能使用停车系统预约停车、查询车位以及智能寻车等。

（3）当走进龙岗书城，便会有引导机器人主动跟消费者进行语音交流，消费者可在机器人屏幕上完成自助导购服务、商户和书城查询导航、会员卡申请、产品推荐、电子发票开具等一系列高效便捷的服务。

2. 智能营销系统

正在打造的智能营销系统能根据数据收集的读者购买、阅读等习惯，有针对性地推送其感兴趣的相关活动信息，并实现龙岗书城承办的公益文化活动的预约功能，为读者提供私人定制的高端文化服务。

3. 智能展示系统

（1）在"无人书店"里，多种智能展示设备容纳其中。当消费者拿起感兴趣的产品时，旁边的屏幕会感应播放商品的各类信息，实现对图书、文创产品等商品的多元展示；平面瀑布屏则可通过读者的触摸，跳转展示图书的相关信息，丰富读者的购买选择。

（2）书城四楼图书卖场入口处的 360° 瀑布屏运用红外线感应互动展示技术，在给消费者带来震撼视觉体验的同时，也达到展示运营信息以及消费者主动点播需求信息的目的。

4. 智能收银结算系统

（1）除了通过传统收银台支付结算和网上自助支付下单外，消费者还可以通过微信扫条码实现随手购以及在自助收银机进行支付。

（2）管理者可在销售后台查看书城销售、库存报表以及分析图表，实现进销存情况"一手掌握"。

（三）两个辅助智能系统

在重点打造以上四个核心系统的同时，龙岗书城正在建设和完善两个辅助系统——办公应用系统和综合应用系统，以支撑书城的营运及后台数据交换。

1. 办公应用系统

该系统将满足书城日常的无纸化办公、人力资源管理、业务管理、项目管理，实现工作流程审批、人力资源管理与分析、公文流转和文书存档等功能。

2. 综合应用系统

综合应用系统是书城的神经中枢，主要实现环境监测控制、综合布线、安全防范、通信服务及数据交换，是书城各项工作展开的有力支撑，汇聚和处理各系统的数据，并实现各环节的信息流通。

四、龙岗书城智能化建设的现状

龙岗书城是全国第一座全方位多维度的高端智能书城，它的智能化建设，第一次开创性地提出了文化综合体智能化建设的打造方向，创新性地将人脸识别、实时导航、智能展示、RFID 感应识别、机器人导购、后台管理系统等科技运用于文化综合体的运营当中。

龙岗书城的智能化建设得到了全国各地各级领导、业界和读者的极大关注。2018 年 7 月举办的第二十八届全国图书交易博览会上，龙岗书城作为五大分会场之一，荣获了"最具科技含量分会场"称号；书博会期间，龙岗书城成功举办了首届全国智能化与书业融合发展创新论坛，邀请了80余家出版发行单位和5家智能科技企业参会，还接待了国内数家书店前来调研学习，并且已有多家书店正参照龙岗书城的模式进行打造；2018年11月6日，在第五届世界互联网大会上举办的"暖——互联网改变的100张面孔大型摄影展"，龙岗书城的"阿布e无人书店"荣誉入选，《人民日报》《光明日报》《中国青年报》《大公报》等媒体纷纷刊载。开业半年来，龙岗书城接待读者超过60万人次，接待来自全国各地党委政府、书店、出版社、文化单位、教育系统的参观考察人员达130余批，6000余人。

龙岗书城的开业，得到了中宣部、国家新闻出版总署以及省、市、区各级领导的肯定，也引起全国书店业界和媒体的极大关注。在参观视察时，中宣部出版局局长郭义强热情点赞"这是我见过的最震撼的书城"；中国出版协会常务副理事长邬书林激动地说"这座新书城是未来中国书城的发展方向"；深圳市委常委、宣传部部长李小甘等领导肯定了龙岗书城在智能化建设等方面取得的成绩，并鼓励龙岗书城服务于："让城市的每扇窗户都透出阅读的灯光的美好愿景"。

五、龙岗书城智能化建设的未来构想

未来，龙岗书城的智能化建设将重点关注人性化科技服务、与文化综合体相匹配的新奇科技以及便捷高效科技管理等方面，将新鲜的科技元素不断融入书城的方方面面，让读者和运营者从中体验到科技进步给生活和工作带来的愉悦与便捷。

龙岗书城的智能化建设尽管取得了阶段性的成果，但这仅仅是开始，远远没有结束。我们将根据《深圳文化创新 2020（实施方案）》的总体要求，不断探索科技进步与文化综合体发展的融合之路，用科技服务读者、用科技建设书城、与科技融合共赢，在深圳这座创新之城、科技之都强大动力的推动下，展现文化国企的社会责任担当，实现全国第一座全方位多维度高端智能书城的可持续发展，着力将龙岗书城打造成为深圳东部文化新地标和全民阅读新高地。

智能书城的建设任重而道远，科技不断进步，我们永远在路上。

程翔，深圳书城龙岗城综合管理中心经理

附 录

深圳全民阅读
发展报告
2019

2018年深圳全民阅读大事记

深圳市全民阅读研究与推广中心

1月

1月4日，深圳市阅读联合会"2017年全民阅读推广活动优秀组织奖、优秀项目奖"评审会在波顿集团会议室召开，联合会会长尹昌龙、副会长曹宇，阅读指导专家梁二平、张岩等人应邀出席。会议最终评出深圳出版发行集团、深圳图书馆等优秀组织奖10家，第三届"思维之星"——深圳大学生思辨大赛、跟名师读名著等优秀项目奖10个。

1月6日，由龙岗区委宣传部、龙岗区文体旅游局主办，龙岗区图书馆承办的"龙岗大讲堂"首场"十九大战略方程与习近平新政"讲座在龙岗区文化中心B座四楼小剧场举行。全年举办67场"龙岗大讲堂"品牌活动，参与人数达12380人次。邀请了中央电视台《百家讲坛》主讲嘉宾姜安、中国著名摄影家左力等名家莅临龙岗区图书馆主讲，社会效果显著。

1月7日，由龙岗区委宣传部、深圳市阅读联合会主办，龙岗区图书馆承办的"榕树头书场"首场讲座《隋唐演义·三打瓦岗山》在龙岗区文博宫祥山艺术馆举行。该品牌全年共举办83场，参与人数近千人，邀请著名评书大师刘兰芳的弟子、中国评书非物质文化遗产广东省传承人、深圳市曲艺家协会副主席刘昭等专家定期为市民演绎精彩的评书，讲说历史朝代更迭、英雄征战和侠义故事。

1月11日,"'寻找中国'丛书新书发布暨作品分享会"在北京国际会展中心举行。该丛书是海天出版社2018年度推出的重磅新书,活动邀请了著名作家毕冰宾先生、出版家汪稼明先生和丛书主编李辉先生三位重量级嘉宾亲临现场,与读者一起品味百年前中国老百姓的平凡生活,重温那些离我们远去的生活场景。

1月19日,盐田区图书馆阅读空间创新设计获法国双面神"GPDP AWAR"国际创新奖,此殊荣也是全国公共图书馆的首例。

1月21日,由龙岗区委宣传部、龙岗区文学艺术界联合会主办,龙岗区图书馆、龙图品书学社、龙岗区作家协会共同承办的"文学名家讲坛"首场活动"鲁敏:虚构者——从灵感到文本"在龙岗区文化中心小剧场举行。该品牌全年举办8场活动,邀请了江苏省作协副主席、鲁迅文学奖得主鲁敏,湖南省作协名誉主席叶梦,湖南省作家协会副主席谢宗玉,著名作家韩少功、穆涛、王祥夫、石一枫,诗人李少君等与市民交流,取得了良好的社会影响。

1月27日,由海天出版社主办的"读一本关于故乡的书回故乡过年——《故乡是带刺的花》读者分享会"在深圳书城中心城举行。分享会上,作者许石林和书法家朱建斌、哈尔滨工业大学教授刘波、上海大学教授汪洋、作家王国华、国学学者黄新良五位嘉宾,与读者一起分享了中华民族传统民俗,告诉大家如何过一个有文化、有规矩、有年味的年。

1月30日,由龙岗区委宣传部、龙岗区文体旅游局主办,龙岗区图书馆承办的首场"3D打印技术科普"讲座在横岗街道举行。该活动以人文历史、科普教育、经济民生等市民普遍关注的话题为主,邀请著名专家学者主讲,致力于成为龙岗人文生活的引领者。全年共举办51场,参与人数达近万人次。

2月

2月2日，深圳市阅读联合会一届六次会长办公会及一届七次理事会在深圳书城中心城召开。会议新增深圳九河文化有限公司、深圳奇妙文化传播有限公司、深圳波顿香料有限公司、深圳才智和科技有限公司和深圳市思巢文化传播有限公司等5家单位为联合会会员单位。与会领导为荣获"2017年全民阅读推广活动优秀组织奖、优秀项目奖"的20家获奖单位颁发了奖牌。

2月2日，由龙岗区文体旅游局主办，龙岗区图书馆承办的"遇见·阅读"首场活动"'团队有我更精彩'青少年建设小组演讲分享活动"在南湾街道举行。活动将"遇见"图书馆与"阅读"推广紧密结合，培养小读者的阅读习惯。全年共举办50场，参与人数近万人次。

2月4日，由海天出版社承办的"百年远去，看外国人笔下的中国——'寻找中国'丛书读者分享会"在深圳书城中心城举行。作家李辉，高原生态学教授、西藏农牧学院教授徐凤翔，《人民日报》主任编辑兼深圳公司总裁吕绍刚，《深圳晚报》阅读周刊主编姚峥华四位嘉宾亲临现场，与读者一起品味百年前中国老百姓的平凡生活，重温那些离我们远去的生活场景。

2月4日，由海天出版社、长沙市证券学会联合主办的"《寻找中国巴菲特》全国首发式"在湖南省委招待所会议厅举行。活动现场，该书作者白青山先生携新书中五位民间炒股高手与广大股民朋友一起分享了跌宕起伏的成长历程和不同风格的操盘技艺，活动现场气氛热烈。

3月

3月4日，由龙岗区图书馆主办的首场周末视频讲座"传承：道篇、金篇"在龙岗区图书馆学术报告厅举行。该活动是龙岗大讲堂专家讲座内容的延伸，每周日19:00开播。视频讲座播放内容包含健康养生、情感教育、名著阅读评论、名家讲座、文化信息资源、百家讲坛、自然科学等，深受市民喜爱。全年共举办36场，参与人数近万人次。

3月11日，由龙岗区文体旅游局主办，龙岗区图书馆承办的"龙图书院社区学堂"首场活动"'护绿小使者'多肉植物DIY活动"在同心社区举行。该活动旨在通过开展培训班、兴趣小组、知识讲座、视频放映、户外阅读等多种形式的活动，倡导阅读、引导阅读。全年共举办45场活动，参与人数达2212人次。

3月17日，由龙岗区图书馆主办的"家庭教育论坛"首场活动"孩子常见问题的原因分析和对策：网瘾"在龙岗区图书馆学术报告厅举行。该活动每次设定一个主题，就社会热点教育话题，对具体案例和具体问题展开讨论，向广大家长和有心教育人士宣传正确的理念和方法。全年共举办23场活动，吸引2546位家长参与。

3月20日，由海天出版社出版的《聪明的顺溜之特殊任务》（AR、VR融合版）入选新闻出版改革发展项目库，实现了海天出版社入选该项目库的"零突破"。

3月21日，深圳图书馆联合中国图书馆学会阅读推广委员会召开"2018南书房家庭经典阅读书目"专家评审会。与会专家审议并形成《2018南书房家庭经典阅读书目（30种）》。该书目是深圳图书馆的一项长期计划，定于每年世界读书日发布，旨在向广大读者推荐适合当今中国家庭阅读与收藏的经典著作。

3月21日，由深圳图书馆和深圳市学生文联、深圳实验学校联合主办的"南书房经典阅读"特别策划——"文化学者高端对话：怎样读经典"沙龙在深圳实验学校初中部举办。与会专家围绕此话题与1000余名师生展开对话交流，深圳图书馆微博平台对活动进行了同步直播。

3月25日起，由海天出版社主办的《中国母亲和她的英式男孩》新书分享会活动在呼伦贝尔、北京、包头、长春、上海、菏泽、沈阳、深圳等全国多个城市陆续开展。本书是由获得英国查尔斯王子授予"员佐勋章"的华人妈妈杨卉，讲述在英国抚育儿子博文的成长故事。活动现场中，杨卉女士与读者一起分享了她如何与儿子互为生命的领跑者，如何互为成长的启蒙者和帮助者。

3月28日，"感动深圳——2018深圳关爱行动表彰晚会"在深圳广播电影电视集团举行，深圳市阅读联合会荣获"十佳公益机构"称号。

3月28日，大鹏新区华侨中学举办中小学生"我最喜爱的课外书"推介比赛活动，新区各中小学共44名选手参加比赛。此次活动，既充分锻炼了学生们的口才，又让每一位学生都能与好书交朋友，与智慧牵手，引领全体同学共享好书，激发了全体学生读书的积极性，营造了浓浓的书香气息。

3月31日，由深圳图书馆和深圳市社会科学院联合主办的"深圳学人·南书房夜话"第六季"诗词鉴赏与写作研修班"在南书房正式启动。研修班共收到诗词作品509篇，50名诗词爱好者经过选拔成为正式学员。未来，授课内容和师生优秀作品将结集出版。

4月

4月，"2018年阅读推广人下基层"公益活动正式启动。4至11月，

34位公益阅读推广人在全市38家阅读点，包括10家社区图书馆、10家社区书吧、6家民营书店、6家学校及6家社区党群服务中心，开展了250场公益阅读推广活动。包括亲子阅读、文学讲座、经典导读、中华传统文化讲座等，全年近2万人次参与活动。

4月，海天出版社取得网络出版许可证，为海天的数字化转型提供了重要支持。

4月4日，由龙岗区图书馆主办，龙岗读书会承办的"友好阅读联盟"系列活动之"拥抱你的内在小孩"阅读活动在HEYCOOL嘿咖啡馆举行。该活动是龙岗读书会联合各阅读领域组织，旨在打造友好阅读联盟，建立友好阅读平台，通过友好、和谐、共享的形式传递阅读的力量，使友好阅读成为群众生活的一部分，吸引更多的群体参与到全民阅读中来。全年举办活动37场，共吸引近千名书友参与。

4月18日，大鹏新区大鹏中心小学举办第三届"沙沙讲故事"比赛。全区15所公民办幼儿园71名幼儿参加本次的故事比赛。本次大赛以"我讲书中的故事"为主题，倡导幼儿"趣味阅读、精彩讲述、快乐成长"，鼓励孩子们用自己的表达方式"抒"故事情怀，"演"故事寓意，传递故事的真情实意！

4月18日，大鹏新区公共事业局印发《2018年大鹏新区中小学生课外阅读推荐书目（试行）》，向全体中小学生推荐阅读书目，要求各学校根据学生的阅读程度，组织开展丰富多彩的阅读活动，提高新区中小学生课外阅读兴趣，培养学生良好的阅读习惯，营造浓厚的阅读氛围。

4月22日，由龙岗区图书馆、深圳市阅读联合会主办，龙岗读书会承办的"一书一世界"户外阅读交流项目之"我们之间只差一本书"在龙岗区龙潭公园举行，吸引40名书友参与。全年共举办10场活动，共吸引400名书友参与。通过实体阅读活动带动来深建设者实现真正的"读起来",养成良好的阅读与学习习惯,从而实现个人内在的蜕变、发展、升华。

4月22日,广东省文化厅举办2018年"书香岭南"全民阅读活动的颁奖仪式,深圳图书馆"南书房"荣获"最美粤读空间"称号,由该馆推荐的罗梓轩同学荣获2017年度"粤读之星"称号。

4月23日,"深圳全民阅读发展报告2018首发暨数字阅读分享会"在深圳书城中心城举行,市委常委、宣传部部长李小甘,副市长吴以环等领导出席了活动。活动公布"深圳市全民阅读研究与推广中心专家智库"名单,聘请了邬书林、王京生、聂震宁、张抗抗、樊希安为顾问。随后发布了《深圳全民阅读发展报告2018》,该书总字数约30万,涵盖阅读综合研究、数字阅读研究、深圳读书月研究、图书馆研究、阅读组织研究、阅读空间研究等6个领域。活动现场,全民阅读APP分众定制版以动漫短片的形式亮相,该项目是"全民阅读数字出版分众平台"的核心产品,第一期产品于2016年11月正式上线,第二期产品为数字阅读分众定制版本,强调内容资源的可定制性和技术平台的自主操作性,能够适应分众市场的阅读需求。

4月23日,盐田区图书馆举办全城联动的"共读半小时"活动,邀请来自乌克兰的主讲嘉宾George在读海书吧与读者分享乌克兰的历史与文化,让读者进一步拓展视野、开拓世界观。盐田区乐群小学、东埔幼儿园、壹海城V空间以及华大基因等参与了此次活动,活动覆盖了亲子家庭、来深青工等群体。

4月23日,由海天出版社与深圳图书馆联合主办的高端对话"'双创'何以深圳强暨同名图书分享会"在深圳图书馆南书房举行。国务院参事、深圳读书月总顾问王京生，深圳大学党委副书记、深圳大学经济学院院长陶一桃，深圳出版发行集团党委书记、总经理尹昌龙与市民读者们一起畅谈深圳"双创"以及"双创"和文化的关系。

4月23日，"2018年'图书馆之城'4·23世界读书日系列活动"启动仪式在深圳图书馆举行。深圳市委常委、宣传部部长李小甘，深圳市副市长吴以环等领导出席了活动。活动发布了《2018年深圳"图书馆之城"阅读报告》、"2018南书房家庭经典阅读书目"。随后，深圳图书馆与腾讯科技（深圳）有限公司、港铁轨道交通（深圳）有限公司签署合作协议；市领导和嘉宾共同为"且停亭"揭幕并启动系列活动。

4月23日，第三届"共读半小时"全城阅读活动在深圳图书馆举行，近5000名市民在遍布深圳全市的104个共读点参与活动。深圳市委外宣办主任韩望喜宣读《共读宣言——我愿》，并为活动揭开序幕，来自全市公共图书馆的200余名阅读推广代表、160余名儿童读者代表及市民参加现场共读活动。

4月23日，深圳图书馆联合中国图书馆学会阅读推广委员会发布《2018南书房家庭经典阅读书目（30种）》。本年度书目包含《尚书译注》《闲情偶寄》《苏东坡传》《草叶集》《夏洛的网》《时间简史》等30种古今中外经典著作。围绕该书目，深圳图书馆依托《行走南书房》杂志开展经典品读，邀请专家学者开展主题讲座，举办书目展、图书版本展、征文比赛、经典诵读等系列活动，为读者创造全方位、立体化的阅读体验。

4月23日，为庆祝改革开放40周年，由深圳市委宣传部、深圳市文体旅游局主办，深圳图书馆承办的"我与深圳——说出你的故事"录音征集活动正式启动，该活动持续至10月7日，在深圳图书馆设立"且停亭"，面向全体市民征集深圳城市发展中的个人故事。活动共吸引887位市民参与，征集到891条音频作品，并被央视纪录片《深圳四十年》摄制组选中采访拍摄，优秀作品在喜马拉雅平台播出。

4月23日，光明新区在公明第二小学、爱华小学、童趣空间亲子阅读馆、下村小学等地举行全市"4·23"世界读书日暨第三届"共读半小时"活动，本次活动共设立10个共读点，参与人数达到300余人。读者在共读的半小时中，度过了一段美好的阅读时光。

4月25日，深圳市阅读联合会参与主办的"第四届领读者大奖智囊会议"在欢乐海岸荃园举行，联合会会长尹昌龙、副会长曹宇，王子舟、杨平、徐雁、南翔、张文彦等专家齐聚一堂，为第四届领读者大奖出谋划策。经过激烈讨论，与会专家在大奖定位、奖项设置、媒体推广、对外合作等方面提出了建设性的建议，并对大奖实现理论成果转化、树立行业标准提出了要求。

4月26日，盐田区在区图书馆下沉广场举行"4·23"世界读书日盐田区"寻找最美阅读声"活动暨图书馆"爱读亭"启用仪式。区委常委、宣传部部长董秀等领导出席了启用仪式。"爱读亭"为辖区居民提供了一个心灵栖息的场所，鼓励辖区居民工作之余走进"爱读亭"朗读名篇名段，讲述盐田的美好故事。

5月

5月，海天出版社组织20多场"名家进校园"活动，尤今老师携"尤今小语"系列走入湖北、贵州、广东三省30多所学校，与近万名学生分享阅读与写作心得，引爆青少年阅读新热点。

5月，深圳图书馆首次编制《深圳"图书馆之城"2017年度事业发展报告》并向业界发布。报告对"图书馆之城"事业进展进行系统性总结与梳理，包括2017年全市公共图书馆在"规划与建设""服务与技术""学术交流与培训"等方面取得的进展，为"图书馆之城"事业发展和各级政府决策提供有益借鉴与参考。

5月，深圳书城罗湖城被中国出版传媒商报社、全国书业教装文创多元经营联盟授予"2017—2018全国书业非书品经营标杆书城"称号。

5月11日，盐田区图书馆智慧分馆听海图书馆在大梅沙国际水上运动中心正式挂牌。同时"一带一路"古地图展在深圳文博会盐田分会场大梅沙水上运动中心海艺园正式开展。该馆将海图展览、阅读文化活动搬进文博会盐田分会场，旨在普及海洋文化知识、将阅读带进文博会。后陆续开展了海洋文化创意纸雕、新老读者免费兑换图书、现场办证等惠民活动，让更多人能关注阅读、喜爱阅读、推广阅读。

5月28日，深圳图书馆法律分馆（深圳中院）揭牌仪式在深圳市中级人民法院举行。深圳市中级人民法院党组书记、院长万国营与深圳市文体旅游局党组书记、局长张合运等领导出席。在启动仪式上，深圳图书馆与深圳市中级人民法院签署了深圳图书馆法律分馆合作共建协议，并为深圳中院干警代表颁发"图书馆之城"读者证。法律分馆是深圳图书馆首次与司法机关合作建馆，是图书馆与机关联手改造升级机关内部资料室、盘活专业资源的突破性尝试。

6月

6月1日，深圳图书馆发布2018"少儿智慧银行"阅读数据。数据显示：2017年5月至2018年4月，"图书馆之城"统一服务平台新增少儿读者25412人，同比增长52.07%；少儿图书外借量达136.97万册次，同比增长10%；少儿读者人均外借22.69册次，是成人读者的近1.5倍。少儿读者最喜欢外借的是文学、漫画、百科类图书，伍美珍、杨红樱、沈石溪、曹文轩等作者最受少儿读者欢迎。

6月7日，大鹏新区总工会在葵涌办事处举办了两场2018年深圳市"读书改变人生，深圳让我成才"职工读书成才巡回报告会。报告会讲师团成员是由市总工会从近年评选出的"十大读书成才职工""劳模和技术创新能手"中遴选事迹较为突出、感染力强的职工典型组成。在读书报告会上，李清、聂兰燕、左忠强等先进职工代表以其学习经历和成长感悟与现场听众互励共勉，营造人人渴望成才、努力成才、皆可成才、尽展其才的良好氛围。

6月15日，深圳市第十四届来深青工文体节知识竞赛决赛在深圳图书馆报告厅举行，来自各区及深圳图书馆分馆的十支队伍参加。

7月

7月，大鹏新区安监局、机关事务管理局组织开展"红色读书会"活动。精选《习近平的七年知青岁月》《不忘初心——中国共产党人的革命故事》《共产党宣言》《增强"四个意识"向核心看齐》等书籍，围绕"读原著、学原文、悟原理"主题，就书籍内容进行了交流探讨，并提交读书心得，引导党员干部回顾革命历史、传承红色精神、展现时代风貌，增强"四个意识"、坚定"四个自信"。

7月13日，盐田区"智慧图书馆服务平台"创建项目正式启动，该项目系深圳唯一入选第四批国家公共文化服务体系示范项目。盐田区委副书记、代区长杨军与沙头角街道、海山街道、盐田街道、梅沙街道、中英街管理局签订创建第四批国家公共文化服务体系示范项目责任书。

7月14日，徐扬生先生的散文集《摆渡人》出版笔会在香港中文大学（深圳）新图书馆举行。国务院参事王京生，深圳报业集团副总编辑邓自强、丁时照、胡洪侠，深圳出版发行集团副总经理、海天出版社社长聂雄前以及香港中文大学（深圳）的师生和家长代表出席活动。举办此次出版笔会，旨在分享徐校长不平凡的人生故事，让更多读者从徐校长看似朴实无华，实则充满人生哲理的一篇篇作品中受到启迪与教育。国务院参事王京生做了主题演讲。

7月18日，第二十八届全国图书交易博览会罗湖分会场启动仪式在深圳书城罗湖城举行。该分会场以"博览古今经典，弘扬传统文化"为特色，以罗湖图书馆、悠·图书馆、罗湖社区文化广场及深圳书城罗湖城为主要活动场所，开展"书香进社区系列活动""古籍文化讲座""遇见名家大咖读书讲座"等活动，推动全民阅读。人民出版社总编辑辛广伟、深圳市政协副主席王璞等领导出席了活动。

7月18日，深圳出版发行集团参加了在香港会议展览中心举行的第29届香港书展，展出图书品种共计3000余种，3.5万余册，设立"深圳书城选书"、深圳读书月"年度十大好书"、深圳读书月"年度十大童书"、海天出版社精品重点图书以及出版社专架，广受读者喜爱。

7月19日，由国家新闻出版总署、广东省人民政府、深圳市人民政府共同主办的第二十八届全国图书交易博览会在深圳开幕。宣传部副部长、国家新闻出版总署署长庄荣文，省委领导王伟中、傅华，深圳市市长陈如桂出席开幕活动。庄荣文在致辞中表示，值此改革开放40周年之际，书博会再次在深圳举办，必将对推动出版业改革、加快高质量发展，促进全民阅读、建设书香社会发挥重要作用。王伟中表示，深圳将发挥书博会重要平台作用，大力培育和践行社会主义核心价值观，进一步引导市民爱读书、多读书、读好书，掀起全民阅读新高潮。傅华强调，广东要以本届书博会为契机，进一步抓好图书精品生产，深入开展全民阅读活动，加快出版产业融合发展，为实现"四个走在全国前列"、当好"两个重要窗口"提供强有力的文化支撑和文化保障。本届书博会持续4天，吸引全国41个展团800余家出版单位参展，展销图书100余万册，举办阅读文化活动400余场次。

7月19日，书城投控公司利用科技手段创新打造的简阅24小时智能书栈在第二十八届书博会惊艳亮相，将书香文化与科技相融合，将书店功能与便民服务相结合，吸引了大批读者与媒体的广泛关注。

7月19日，由深圳市阅读联合会、联合出版集团主办的"第二届华语原创绘本论坛"在第二十八届全国图书交易博览会现场举办。论坛从"中国文化题材的新视角""国际视野下的中国原创"等两个议题切入，深入探讨了中国原创绘本所面临的困境，并从培育、创作、编辑、出版、推广等角度探讨了相应的对策。

7月20日，第四届"领读者大奖"启动仪式在深圳会展中心举行。广东省新闻出版广电局党组成员、副局长刘小毅，中共深圳市委宣传部副部长王楚宏，深圳出版发行集团副总经理曹宇等领导嘉宾出席了本次启动仪式。在启动仪式上，深圳市南都读书俱乐部与青岛大学阅读研究院进行"2018年中国领读者报告研究"的签约，该研究报告将对领读者群体及中国目前的阅读现场、专业的阅读方法和阅读测评进行细致深入的研究。

7月20日，深圳书城罗湖城获得中国新华书店协会授予的"最美新华书店"称号。

7月20日，"海天出版社品牌推广暨经销商大会"在深圳财富大厦圆满举行，来自全国各地的经销商代表约200余人参加了本次大会。此次大会是海天出版社牵手全国经销商伙伴，扬帆新时代，续航新征程，深化合作的一次盛会，活动获得了业内广泛好评。

7月21日，由科学与幻想成长基金、深圳市阅读联合会主办的"想象力的表达——科幻创作与出版对话"暨"第四届晨星杯中国原创科幻大赛启动仪式"在深圳会展中心举行。此次活动邀请了科幻作家韩松、张冉、陈楸帆、王诺诺与懒人听书版权运营总监、科幻图书专业出版社博峰文化出版总监孙光雨等嘉宾就科幻创作与出版展开讨论，从科幻创作者和专业出版的双重角度为科幻创作新人提供创作指引和出版建议。

7月21日，由深圳市科学技术协会、中国科学院深圳先进技术研究院、深圳出版发行集团联合主办，海天出版社、中科创客学院承办的"创客志：创新知行荟分享会"在深圳书城中心城北区大台阶举行。活动以"创客"为主题，邀请中国特别是深圳近几年来在全国最具影响力的创业企业代表，分享他们自己的创客梦想和创业经历。

7月22日，第二十八届全国图书交易博览会闭幕发布会在深圳会展中心举行，为期4天的书博会落下帷幕，现场促成交易8112万元。本届展会共组织23万余种、近100万册精品图书参展，共组织427项阅读文化活动。展会依托深圳会展中心主会场以及罗湖、福田、南山、宝安、龙岗5个分会场组织了规模庞大的精品图书展销，吸引45万余市民读者参与。

7月24日，第二十八届全国图书交易博览会专项活动之开封深圳书城中心城开幕仪式圆满举办。深圳市和开封市的阅读推广界专家就《公共阅读空间与城市阅读推广》主题进行了"深汴阅读双城记"对话；全年公益文化品牌系列活动"开封晚八点"同时拉开了序幕。开封深圳书城中心城是深圳书城模式外溢输出的首座书城，也是深圳出版发行集团在积累了五代书城成功运营经验的基础上，积极探索深圳书城输出全国的成功实践。书城建筑面积为2.8万平方米，共4层，提供党建类、文史类、社科类、少儿类等共 8 万种图书近 35 万册。

7 月 24 日，"鹏城小书屋"流动捐书计划启动仪式在深圳图书馆举行。该计划由深圳图书馆和深圳市关爱办、宝能慈善基金会发起主办，由市民报名认领小书屋在社区、学校等场所募集图书，捐赠给江西寻乌山区中小学校。

8 月

8 月 13 日，文化和旅游部公布第六次全国县级以上公共图书馆评估定级上等级图书馆名单，深圳图书馆、光明新区图书馆分别荣获"一级图书馆"称号。

8 月 13 日，由深圳市阅读联合会、深圳图书情报学会和深圳晚报社主办的"看见城市的光——2018 最美小图书馆"评选活动正式启动，全市各区图书馆对本区基层图书馆进行筛选，最终推荐 21 家小图书馆参与评选，其中 8 家小图书馆参与评选"最美小图书馆"大奖，5 家参与评选"阅美人物奖"，5 家参与评选"阅享空间奖"，8 家参与评选"阅读品牌奖"，17 家参与评选"最受市民喜爱小图书馆"，最终将评选出 5 个大奖，16 个提名奖。

8 月 16 日，深圳市文体旅游局印发《深圳市关于贯彻〈中华人民共和国公共图书馆法〉推进公共图书馆提升工程的实施意见》的通知。

8 月 24 日，市政府在市民中心召开深圳"图书馆之城"建设工作座谈会，副市长吴以环、市政府副秘书长刘佳晨，市编办、市发展改革委、财政委、规划国土委、人力资源保障局、文体旅游局、住房建设局、法制办、深圳图书馆、深圳少年儿童图书馆等单位相关负责人在主会场参会，各区政府（新区管委会）分管负责人在各自分会场通过视频参会。会议由吴以环副市长主持。参会人员针对我市"图书馆之城"建设展开深入交流和讨论，刘佳晨副秘书长对"图书馆之城"建设下一步的工作提出指导性意见，吴以环副市长肯定了"图书馆之城"建设工作取得的显著成绩，并指出了不足，提出了要求。

8月28日，南澳文体中心举行南澳办事处儿童友好服务站揭牌仪式。以温馨、友爱的场地为依托，整合亮睛视觉项目、科学育儿课堂等多项服务，打造儿童友好型"学习区、益智区、阅读区、手工区和游乐区"五大主题功能的活动室，为南澳的儿童提供多元而有意思的服务。

9月

9月，深圳图书馆完成新建30台自助图书馆设备从功能设计到外形的全面升级，迈入"第五代"：实现借还书口分离、增设预借书柜、采用触摸式查询机、支持扫码登录和扫码支付，外形更时尚新颖。

9月，大鹏新区群团工作部启动"阅读悦成长"儿童阅读推广系列活动。包括亲子绘本阅读、家长课堂和阅读打卡三个部分，自活动启动以来，参与人次达4392人次。同时，面向辖区0—6岁所有儿童（不分户籍）免费发放787份阅读包，包括阅芽书和两本适龄图画书。

9月1日，《"双创"何以深圳强？》获全国城市出版社优秀图书一等奖，《我们的少年时代》《草木深圳·郊野篇》、"书香中国·全民阅读推广丛书"、《只有香如故：宋词十三星宿背后的故事》《几乎消失的偷闲艺术》5种图书获全国城市出版社优秀图书二等奖。

9月1日，在希腊IBBY世界大会上，爱阅公益基金会与国际儿童读物联盟正式签订协议，资助设立"IBBY-iRead爱阅人物奖"。该奖项两年一届，通过公开、公平的评选，授予全球范围内促进儿童阅读领域推广和发展的个人，表彰其通过帮助儿童，特别是资源匮乏地区的儿童激发阅读兴趣，养成阅读习惯，对全球儿童阅读教育和儿童发展做出持久和杰出的贡献。

9月6日，由大鹏新区文体旅游局开发建设的大鹏新区网上图书馆（"翻山阅海读大鹏"微信小程序）正式上线，开启了大鹏新区"全民阅读"新时代，新区近百名读书爱好者参加了此次活动。小程序分为新闻资讯、大鹏读物、书籍地图、图书馆之城、读书活动和每日答题六大板块。共设置了13个借阅书架，读者可以通过小程序查阅上架的新书，根据指引找到图书，扫一扫实现图书借还，在全区范围形成多读书、读好书的良好风气。

9月19日，第十九届深圳读书月组委会举行全体委员会议，审议总体方案和部分重点活动方案，并对做好本届读书月工作进行动员和部署。市委常委、宣传部部长李小甘强调，要全力以赴办好本届读书月，努力办出质量、办出亮点、办出实效，打造全市人民的阅读文化盛宴。本届读书月以习近平新时代中国特色社会主义思想为指导，贯彻新形势下宣传思想工作"举旗帜、聚民心、育新人、兴文化、展形象"的使命任务，策划主题活动数百项，重点主题活动50多项。会议上，"东方风来·书香满城"被确定为本届读书月的年度主题。

9月19日，海天出版社出版的《邹传安全集》新书首发式在雅昌艺术中心世界艺术区隆重举行。中组部原副部长、中共中央党史研究室原主任欧阳淞，深圳市委常委、宣传部部长李小甘，清华大学美术学院博士生导师、国家画院高级研究员、著名文化学者王鲁湘等领导和各界人士出席了新书首发式。

10月

10月,宝安区教育局开展以"读好书、读正版书籍、做文明的好学生"为主题的教育活动、向学生推介并组织阅读优秀读物交流活动、经典诗文朗诵会等活动,引导学生爱读书、读好书,强化青少年的版权保护意识,杜绝非法有害出版物在校园内传播。以"好书伴我成长"为主题进行征文比赛,选送10份作品参加全区教育系统决赛。

10月11日,深圳图书馆举行"盲人数字阅读推广工程"——智能听书机外借服务启动仪式正式面向盲人读者提供盲人智能听书机免费外借服务。

10月12日,深圳图书馆和深圳实验学校高中部共建的"深圳图书馆青少年阅读基地"在深圳实验学校高中部成立。该基地设置"南书房家庭经典阅读书目"图书专架,陆续开展名家讲座、经典诵读、科普讲坛、征文竞赛等各类活动,是公共图书馆与学校教育建立长效合作机制的有益探索与实践。当日还举办了基地首场活动——陈文新教授主讲的"南书房家庭经典阅读书目导读:赏读聊斋"专题讲座。

10月23日,"看见城市的光——2018最美小图书馆"评选活动进入专家评审环节。深圳市阅读联合会会长尹昌龙、副会长曹宇,著名作家邓一光等专家走进部分参选小图书馆并进行最终评审,最受市民喜爱小图书馆则由市民网络票选得出。最终,罗湖区悠·图书馆(鹏兴社区)摘得"最美小图书馆"大奖,龙岗区图书馆横岗街道分馆馆长彭芬获"阅美人物奖",宝安区湖畔书院·宝安图书馆立新湖分馆获"阅享空间奖"和"2018年最受市民喜爱小图书馆",龙华区观澜街道公共阅读中心"阅读以开智,立德以文明"全民阅读推广活动获得"阅读品牌奖"。

10月29日,深圳市委宣传部、深圳市文体旅游局、深圳市发展改革委员会印发《深圳市公共书吧建设方案》，进一步对公共书吧建设做出了指示与支持。未来，深圳书城投控公司将加快推进书吧建设，在2020年建成公共书吧100家，为市民提供更便捷的文化服务。

11月

11月，深圳图书馆编著的《深圳文献·深圳图书馆馆藏选目提要（1978—2018）》由深圳报业集团出版社出版。该书首次全面梳理改革开放以来与深圳主题相关的优质文献，精选1978—2018年出版的深圳主题文献820种，以书目、书影、提要等方式回顾总结，集中呈现分散在全国的"深圳文献"。

11月，本届深圳读书月深圳读书论坛围绕"阅读，遇见最好的自己"主题，延续嘉宾演讲、嘉宾对话等形式，邀请了白岩松、周国平、薛兆丰、阿来、刘同、蒙曼等名家学者来深交流，进一步在引导文化品位、提升阅读质量方面发力，汇聚名家智慧，融贯经典力量，为深入推进文化创新发展提供强有力的文化支撑。

11月，市妇联积极联系、协调、发动各区妇联、新区妇工委、各工委等单位和基层妇联及妇女组织参与读书月活动，策划开展各类活动及项目达68个。其间，积极推进"书香家庭"建设，倡导藏书、爱书、读书的家庭氛围和喜好，其中推荐的曾添雄、黎云青家庭获评广东省"十大优秀书香之家"荣誉称号。

11月，由市妇联主办的0—6岁儿童早期阅读项目"阅芽计划"，以项目参与形式选拔培训早期阅读推广人，不断扩大早期阅读公益讲座受众面。截至年末，全市共有"阅芽包"领取点60个，"阅芽包"已发放7.5万个，"阅芽计划"微信公众号和APP用户数达26.5万人。

11月，海天出版社正式成为ISLI国家标准应用试点单位，为实现"基于ISLI的海天出版社数字化流程改造"奠定了良好基础。

11月，《李世南画集》特精装版四卷、精装版四卷由海天出版社出版，呈现了当代中国最具代表性的水墨语言大师李世南先生1969年至2017年的精品画作，全面展示了他半个世纪以来艺术探索的足迹，是李世南先生作品首次大规模出版，具里程碑式意义。

11月2日，市妇联"阳光童年"知识关爱留守流动儿童项目相继在河源和平县贝墩镇共荣村、深圳龙华区大浪街道启动开展"快乐阅读会"系列服务活动。2018年以来，已针对河源留守儿童链接资源捐赠御寒衣物等日用品1批、文具2批，向安妮花阅读馆捐赠图书3000册。读书月期间，针对留守流动儿童开展早期阅读推广、个人能力成长、亲子关系提升等服务活动59场次，服务覆盖5860人次，并捐建爱心图书室2个。

11月2日，第十九届深圳读书月龙岗分会场启动仪式暨"大家的声音"名家分享会在深圳书城龙岗城拉开帷幕。中国出版协会常务副理事长邬书林等领导嘉宾出席了启动仪式，现场吸引300余读者朋友参与。本届读书月，龙岗区策划了"大家的声音"名家分享会、"创作大阅读"亲子阅读等共计98项、110余场（次）的主题读书文化活动，形成"爱读书、会读书、读好书"的良好社会风尚。

11月2日，第十九届深圳读书月光明区系列活动启动仪式在光明区公共文化艺术发展中心A座一楼举行。围绕"全民悦读书香光明"的主题展开，共推出9个系列60场活动，覆盖全区的各个街道、社区。启动仪式上，光明区委常委刘大岭与深圳读书月组委会办公室副主任曹宇等共同为系列活动启幕。举办了区领导荐书、区图书馆—李松蓢学校共建儿童友好型图书馆经典图书捐赠仪式、大学城图书馆—区图书馆共建文献信息服务光明站签约仪式、绿书签手工制作活动、"寻找光明记忆—红色足迹"展览等活动。

11月3日，第十九届深圳读书月启动仪式在深圳书城中心城举行，原国家新闻出版广电总局党组成员、原副局长邬书林，深圳读书月总顾问厉有为、李海东、王京生，深圳市委常委、宣传部部长李小甘，副市长吴以环，中国出版集团副总裁潘凯雄等共同启动本次读书月活动。活动现场，李小甘向邬书林颁发了深圳读书月特别顾问聘书。邬书林分享了改革开放40年我国全民阅读的发展历程，并分析新时代全民阅读的变化和趋势。本届读书月以"东方风来·书香满城"为主题，组织近百家单位策划开展769项主题活动，将努力彰显深圳作为改革开放之城与全民阅读之城的文化创新活力。

11月3日，"40年，我们一起走过"主题书展在深圳书城中心城二层中厅开幕，吸引了众多读者看书、购书。今年是改革开放40周年，在全市认真学习贯彻落实习近平总书记视察广东重要讲话精神之际，深圳读书月组委会办公室精心策划此项主题书展，精选了300余种相关专题图书，图文并茂地展示40年来的发展与变化，展现了改革开放的伟大历程和辉煌成就。

11月3日，"生活需要读书和新知——深圳读书月主宾出版社启动仪式暨'新知文库'100种首发式"在深圳书城中心城举行。生活·读书·新知三联书店作为本届读书月的主宾出版社，举办了新书首发、图书票选、名家交流、读书分享等系列活动。此外，还推出了三联书店精品书展，精选了上百种三联书店近年来的经典之作，呈现自然科学和人文社会科学方面新的知识成果。

11月3日，第十九届深圳读书月"图书馆之城"系列活动暨"胡经之先生成果展"在深圳图书馆启动。国务院参事、深圳读书月组委会总顾问王京生，市委常委、宣传部部长李小甘，副市长吴以环等领导和嘉宾出席启动仪式。仪式上，发布了"40年·40本——记录深圳"书目评选三个榜单。榜单通过专家评选榜（20种）、图书馆行业榜（10种）、市民热读榜（10种）3个维度，重温改革开放以来深圳的城市变革、社会发展与民生轶事，《深圳十大观念》《花季雨季》《深圳口述史》等优秀图书上榜。随后，领导嘉宾参观了"深圳文艺名家——胡经之先生成果展""40年·40本——记录深圳"入选图书展（1978—2018）和"40年·中国改革开放主题图书展"。

11月3日，由深圳图书情报学会和深圳图书馆联合各区图书馆联合承办的第二届"阅在深秋"公共读书活动在深圳图书馆水幕广场举行。活动以"体验阅读之美"为主题，设置15个阅读区域，向市民推荐阅读资源、提供阅读指导、宣传图书馆服务。国务院参事、深圳读书月组委会总顾问王京生，市委常委、宣传部部长李小甘，副市长吴以环等领导和嘉宾莅临活动现场，参观各阅读区。现场接待读者2.5万人次，微博微信阅读量达8.4万人次，媒体报道40篇次。

11月3日，"图书馆之城"虚拟读者证上线，市民无需出示身份证，即可在"深圳图书馆｜图书馆之城"微信服务号上，通过"在线实名认证"或腾讯"E证通"两种认证方式在线申办，足不出户轻松利用图书馆海量资源。

11月3日，以"阅见思享"为主题的福田区第十九届"深圳读书月"的书香盛宴在福田红树林生态公园正式启动。此次活动共分为书香跑道、福图嘉年华、书香福保三大主题区域，其中书香跑道从公园广场出发，途经湖边栈道，环形回到起点。福图嘉年华区域集中展示了福图文化品牌，布置了"一间书房""创意生活空间""绘本工厂"等趣味活动摊位。书香福保区域中分别有"福保故事""福保公益课堂""绿草地书屋"以及"遇'荐'书跑"4个内容板块。本届读书月福田区共推出各种阅读推广活动92项。

11月3日,宝安区读书月启动仪式在十个街道设立分会场,十个分会场在同一时间同步举办启动仪式,共同展现十种各具特色的启动形式。其中主会场在宝安图书馆举办,现场以《习近平用典》——劝学篇为核心,通过"情景+视频"的展现形式,生动有趣地"演绎"其中的名言名句,如"亲子情景剧""《让灵魂在阅读中飞翔》经典朗诵"和"中华经典词句之京剧演绎"等,营造良好的读书氛围。

11月5日,由南山区委宣传部、阿里巴巴公益基金会主办的"中国自然好书奖评选颁奖礼"在南山欢乐海岸创意展示中心举行。该活动面向社会公开征集国内出版,以自然为写作主体,兼具科普性、文学性、思想性、设计品位良好的图书作品,并邀请中科院院士、北京大学科学传播中心教授、世界自然保护联盟教育委员会委员等专家担任评审委员会委员,经过层层推选,《大地的窗口》《续梦大树杜鹃王》等作品获得年度作品奖和年度华文原创奖等称号。

11月7日,"中法讲书团全国巡讲"暨法国桂冠作家奥利维耶·盖新作《魔鬼医生的消失》媒体和读者见面会分别在海天出版社与深圳书城罗湖城举行。该活动由海天出版社发起、法国图书阅读学会和法国《图书周刊》编辑部协办,旨在加强中法文化交流,扩大深圳读书月和深圳图书出版在国际上的影响。

11月9日,第七届阳光少年诗文朗诵比赛颁奖在海雅大剧院举办。该活动面向全区中小学生挑选优秀的朗诵艺术人才及朗诵作品,通过专家评选出的优秀朗诵节目与国家级的朗诵艺术家进行同台演出，致力于塑造青少年健康阳光向上的精神品质，增强青少年的文化自信。此次活动共吸引全区 106 所学校，3000 余人参加。设置一等奖 6 名、二等奖 10 名、三等奖 14 名、阳光少年 10 名。

11 月 10 日，由盐田区委宣传部（区文体局）主办，盐田区图书馆承办的"第六届海洋诗歌嘉年华暨庆祝盐田区成立二十周年诗文朗诵会"在盐田区图书馆下沉广场上演。活动邀请了一批深圳本地来自不同行业、不同年龄的诗文朗诵爱好者登台献声，为盐田区市民倾情演绎朗读的艺术，传播经典阅读与海洋文化的魅力。

11 月 11 日，书香福田"深圳读书月"第五届广场换书大会在华强北广场举行。该活动以"焕所爱，致未来"为主题，提供两千册优质新书供读者换取。按照华强北的五个时间段——1980 年代、1990 年代、2000 年代、现在、未来，分别对应地设置若干活动分区："跨阅青春"换书区、"焕迷最爱"换书区、"一间书房"主题换书区、"新·悦·读"科技体验区、"致未来"舞台区、自由换书区。活动现场，《华强北 40 年影像记忆》首次对外发布，该书以图片形式，通过收录的百幅历史照片，讲述了深圳作为中国改革开放重要窗口的故事。

11 月 11 日，中粮锦云简阅书吧举行"西乡街道读书达人"颁奖及读者书友座谈会。活动现场展出事迹展板，邀请深圳市阅读推广人、著名朗诵家林登登、评论家宫敏捷、文化编辑李秋妮等，与读书达人、西乡读者进行书友座谈、互动，现场欣赏了西乡街道编剧排练的古装情景剧《王来任抚民留善政》和经典诗文朗诵视频。

11 月 11 日，由深圳读书月组委会办公室、南山区委宣传部（文体局）主办，生活·读书·新知三联书店、深圳书城南山城承办的《左图右史与西学东渐》新书发布会在人才公园求贤阁一楼举行。深圳出版发行集团总经理尹昌龙主持了发布会,北京大学陈平原教授作《图像叙事与低调启蒙——晚清画报三十年》主题演讲,并与现场读者进行互动,帮助读者了解晚清社会风尚、文化思潮和审美趣味。

11月13日,盐田区图书馆建馆15周年暨"小桔灯"阅读推广计划第三个五年计划座谈会在读海书吧举行。在活动中,"小桔灯"书房同步在盐田区图书馆沙头角分馆揭牌启用。在座谈会上,与会专家、各公共图书馆馆长、学校校长围绕盐田区图书馆"十三五"规划及"小桔灯"阅读推广计划第三个五年计划进行座谈交流,积极建言献策。

11月13日,由盐田区委宣传部(区文体局)、盐田区教育局主办,盐田区图书馆承办的第十二届小学生"海洋知识知多少"知识竞赛在盐田区外国语小学举行。来自盐田的9所小学参加了活动。经过激烈的比拼,最终乐群小学代表队勇夺第一名。

11月14日,第十九届深圳读书月盐田区活动启动仪式在大梅沙水上运动中心举行,本届盐田区读书月以"新时代、新盐田、新阅读"为主题,重点展示盐田海洋阅读文化和大湾区阅读交流特色,推出"海洋文化论坛""海洋诗歌嘉年华"等34项特色阅读活动。区委书记杜玲,区长杨军等领导及辖区群众共400人参加了仪式。

11月14日,深圳首家"离大海最近"的图书馆——"听海图书馆"正式启用。盐田区委书记杜玲,盐田区委副书记、区长杨军等领导出席了活动。集科技、创意、文化、颜值于一身的智慧图书馆启用,意味着深圳这座滨海城市也有了自己的海边图书馆。

11月14日,由海天出版社出版的"创客志:中国创业经典案例研究"系列丛书首发式在深圳会展中心举行,该书的出版将为"双创升级版"发挥积极的舆论引导作用。深圳先进院院长樊建平、深圳出版发行集团副总经理兼海天出版社社长聂雄前共同为新书发布。

11月14日,由深圳图书情报学会和深圳图书馆联合举办的2018年深圳图书情报学会学术年会暨"图书馆之城"发展论坛在深圳图书馆举行。围绕如何提高馆员的学术研究能力和专业素养、促进"图书馆之城"事业健康发展等主题,邀请图书馆界专家进行讲座及对话。当天,举办了"看见城市的光——2018最美小图书馆"颁奖仪式。通过多维度标准评出最美小图书馆8家、阅美人物奖4人、阅享空间奖5家、阅读品牌奖8家。

11月15日,由深圳市地铁集团运营总部、深圳书城罗湖城共同承办的"第19届深圳读书月·地铁阅读季启动仪式"在深圳地铁车公庙站站厅隆重举行。此项活动以"地铁享阅读,书香漫深圳"为主题,通过书香专列、图书漂流+置换、地铁阅剧场、扫码听书等活动展开,参与人数逾百万人次。

11月15日,宝安区开展了以"最美读书瞬间"为主题的"职工随手拍"活动,征集职工摄影作品,吸引职工参与网上投票评选,共收到作品63个,吸引3200人参与投票。活动历时半个月,最终评出了优秀作品奖1名,人气作品一等奖3名、二等奖5名、三等奖10名。

11月17日,2018"年度十大童书"揭晓礼在深圳书城中心城南区大台阶举行,市委宣传部副部长王楚宏,深圳出版发行集团党委书记、总经理尹昌龙等领导以及获奖童书的作者、出版方代表出席了颁奖礼。儿童文学《我是你的隐形朋友》《马克的完美计划》《萤王》《精灵与圣诞的秘密》,知识性读物《中国国家博物馆儿童历史百科绘本(全5册)》《用魔术玩转数学》《看见看不见的地球》,图画书《小老鼠又上灯台喽》《蓝色时间》《一只特立独行的猪》10本图书获得2018深圳读书月"年度十大童书"殊荣。

11月17日，南山区委宣传部和深圳书城南山城联合举办的"移动书车——精品绘本进社区、进学校"活动首站在南山博物馆广场举行，活动现场展出中外优秀绘本、精品童书、人文社科、自然科普类等1000个品种，3500册的精品图书供读者们选购阅读。活动现场同时举办了"学童书苑"故事会，邀请深圳市阅读推广人朱淑华老师与小朋友们分享绘本故事《小老鼠又上灯台喽》。

11月17日，由龙岗区图书馆主办，龙岗读书会、乐狮少儿图书馆承办的2018乐读龙岗之"阅在童年，收获成长"亲子阅读知识竞赛（季度赛）暨龙岗区第二届"阅读等身奖"颁奖典礼在深圳书城龙岗城顺利举办。活动以"阅读+竞赛"的形式吸引众多亲子家庭参与，此次竞赛内容选取了以"想象""人际"和"知识"为主的绘本故事书，包括《公鸡的新邻居》《图书馆里的狮子》《极地重生》共三本精读绘本。

11月18日，深圳书城南山城第二届文明阅读小义工颁奖典礼在书城三楼活动区举行。为培养学生"奉献、友爱、互助、进步"的志愿精神，书城开展"南山书城文明阅读小义工"志愿服务，两年来，已有6000多名小义工参加志愿活动。此次表彰以"倡导文明阅读"为理念，"提升自我"为主题，评选出10名优秀小义工和5名单项奖小义工（最佳陈列奖、最具服务意识奖、最佳出勤奖、最美笑容奖、最佳文明劝导奖）。

11月18日，由共青团深圳市委、深圳读书月组委会办公室、深圳市青少年活动中心主办的"青年发展说"系列活动之"好书伴我行，书香慰平生"阅读分享会在深圳市青少年活动中心举行。深圳出版发行集团党委书记、总经理尹昌龙，深圳市杂文学会会长许石林、新浪微博"@人在深圳"博主刘振金、深圳大学教授南翔等四位嘉宾每个人用25分钟的时间与现场观众分享有关阅读的思考。现场气氛热烈，读者参与度极高，读者认为该活动形式新颖，节奏感强，通过嘉宾的分享和读者的互动，能够碰撞出思想的火花。

11月21日，深圳市委常委、宣传部部长李小甘和多个单位多家企业的负责人热情为市民推荐好书，分享阅读心得，剖析书中蕴含的思想精华，鼓励更多人享受阅读之乐，从书中汲取智慧和力量。李小甘向市民推荐了三本书，分别是《习近平改革开放思想研究》《知识大迁移：移动时代知识的真正价值》和《大国厚土：中国传统文化的承继与复兴》。

11月23日，第二届深圳籁杜鹃原创文学奖颁奖典礼在盐田区图书馆举行。原创文学奖参评题材为诗歌、散文，经过15家文学内刊推荐，共有163篇文章参评，其中诗歌82首，散文81篇，共评出一等奖2名，二等奖4名，三等奖6名，佳作奖12名。秦锦屏的《幸福是一道奇妙的光》、李双鱼的《河西之坊》分别获得诗歌、散文一等奖。孙向学等15位主编获"优秀主编奖"。

11月24日，海天出版社承办的"地名，我们回家的路暨'地名古今'丛书首发式"在深圳书城中心城举行。著名作家梁晓声，中央电视台著名主持人白岩松，"地名古今"丛书主编李辉与深圳出版发行集团党委书记、总经理尹昌龙一同为新书揭幕，并以"地名，我们回家的路"为主题，结合各自经历，畅谈地名的古今故事。现场座无虚席，气氛热烈。

11月24日，"阅读重塑人生——书香进狱园"在深圳监狱举办。将书城搬进监狱，让服刑人员"有书读、读好书"，重唤他们的读书兴趣，给予他们正能量，引导他们反思人生，让他们从书籍中体味中华文化精髓、知晓做人基本道理，并丰富服刑人员的精神文化生活。

11月24日，由龙岗区图书馆主办，龙岗读书会、深圳市知否读剧社承办的 2018 年"浸润书香·演绎经典"读剧表演在龙岗区图书馆学术报告厅举行。活动以"文学 + 戏剧"独特形式，将文学作品中表达心情、思想、生活和情感的文字通过演员们的表演在舞台上立体呈现出来，引领广大社区居民感受阅读的魅力。

11 月 24 日，由深圳读书月组委会办公室、深圳市阅读联合会主办，深圳才智和科技有限公司承办的"第二届霎阅杯全国速读大赛"总决赛在深圳书城中心城顺利举行，来自全国各地的 6 支队伍 30 位参赛选手以每分钟 3000 字、5000 字、10000 字、100000 万字的速度阅读文章，进行现场抢答。现场气氛十分热烈，进一步激发了孩子的阅读热情，加深市民对快速阅读的理解。

11 月 25 日，由深圳读书月组委会办公室、深圳市阅读联合会主办，深圳市诗书礼乐研究会承办的"家国天下——《大学》里的诗经原创音乐会"在深圳大学上演。共组织 12 所大中小学，200 余名学生代表演绎礼乐歌舞，融吟、诵、唱、舞等多种表现形式于一体。音乐会现场，知名教授蒋波、刘冬颖和潘富俊荣获"诗经音乐大奖""诗经文学大奖"和"诗经植物大奖"；南山育才四小陈显平、福田区梅山中学王云虎、盐田区盐港小学索曼莉三位校长荣获"诗经传播大奖"；毛玲、黄琬雅、谭妙蓉、张安群、李峰、木兰、张莉等七位老师和李柔璋小朋友荣获"诗经传承人"奖。

11 月 25 日，第六届深圳大学生文化节闭幕式暨"阅读之星"朗诵大赛颁奖典礼在深圳书城南山城举行。该文化节历时一个月，内容丰富多彩，有大学生"阅读之星"朗诵大赛、戏剧展演等活动。本次大赛由市几所高校百余部作品及近千名选手参加，最终，深圳大学崔宇杰、马迎心、夏骆宾的作品《无冕之王》荣获一等奖；深圳大学尹幸涵、郭静萱、何童童的作品《在变老之前远去》荣获二等奖；深圳大学王馨瑶的作品《假如给我三天光明》荣获三等奖；深圳大学朱佳琪和向龙成的作品《晚安深圳》、深圳信息职业技术学院翁世铭的作品《商鞅之死》及深圳信息职业技术学院邬长春的作品《21对4》获得优秀奖；深圳大学尹幸涵获得最佳风采奖，深圳信息职业技术学院张子玥获得最佳人气奖。

11月25日，华侨城湿地自然学校影像播放厅举办"2018大鹏自然童书奖"颁奖典礼暨大鹏新区首批生态文明宣教体验中心授牌仪式。"大鹏自然童书奖"以推广儿童自然阅读，鼓励自然好书创作为宗旨，在面向14周岁（含）以下儿童，以自然写作为主题的作品里，选出培养自然认知、传播科学知识、追求人文情怀、践行社会责任的优秀作品。当天还举办了大鹏新区首批生态文明宣教体验中心授牌仪式，为新区10家获评单位颁发奖牌。

11月25日，"书信文化·家国情怀"首届"书信文化节"颁奖典礼在简阅书吧君尚店举行。深圳出版发行集团党委书记、总经理尹昌龙致辞并介绍了本次活动成果。活动现场文化界学者名人齐聚，共论书信文化、家国情怀在新时代下的发展变迁，并为本次活动中优秀作者代表授奖。本次活动于10月16日启动，围绕"书信文化·家国情怀"主题设立"最美书信"推荐、"念家书扬家风"书信文化活动和书信文化知识竞赛，通过智能多媒体信函APP——"念念"进行线上报名参与，共收到来自全国1000多封信函。

11月25日，"深港澳中学生读书随笔大赛颁奖典礼"在深圳书城龙岗城举行。深港澳教育文化界嘉宾和获奖学生、老师及学校代表共200余人出席活动。本届大赛年度主题为"经典阅读+改革开放40周年"，侧重阅读文史哲经典书籍及改革开放40周年深港澳文学著作，征集6000余篇稿件，评出初中组和高中组一二三等奖及优秀奖。

11月26日，第十二届深圳海洋文化论坛"'一带一路'公共图书馆联盟座谈"在大梅沙国际水上运动中心举行。来自全国各地的十余家图书馆代表，共80多人齐聚盐田分享文献共建共享的创想与经验。同时，新增了中山市图书馆、珠海市图书馆、珠海市金湾区图书馆作为粤港澳大湾区城市群的公共图书馆联盟，目前已增至14家。

11月27日，南山区教育局举办了深圳名师论坛活动，邀请许石林、尹传红、马兴贵、严凌君等名家名师，现场分享他们的阅读心得，论坛涵盖了名家讲坛、名师分享、名师工作室阅读课、成果展示等，把教师阅读、学生阅读活动引向深入。

11月28日，《2017—2018年度深圳数字阅读报告》在深圳书城中心城发布。该报告通过对深圳十个区数字阅读用户行为的深度挖掘，结合科学调查统计，发现深圳市数字阅读特点，描绘未来发展方向并给出建议，以期促进深圳数字阅读产业发展。本报告研究时间从2017年7月到2018年6月，由深圳市华文国际传媒有限公司牵头完成，分为数字阅读行业概况、深圳市数字阅读市场规模、用户画像、内容偏好、工具偏好、未来发展及阅读榜单等七个部分。研究表明，在数字阅读用户规模分布上，光明区、龙岗区、宝安区用户数字阅读氛围最浓厚，各区数字阅读用户量占比分别为36.57%、32.95%、31.36%。

11月28日，深圳市阅读联合会、壹深圳联合举办的"我爱读书——外国人中文朗诵大赛"在深圳广电集团南大堂举行。十位外籍选手幽默互动，才艺多多，活动现场爆笑不断，高潮迭起。大赛旨在宣扬中国文化，鼓励外国人学好用好汉语，增进深圳市民对来深外国人的了解，加深在深各国朋友间的友谊，加强人与人的读书交流，促进全民阅读。决赛设有主题朗诵及个人自由展示环节，通过一系列竞技、益智、表演、互动的比赛形式，让在深外国人学习和了解中国传统文化，感受深圳的文化创新发展。

11月28日，第十九届深圳读书月辩论赛决赛在深圳书城中心城举行。辩题为"愚公应该移山还是应该搬家"。深圳市蛇口育才教育集团育才中学代表队作为正方，充分运用各种事例，佐证自身论点，最终成功战胜哈尔滨工业大学（深圳）辩论队，夺得冠军。

11月29日，由懒人听书承办的"新阅读·心聆听"2018有声阅读生态大会在深圳举行。本次大会旨在打造学界业界交流合作平台，共商有声阅读的现状与未来，深入探讨有声阅读的经济、文化和社会价值，助力全民阅读。深圳市委宣传部副部长王楚宏、中国音像与数字出版协会常务副理事长兼秘书长王炬、深圳出版发行集团副总经理曹宇、懒人听书CEO宋斌等两百多位来自政府、高校、有声读物专业委员会、有声阅读行业代表以及数十家媒体出席大会。活动现场，《2018中国有声阅读行业发展趋势分析》《英文有声书："美国市场和全球市场"报告》《懒人听书构建有声阅读生态圈》等报告重磅发布。

11月30日，深圳读书月"年度十大好书"评选结果在南山文体中心小剧场出炉。10本好书分别为《房思琪的初恋乐园》《考工记》《缮写室》《遥远的向日葵地》《郑天挺西南联大日记》《左图右史与西学东渐：晚清画报研究》《奥古斯都》《加缪传》《米沃什诗集（套装）》《扫地出门：美国城市的贫穷与暴利》。经在场近200位嘉宾及读者的共同投票，《左图右史与西学东渐：晚清画报研究》获得"年度推荐"图书。另外四个奖项也同步揭晓：年度致敬译者为余泽民，年度致敬作者为金庸，年度致敬出版人为吴兴元，年度致敬出版社为花城出版社。

11月30日,由光明区文体教育局主办、光明区公共文化艺术发展中心承办的"星阅光明·图书馆之夜"在光明区公共文化艺术发展中心举行。该活动吸引300个家庭报名,最终遴选出32组家庭,64位小朋友和家长共同参加。活动现场充满书香、梦幻和童趣,给小读者营造了一个温馨舒适的书香环境,让父母陪伴孩子们在图书馆里度过一个奇妙的夜晚。

11月30日,在中国图书馆学会阅读推广委员会主办的2018年"发现图书馆阅读推广特色人文空间"活动中,深圳图书馆申报的案例"南书房"获一等奖。

11月30日,深圳读书月"读书方法论坛"在深圳图书馆五楼报告厅举行。本次论坛邀请了国务院参事王京生,原国家新闻出版广电总局副局长邬书林,北京大学中文系教授、北京大学诗歌研究院院长谢冕,中央电视台《读书》栏目主持人李潘,深圳出版发行集团总经理尹昌龙等五位嘉宾共同参与。论坛由尹昌龙主持,以谈话方式展开,从各自的角度畅谈了阅读的深度体验、读书的方法以及如何推动全民阅读等经验和故事,给现场300多位听众带来了一场非常具有启发性的阅读洗礼。

11月30日,以"阅读新时代"为主题的第四届"领读者大奖"颁奖典礼在深圳市宝安区青少年宫举行。现场颁发了年度领读者大奖、领读者阅读组织奖、领读者阅读项目奖、领读者阅读空间奖(图书馆、书店书吧)、领读者阅读支持奖、年度致敬大奖7个奖项及27个提名入围奖。颁奖现场首次发布《2018年领读中国年度报告》摘要,高度概述了中国全民阅读推广事业现状,从宏观与微观层面对"领读者大奖"评选活动四年来的活动开展情况做了系统研究,评估大奖对于行业群体有效性的影响。

11月30日,持续两天的第四届中国(宝安)诗歌论坛暨首届福海海洋诗歌文化节在立新湖公园拉开序幕，诗歌大赛颁奖典礼、海洋诗社挂牌、诗歌朗诵会、诗歌论坛等各项活动精彩纷呈。其中，"海洋之心，诗润鹏城"共收到全国各地2000余份稿件，共有28首获奖，参赛作者以"海洋"为背景，抒怀时代进步和改革变迁。海洋诗歌论坛中，与会专家学者与诗人代表共同畅谈粤港澳大湾区经济文化发展，并为深圳海洋诗歌文化、粤港澳大湾区区域诗歌发展出谋划策。

11月30日，"'帐'量宝安非遗文化，共'住'宝安精神家园——宝安区特色阅读帐篷夜"在宝安举行。通过读书月相关的线下活动与线上推广，将亲子阅读、宝安丰厚的传统文化互相结合，打造亲子阅读交流平台，以宝安"非遗传统文化"为依托，还原千百年来，祖先流传下来的精神文化。活动环节包括：搭建帐篷、传统文化节目汇演、露天电影、串门换书等。

12月

12月，深圳图书馆和深圳市社会科学院提交的"深圳学人·南书房夜话"获中国图书馆学会"2017年阅读推广优秀项目"。

12月，深圳书城罗湖城全年共举办了22场"小桔灯童书会"，累计参加人数千余人。活动以"专家引导、亲子共读、互动交流、快乐成长"为宗旨，通过"阅读+音乐、阅读+游戏、阅读+绘画"等多元化活动形式，营造生动、有趣的阅读氛围。在促使孩子养成阅读习惯的同时，营造健康向上的读书氛围，推动孩子和家庭共同成长。

12月，深圳书城罗湖城全年共举办了52场"书立方"活动，每场活动参与人数近千人次。该活动倡导以各领域的图书为基础，以凸显"人文价值"为方向，以时尚有趣的文化活动为呈现方式的阅读新模式。

12月，深圳书城罗湖城被广东省书报刊发行业协会、广东省新华书店协会授予"中国改革开放40年广东图书发行影响力书城"称号。

12月1日，"第十九届深圳读书月总结分享会暨温馨阅读夜启动仪式"在深圳书城中心城南区大台阶举行。国务院参事王京生、副市长吴以环等领导出席活动。现场，王京生颁发本届读书月"最具创意活动"奖牌，吴以环颁发本届读书月"最具影响力活动"奖牌。本届读书月自启动以来，推出59项重点主题活动与710项一般主题活动，为市民读者打造贯穿全月的精神文化盛宴，约有1100万人次参与本届读书月。今年的"温馨阅读夜"以"今夜，在阅读中寻找斑斓星辉"为主题，推出了集阅读、音乐、电影、创意、设计、艺术、展览等为一体的文化大餐，活动从12月1日晚10点持续至12月2日早8点。

12月1日，由深圳广电集团交通广播与布吉街道承办的"后尾箱书市活动"在布吉镇广场举行。活动以"分享、环保、快乐、交换"为基础，呼吁更多的私家车主把不再经常翻阅却又无法割舍的书籍，装进后尾箱，与喜爱它的爱书之人交换，让每一本好书，都尽情发挥它的功用。

12月1日，由深圳出版发行集团、深圳市阅读联合会和深圳邻家文化科技公司共同举办的"国学马拉松"诵读活动在深圳书城中心城北区大台阶成功举行。国务院参事王京生、深圳市委宣传部副部长王楚宏、深圳市文联党组成员、专职副主席张忠亮等领导出席了活动。活动现场，专业朗诵艺术家、城市文化名人与普通市民大声朗读国学经典名篇，使阅读看得见，经典永传承，使深圳全民阅读以更具仪式感的"国学马拉松"的方式进到社区和家庭，让阅读经典成为一种时尚潮流，打造"写作+阅读"文化盛宴。

12月2日，由深圳市文体旅游局、深圳读书月组委会办公室主办的

第九届名著新编短剧大赛决赛在深圳少年儿童图书馆举行。为让名著阅读、戏剧普及实实在在地落地,本次大赛的组委会在赛前免费为参赛团队提供一系列培训活动。邀请多位戏剧从业经验丰富的专业老师走进校园,对决赛团队逐一指导。本届大赛评委、中央戏剧学院导演系教授、博士生导师刘伟为本次大赛点赞,认为其在推动经典阅读,综合培养少年儿童的阅读习惯、创新能力、独立思考能力、表达能力和艺术素养方面起到积极作用。

12月5日,光明文艺中心服务号结合书香亭功能服务,发布了"寻找光明图书馆锦鲤"线上活动。从2017年6月1日第一台24小时书香亭落户光明区以来,书香亭凭借其便捷高效的优势已成功服务了92187名读者,丰富了广大读者的业余生活,逐渐成为读者生活中必不可少的一部分。此活动总阅读量为16797次,1953人参与小程序抽奖活动。在12月12日中午12点,幸运读者曹倩被抽中为光明图书馆锦鲤,活动最后图书馆馆员们为幸运读者颁发锦鲤奖品——168本由图书馆馆员根据读者阅读兴趣精心挑选的图书和一部kindle电子书阅读器。

12月7日,2018年"第十九届深圳读书月经典诗文朗诵会"在深圳广电大厦1800平方米电视演播厅举行。雷恪生、雅坤、任志宏、康庄、严晓频、高侠、苏洋、吴庆捷、刘畅等知名朗诵艺术家亲临现场表演。朗诵会在深圳小学生朗诵的《诗经·小雅·鹿鸣》中开篇,整场演出由"诗意中国""品味世界""美在身边"三个篇章组成。

12月8日,2018"十大劳动者文学好书榜"评选颁奖活动在深圳书城宝安城举办。丁燕《工厂男孩》、曾楚桥《幸福咒》、张夏《绿灯记》、阿北《住在棺材里的女人》、陈诗哥《神奇的国家》、丁力《图书馆长的儿子》、唐诗《美西螈》、王顺健《后深圳时代》、周洁茹《吕贝卡与葛蕾丝》、江飞泉《苍生辽阔》10部作品上榜。其中,《神奇的国家》《吕贝卡与葛蕾丝》《幸福咒》由海天出版社出版。此外,眉儿《半卷帘翠》、涓子《相遇太早懂爱太迟》、赵琳《在那东山顶上》、王桦《梦来的春天》、罗尔《那些义盖云天的人儿》入选"2018最受网民喜爱的劳动者文学好书"。上榜作品涵盖长篇小说、短篇小说集、非虚构文学、儿童文学等不同体裁。获奖者既有流水线产业工人,也有中小微企业管理者,还有行走于港深之间的自由撰稿人……他们用笔记录打工经历,书写生命与成长的感悟,成为文学发展史上独特的景观,上榜作家与深圳劳动者文学(宝安)创作孵化中心签署入驻协议。

12月8日,深圳市中学英语演讲与辩论赛总决赛在深圳市福田区侨香外国语学校举行,来自深圳108所中学、16739名学生在线注册报名,有256名选手晋级总决赛,大赛评选出个人及团队的各个奖项。本次辩论赛以提升学生英语语言表达能力、提高思辨能力、拓展国际视野、培养学生综合能力为目的,全面培养学生辩论技巧、口头表达技巧、公众演讲技巧、领导力等技能。

12月11日,第十九届深圳读书月"赠书献爱心"活动在深圳出版发行集团八楼会议室举行赠书仪式。今年共有87家来自全国各地的优秀出版社等单位,热心捐赠了5万余册、近160万码洋的爱心图书。本年度受赠单位共21家,包括10家深圳市中小学校、4家新设的深圳市青工书屋,全市青工书展数量达到191家。还包括江西省赣州市寻乌县图书馆、重庆市北碚区金刀峡镇石河小学等3家省外单位。

12月12日,深圳市阅读联合会组织深圳阅读指导专家、书店业和民间阅读组织代表,在深圳市文体旅游局副局长陈绍华的带领下前往成都开展为期三天的"深圳·成都"城际阅读交流活动。代表团考察了成都方所、言几又 IFS 旗舰店和轩客会等成都特色书店，与成都市文化广电新闻出版局座谈，交流了各自在全民阅读方面的推广经验，学习了成都创建"中国书店之都"的先进做法，进一步推动了深圳、成都两地阅读文化的交流与合作。

12月18日，书影深圳"40年·40本——记录深圳"入选图书暨"我与深圳——说出你的故事"分享会在深圳图书馆举行。市政协原主席、党组书记王穗明，深圳报业集团原党组书记、社长吴松营，市委宣传部副部长王楚宏，市人大常委会机关巡视员于宁，市政协文化文史委主任柳光敏，市文体旅游局党组成员、巡视员张杰，市社会科学院党组书记、院长吴定海等领导和嘉宾，与市区图书馆、高校图书馆馆长，志愿者代表、读者代表等近200人出席，共同聆听入围图书作者代表的创作感悟以及十佳讲述人代表的深圳故事。

12月22日，海天出版社出版的画册《大曾画话》在长沙弘道书店海信店举办了新书首发仪式。深圳出版发行集团副总经理、海天出版社社长兼总编辑聂雄前为新书首发致辞。两届丁玲文学奖获得者、《湖南书画》杂志主编碧云，著名作家、篆刻家、美术评论家朱金泰，知名学者、曾国藩研究专家、教授刘绪义，与本书作者大曾为读者们奉献了一场精彩的对话。

12月23日，由中共娄底市委宣传部、海天出版社共同举办的《邹传安全集》家乡读者见面会活动在娄底市新化县举行，国家一级美术师、著名工笔画大师邹传安先生携新作《邹传安全集》正式与读者见面。湖南省文化厅副厅长、省书协主席鄢福初主持见面会，深圳出版发行集团副总经理、海天出版社社长聂雄前代表出版方致辞，娄底市委常委、宣传部长吴建平，副市长方建荣，市政协副主席苏旻，原市委常委、宣传部部长伍美华及县领导左志锋、曾令斌、李力等同志出席了活动。

12月25日，第十二届"深圳十大书香企业""深圳十大读书成才职工"总结颁奖会在星银医药公司举行。自今年9月份启动以来，各级工会把评选活动作为促进学习型企业建设、提高职工队伍素质的重要载体，积极做好宣传发动工作，广大企业和职工积极响应、热情参与。在广泛推荐的基础上，市总工会、市文明办、深圳读书月组委会办公室组织专家评委认真评审，确定入选名单，并进行公示。深圳市星银医药有限公司等10家企业获得"深圳十大书香企业"称号，陶渊等10人获得"深圳十大读书成才职工"称号，这些企业和职工在读书学习活动中事迹突出，具有示范作用。

12月25日，第四届"语文教师朗诵语文课本篇目"决赛在龙岗外国语学校举行。该活动分为小学组和初中组两组进行，以中小学语文课本篇目为内容，旨在提升语文教师对篇目的感情理解及朗诵水平。现场，共有20名全市中小学校教师进行了决赛，500多教师参加了活动。

12月28日，第五届深圳十大佳著（虚构与诗歌类）颁奖典礼在深圳书城中心城北区台阶隆重举行，文化界、文学界、媒体界人士及广大市民共同见证了这一鹏城文学年度盛典。丁力小说集《深圳故事》，远人诗集《我走过一条隐秘的小径》，张夏小说集《绿灯记》，厚圃长篇小说《我们走在大路上》，郭海鸿小说集《外乡人以及马》，孙向学长篇小说《落尘》，郭建勋长篇小说《桃符》，俞莉长篇小说《我和你的世界》，李云汉小说集《让所有的河流都通向大海》，姜馨贺、姜二嫚诗集《灯把黑夜烫了一个洞》10部虚构与诗歌类著作荣获第五届深圳年度十大佳著。颁奖典礼上还举行了获奖作者向基层图书馆及市民代表赠书仪式。

12月28日，盐田区图书馆"海洋文化阅读系列活动"获评中国图书馆学会"2017年阅读推广优秀项目"。

12月28日,爱阅公益基金会联合国家卫生健康委干部培训中心,新阅读研究所,《父母必读》杂志社,农村教育行动计划(REAP),救助儿童会,深圳市阅读联合会等单位共同发起首个"亲子共读日",通过线上互动传播,倡议父母每天和孩子共读半小时,把爱读出来。

后记

《深圳全民阅读发展报告》是我国首部以城市为单元的阅读报告，按年度出版，已经走过了第四个年头。《深圳全民阅读发展报告2019》（以下简称本书）立足于2018年深圳全市全民阅读促进工作，以及城市各界的阅读推广工作，力求对深圳全民阅读生态和书香城市建设展开全景扫描，积极探讨全民阅读新理念、新思路，探索阅读推广新方法、新形式，为全民阅读发展提供一些有益的对策建议。

本书共收录23篇文章，全书由特稿、总报告、阅读综合研究、"深圳读书月"研究、数字阅读研究、图书馆研究、阅读平台研究和阅读空间研究等八个专题内容组成，既总结上年度的成果与经验，同时提出新一年的思路和建议。自2018年终岁尾启动编写，至"4·23"世界读书日面世发行，本书编辑出版历时不足五个月，历经紧张而紧凑的组稿和编校过程，力求传达内容的准确性、权威性、时效性，只为给读者呈现一份优质的年度行业发展报告。

本书在编写过程中，一如既往地得到了国务院参事室和深圳市委宣传部、深圳市文体旅游局、深圳市社科院、深圳图书馆等单位的大力支持。王京生参事、李小甘部长为本书撰写特稿，为全民阅读工作谋篇布局、深远计议；王余光教授应允在本书中部分刊载《〈中国阅读通史〉序》；徐炯局长不吝赐稿，交流城市阅读经验；尹昌龙、曹宇、杨立青、熊德昌等专家学者为本书精心筹划和撰稿，以及社会各界专家、各企事业单位作者积极供稿，在此一并表示衷心的感谢！

全民阅读是国家发展战略的重要内容之一，是我国关于建设学习型社会要求的一项重要举措。2019年，《政府工作报告》明确提出"倡导全民阅读，推进学习型社会建设"，这是全民阅读第6次被写入《政府工作报告》。从努力倡导到大力推动，从开展活动到建立长效机制，全民阅读促进工作成为建设书香社会、打造学习大国的重要阵地。深圳不断将城市的开拓精神与创新精神投入到全民阅读工作当中，取得了骄人的成绩，是当之无愧的全球全民阅读典范城市。

本书旨在整合业界的先进经验和智慧成果，为阅读研究与交流提供凝聚思想和激发创新的平台，与城市全民阅读事业共同成长和进步。我们期待，深圳全民阅读能继续保持引领的姿态，为城市发展、文化繁荣和美丽中国建设提供源源不断的精神给养和内驱动力；我们同样期待，深圳全民阅读能不断攀越新的理论高地，以本书的出版为全国乃至全球的全民阅读事业贡献一份绵薄之力。

深圳市全民阅读研究与推广中心

2019年4月